艾略特波浪理論

ELLIOTT WAVE PRINCIPLE

市場行為的關鍵

KEY TO MARKET BEHAVIOR

二十週年紀念版

作者 **A. J. Frost & Robert R. Prechter, Jr.**
譯者 **林錦慧**

眾文圖書股份有限公司

二十週年紀念版之發行序

《艾略特波浪理論》於1978年11月問世，當時道瓊工業指數為790點，這本書在上市之後立刻被視為波浪理論的教科書，並且輕而易舉地以數十萬本銷售量登上暢銷書排行榜。儘管如此，由於有愈來愈多人對書中引人入勝的內容感興趣，再加上書中成功的預測，使得這本書的銷售年年增長，成為華爾街股市的經典。就像波浪理論一樣，這本書已經通過了時間的考驗。

而且，《艾略特波浪理論》日益精進，每改版一次，這本書就更如願地達到本書的目的——符合學術上的水準，這都要歸功於羅伯特・布雷希特（Robert Prechter）這些年來嚴謹地琢磨改進，並且不斷加強、擴充內容。他的努力有了成果。在70年代，A. J. 佛洛斯特（A. J. Frost）常常詳述漢米爾頓・波頓（Hamilton Bolton）對60年代所做的觀察，他說：「每一百個知道『道氏理論』的人當中，只有一個曾經聽過艾略特。」在1986年夏天，佛洛斯特致電給布雷希特，說道：「情況終於扭轉了。」

一直到幾年以前，「股市是以自我雷同的型態在波動」這個觀念一直都還很受爭議，但是近來的科學研究證實：自我雷同的形態是複雜體系（包括金融市場在內）的一個基本特徵。這類體系有些會歷經所謂的「中斷性成長」，也就是說，「成長期」會與「非成長」或「下跌」階段交替出現，構築出互相類似的型態，而且規模逐漸增大。大自然充滿了這類的「不規則碎片形」，就像我們二十年前在這本書中所解說的，也如同艾略特在大約六十年前所揭示的，股票市場也不例外*。

很難相信，自從我們將佛洛斯特與布雷希特對股市大多頭走勢的遠見引薦給世人以來，已經過了二十年之久了。儘管其範圍已遠遠超過原本所預期，作者們仍然認為市場的進展是處於循環層級的V波。今天，市場的屬性正如同布雷希特所說的一樣，會一如他十五年前所描繪的情況發展：「在V波結束時，投資人的群眾心理應該會達到瘋狂的程度，1929、1968及1973年的基本要素全都一起發酵作用，到最後甚至會出現一個更極端的狀況。」在1998年的現在，市場的每一個統計數字、投資人的每一個急速心跳，都恰恰反映出這種情況。

這個版本再度完整地保留了我們對未來的所有預測，讓新讀者可以好好看一看佛洛斯特與布雷希特多年以前所做的預測中有哪些是成功，哪些是失敗的。投資分析師詹姆斯・科汶（James W. Cowan）針對這些預測做了以下的表示：「1978年的預測想必是有史以來最了不起的股市預測，就連一些小缺陷都找不到。」

在這個大多頭市場之後是否真的會出現美國歷史上最大的空頭走勢，因而實現了本書後半部的預測，仍然有待觀察。不過，我們這幾位作者肯定會堅守我們的預測。

New Classics Library, Publisher

---

*1990年，羅伯特・布雷希特針對這個主題刊出了一篇報告，名為〈社會進展的不規則碎片形設計〉（"The Fractal Design of Social Progress"），這篇報告是根據1986年5月對「股市技術分析師學會」（Market Technicians Association）所做的演說而寫成。

謝　辭

本書的兩位作者試圖將所有與艾略特理論相關的內容做出最詳細的說明。不過，要是沒有一些人的幫忙，這本書不會面世，我們永遠對這些人心懷感激。《銀行信用分析月刊》（*Bank Credit Analyst*）的Anthony Boeckh慷慨地提供他的檔案資料；Jo-Anne Drew為初稿投入心力，而且還貢獻她的藝術才華來協助製作；布雷斯特一世夫婦嚴謹地編輯最後手稿；美林分析公司（Merrill Analysis）的亞瑟・美林（Arthur Merrill）給了我們寶貴的建議，協助圖片與製作方面的處理。另外還有許多無法一一提及的人，給我們意見與鼓勵，對我們的努力給予支持。謹對以上所有人致上我們的感謝。

書中一些圖表的來源分別如下：《銀行信用分析月刊》（*Bank Credit Analyst*），加拿大蒙特婁（圖2-11, 5-5, 8-3）；曼斯菲爾德證券服務公司（R. W. Mansfield），紐澤西（圖1-18）；美林證券（Merrill Lynch Inc.）（圖3-12; 6-8, 9, 10, 12; 7-5）；證券分析公司（Securities Research Co.），波士頓，麻州（圖1-13, 6-1到6-7）；標準股普爾公司（Standard and Poor's Corp.）的「趨勢線」（Trendline）部門，紐約（圖1-14, 17, 27, 37; 4-14）。圖3-9當中的圖分別來自：Trudi H. Garland所著的書《迷人的費波納奇》（*Fascinating Fibonaccis*）（繪圖）；David Bergamini的著作《數學》（*Mathematics*）以及《生活》（*Life*）雜誌的編輯群（螺旋形的花以及萬神殿）；《全知》（*Omni*）雜誌，1988年3月號（颶風、漩渦、貝殼）；《科學人》（*Scientific American*）雜誌，1969年3月號（向日葵）；《科學86》（*Science 86*）雜誌，1986年5月號（松

果）；《心智學報》（*Brain / Mind Bulletin*），1987年6月號（DNA）；《費波納奇季刊》（*Fibonacci Quarterly*），1979年12月（人體）；影片《科學探險—新星》（Nova-Adventures in Science）（原子微粒）；Technion科技研究院的Daniel Schechtman，海法，以色列（半結晶體）；海爾太空觀測站（Hale Observatories），加州（星系）。附錄中一些圖表的提供者：內德大衛斯研究公司（Ned Davis Research），佛羅里達；循環研究基金會（Foundation for the Study of Cycles），賓州；《一般媒體金融週刊》（*The Media General Financial Weekly*），維吉尼亞州。

其他並非出自以上出處的圖表，則是由Bob Prechter（原書）與Dave Allman（附錄）所做；龐大的文字編輯工作以及版面構成則是由Robin Machcinski耐心完成；封面的設計是由兩位作者構思，而由來自路易斯安納州紐奧爾良的Irene Goldberg完成。後面幾個版本的製作則是出自以下幾位之手：Jane Estes, Susan Willoughby, Paula Roberson, Karen Latvala, Debbie Iseler, Pete Kendall, Stephanie White, Leigh Tipton, Angie Barringer, Sally Webb, Pam Kimmons。

本書作者對所有提供書中資料的來源，深表謝意。若有任何疏漏，純屬意外，將會在往後再版時予以更正。

目　錄

本書是為了紀念已故的漢米爾頓·波頓（A. Hamilton Bolton），感謝他的天賦異稟和堅定的專業精神，以及他在推動艾略特波浪理論上的重大貢獻。

前　言

大約兩千年前，有一個人說了一些話，話中的真理迴響數百年而不墜：

> 一個世代結束了，又一個世代來到，而地球依舊永遠繼續存在。太陽依舊東昇、西下，依舊匆匆回到升起之處。風依舊往南吹，再轉向吹往北方，不停地快速旋轉，根據自己的路線不斷地吹拂。萬川流向大海，但大海依舊不滿溢，水流來自川河，又歸於來時之處……萬物皆以所應存而存，萬事皆以所應為而為；太陽底下沒有新鮮事。

從這段深刻的話中可以推論出：人類本性並沒有改變，而其型態也依舊。我們這一代有四個人以這個真理在經濟領域中建立了名聲，他們是：亞瑟・庇谷（Arthur Pigou）、查爾斯・道（Charles H. Dow）、伯納・巴魯克（Bernard Baruch）以及勞夫・尼爾森・艾略特（Ralph Nelson Elliott）。

探討商業起伏變化（也就是所謂的商業循環）的理論已經有上百個：貨幣供給的變化、庫存過多或短缺、政府政策所導致的國際貿易變化、消費者心態、資本支出，甚至是太陽黑子以及行星並列。英國經濟學家庇谷將之簡化成一個「人類方程式」，他說，商業之所以會有上下的波動，是因為人類過度的樂觀之後會出現過度的悲觀。這個鐘擺如果朝某一端擺盪太遠，就代表供應過剩，如果朝另外一端擺盪太遠，就代表供應不足。如果朝某一端擺盪很遠，一定也會朝另一端擺盪很遠，然後不斷來來回回，持續不斷，永不休止。

查爾斯・道是一位研究股市波動最深入的美國學生，他從股市不斷出現的波動中看出某種重複的現象。從外表的混亂中，道氏觀察到，市場並不像汽球一樣在風中毫無目的地到處飄，而是有規則地按照順序在波動。道氏發表了兩個理論，通過了時間的考驗。第一個理論是：股市的主要走勢如果是向上的，就會出現三段向上的擺盪。他認為，第一波向上擺盪是因為前一波向下走勢的過度悲觀而產生的反彈；第二波擺盪是為了要配合日漸好轉的經濟與獲利景象；第三波擺盪是因為對價值的過度低估。第二個理論是：在市場的擺盪中，不論是向上還是向下，都會在某一刻出現一個反轉，抵銷掉擺盪幅度的八分之三或更多。雖然道氏並未刻意將這些定律與人類遺傳基因的影響結合在一起，但是市場是人類所創造，所以按照道氏的說法，持續和重複的現象必然會反覆地一再重演，亦即，歷史會反覆出現。

巴魯克是靠著股市操作而致富的千萬富翁，也是美國總統的顧問，他短短幾句話便切中要點，他說：「股市的波動真正表達的，並不是事件本身，而是人類對事件的反應。簡而言之，數百萬個男男女女對這些事件的感受會影響到他們的未來。」他還補充說：「換句話說，股市最重要的是人們。因為人們想看出未來，也因為人們這種強烈的慾望而使得股市成為波動如此劇烈的競技場，在這個競技場中，人們彼此衝突的價值判斷相互爭鬥，希望對抗恐懼、優點對抗缺點、貪婪對抗理想。」

現在我們來談談勞夫・艾略特，他在演進他的理論時大概從沒聽過庇谷。他一直在墨西哥工作，但是因為身體上的疾病——我想就是他曾說過的貧血——於是來到加州休養身體。因為有了充裕的時間，艾略特治好了自己的病，然後以道瓊工業指數的歷史及波動來研究股票市場。在這個漫長的研究中，艾略特發現了一種重複出現的現象，《傳道書》的傳道者也曾經清楚地傳達出這種現象——就是本前言一開頭所節錄的那段話。艾略特透過自己的觀察、研究與想法而發展出他的理論，他還納入道氏的發現，而且超越道氏的理論，更全面且更正確。艾略特與道氏都意識到這個人類方程式的錯綜複雜——這個方程式主宰了股市的波動，道氏是大筆一揮來描述這個方程式，而艾略特則是一筆一畫仔細描繪，而且範圍更廣大。

我是經由書信往返認識艾略特的，當時我出版了一份全國性的股市週刊，而艾略特希望在週刊中刊登他的心血結晶。接下來就是不斷的魚雁往返，不過事情的導火線是發生在1935年的第一季。當時的股市從1933年的高點回跌到1934年的低點之後，重新開始啟動，但是在1935年第一季時，道瓊鐵路指數跌破1934年的低點。投資人、經濟學家及股市分析師都尚未從1929-32年的不愉快中恢復，所以1935年初期的這一波跌勢特別令人驚慌失措，大家都在問：美國是否又陷入更大的困境中？

在下跌的最後一天，我接到艾略特的電報，他斬釘截鐵地說這波跌勢已經結束了，還說這只不過是多頭市場的第一波修正，而這個多頭走勢還會走一大段。接下來的幾個月證明艾略特是對的，所以我便邀請他到我密西根的家中來共度週末，艾略特欣然接受，並且詳細說明了他的理論。不過，我無法用我的方式來完全理解他，因為他堅持所有的結論都是以他的理論為基礎。我幫他在華爾街找了一個落腳處，而且為了感謝他將他的成果透露給我，我以他的名義把他的理論寫入一本名為《波浪理論》（*The Wave Principle*）的小冊子中。

後來，我把艾略特引介給《金融世界》雜誌（*Financial World*），當時我為這本雜誌寫稿，而艾略特則透過一系列的文章，在雜誌上發表了他的理論的基本理念。之後，艾略特把《波浪理論》收錄在一本名為《自然法則》（*Nature's Law*）的著作中，在書中，他介紹了神奇的費波納奇以及某些不為人知的主張，他認為這些主張可以證實他的觀點。

本書的作者——佛洛斯特（A. J. Frost）與羅伯特・布雷希特二世（Robert R. Prechter Jr.）——是艾略特聰明的學生。如果你希望從艾略特的發現中獲益，如果你希望透過成功地應用艾略特理論而投資獲利，那麼，你將發現這兩位作者的著作是值回票價的。

——查爾斯・柯林斯（Charles J. Collins）

密西根，1978

R. N. ELLIOTT
833 Beacon Avenue
Los Angeles, California
FEderal 2667

Nov. 28, 1934

Mr. C. J. Collins,
Investment Counsel,
Detroit, Mich.

PERSONAL
and
CONFIDENTIAL

Dear Mr. Collins:-,

For some time I have been trying to formulate this letter, but unable to find expressions that would convey the desired impression and still doubt that I can do so. I am a stranger to you, but feel that I know you through the service letters which I admire very much. On my recommendation some friends have subscribed thereto. I was one of the first subscribers to Mr. Rhea's book and service.

About six months ago I discovered 3 features in market action, and insofar as I know they are novel. I do not believe that it is egotistical to allege that they are a much needed complement to the Dow theory.

Naturally I wish to benefit from these discoveries. You have a very extensive following and it has occurred to me that we might reach an arrangement mutually satisfactory. In your letters I have occasionally seen reference to "other sources of information" which prompted me to hope that you might become interested. Moreover from your service letters I judge that you are not familiar with my discoveries.

Their adoption would in no wise necessitate any reference thereto in service letters. For example when the Dow-Jones Industrials made a top of 107 last April I could have forecasted the 85 bottom and the approximate date it would be reached but your letters could have used the Dow theory as a reason for abandoning long positions. I do not claim that this can always be done. Needless to say the prestige of your service would have materially benefited thereby. Incidently permit me to forecast that the present major bull swing will be followed by a major bear collapse. This is not an opinion but simply the application of a rule.

These discoveries are much less mechanical than the Dow theory but add great forecasting value which it lacks. One gives reversal signals almost invariably at minor, intermediate and major terminals. Another classifies waves of all movements of which I find six. The other covers the time element which has been 83% correct since the 1932 bottom. When divergence occurs the time element slips out of gear temporarily.

Unless you contemplate an early visit to the Coast, would you be willing to pay the expense of a trip to Detroit and back ? I know your agent here, Mr. Osbourn, and believe he would give me a "good character", but please note that neither he nor any one else knows anything about my discoveries.

Yours very truly,

R. N. Elliott

DEC 2 1934

作者序

在寫這本書的同時，我們一直都把一個女孩的話放在心上，這個女孩在看完一本有關企鵝的書之後說：「這本書所告訴我的企鵝知識，比我真正想知道的還多。」我們一直試著用簡單、精準的詞彙來解釋波浪理論，避免在技術層面上太過推敲及列舉繁瑣。

一旦解釋清楚了，波浪理論的基本原理是簡單易學且易用的。可惜的是，早期的相關著作已經絕版，而後來的著作又很零星，使得我們在做研究時，沒有明確的文章書籍可供參考。在這本書中，我們努力將這個主題做了完整的討論，希望能成功地將艾略特迷人的領域介紹給內行的分析師以及有興趣的門外漢。

我們相信讀者會受到這本書的鼓舞而著手進行研究，自行記錄道瓊工業指數每個小時的漲跌圖表，直到有朝一日他們可以興奮地說：「我看懂了！」一旦了解波浪理論，你就自然掌握了一項引人入勝的新方法，可以進行市場分析，甚至還掌握了一項數學哲理，可以應用於生活其他層面。波浪理論不會是所有問題的解答，但是它能提供你一個透徹的看法，讓你能夠充分了解人類行為的奇異心理，特別是市場波動的行為。艾略特的觀念反映出一個原則，這個原則是你可以輕易就自己印證出來的，而且可以讓你以一個全新觀點來看待股票市場。

——A. J. 佛洛斯特，羅伯特・布雷希特二世，1978

第一篇

艾略特理論

第一章
通　論

在《艾略特波浪理論——一份嚴謹的評價》（*The Elliott Wave Principle—A Critical Appraisal*）一書中，漢米爾頓・波頓（Hamilton Bolton）做了以下的開場白：

> 在我們歷經了一些最難以預料及想像的經濟情勢，包括經濟大蕭條、世界大戰、戰後重建及繁榮，我留意到，艾略特的波浪理論與現實生活發展的脈絡竟是如此契合，因而使我更具信心地認為，這個理論可以對基本價值做出精準的分析。

在1930年代，勞夫・尼爾森・艾略特（Ralph Nelson Elliott）發現股市價格的走勢是依照一種型態（pattern）在變化，而這種型態是看得出來的。他所看出的這些型態是在形式（form）上不斷重複，而未必是在時間或震盪幅度上重複。艾略特從股價資料中抓出十三個一再出現的這類型態（也就是「波浪」），他將這些型態命名、下定義、並加以圖解，然後解釋這些波浪是如何連結成規模更大而型態相同的波浪，而新形成的較大一級波浪又是如何構成另一個相同型態的更大波浪，以這種結構不斷進展下去。他將這個現象稱為「波浪理論」。

雖然波浪理論是現存最佳的預測工具，但是波浪理論主要並不是用來預測股市的，而是對股市的變動規則做詳盡的描述。儘管如此，它對股市所做的描述，可以讓人得知在這樣的行為模式下的股市走勢，也因而可以得知後續可能的變化。波浪理論的主要價值在於，它為股市分析提供了一個整體的來龍去脈，因而得以做嚴謹的判斷，並對股市大致的走勢與展望做一個透徹的了解。有時候，它可以看出、甚至預測出股市走勢的變化方向，精準的程度令人不可思議。在許多大規模的人類活動領域中，都可以看到波浪理論的存在，但是，它最常應用於股票市場。確實，股票市場對人類的意義比那些偶爾進場的觀望者所想像的更為重大，甚至比那些以股市維生的人所認為的還要重大。股市總值是用來評估人們總生產力的一項直接且立即的衡量工具，而這個衡量工具有個形式（form）可循，這樣的事實有一個深遠的意涵，代表這門社會科學最終將會被徹底改變，不過，這個主題留待以後再討論。

勞夫・尼爾森・艾略特之所以有這樣的才能，是因為他有個訓練有素的心智思考能力，可以徹底、精準地研究道瓊工業平均指數（Dow Jones Industrial Average）的走勢圖以及之前的各個股市指數，讓他得以將1940年代中期以前所有導致股市波動的原則，架構成一套系統。在當時，道瓊指數接近一百點，艾略特預測接下來幾十年將會出現一個大多頭市場，他的預測超乎所有人的預料，因為當時大部分投資人都認為股市不可能表現得比1929年的高點還要好。正如我們後來所見，將波浪理論應用於股市之後，就出現了許多優異的股市預測，有些還是在實際發生前幾年便精準預測出股市的變化。

在艾略特的幾個理論中，他談到他所發現的那些波浪型態的起源與意義，這些理論將會在第三章詳述，在此之前，我們只需要討論第一章與第二章所提到的波浪型態就可以了。

關於目前的股市現況究竟是處於波浪理論的哪一個階段，我們常會聽到各種不同的詮釋，尤其如果這些粗略又急就章的研究是當今一些所謂的專家所提出的時候。不過，只要我們用算術尺規（arithmetic scale）及半對數尺規（semilogarithmic）來記錄走勢圖，並遵循本書所提供的定律（rule）與準則（guideline），就不會那麼無所適從了。歡迎進入艾略特的世界！

基本原理

根據波浪理論，股市的走勢是由有意義的訊息製造出來的，然後再製造出有意義的訊息。每一筆交易一旦生效就會進入市場架構之中，然後將這些交易訊息傳遞給投資人，讓其他投資人可以依據這些訊息來進行決策，如此不斷交互影響。這種交互影響是由人的社會天性所操縱，因為人具有這樣的天性，於是就衍生出形式（form），而這些形式一再重複，所以便具有預測的性質。

有時候，股市顯然是在反映外在的環境及事件，但有時候也會與人們所認為的偶發事件完全不相干。原因在於，股市有一套自己的運作法則，它並不是被直線性的因果關係所驅動而變成慣性。股價的波動並不是新聞所造成的，股市也並非一部有固定節奏律動的機器。股市的波動顯示出一再重複的形式（form），而這些形式與人們所猜測的偶發事件毫不相干，也與週期性毫無關聯。

股市是以波浪的形式向前推展的，而波浪是呈「方向性移動」的型態（pattern），說得更精確一點，任何一個自然發生的型態就是波浪，以下會做詳細說明。

五波型態（The Five-Wave Pattern）

股市要有所進展，就一定得要有這種形式（form）──有特定結構的五個波段。這五個波段的其中三段（圖 1-1，1、3、5 波）是實際推動走勢的波段，這三個波段被兩個逆方向的波段（2、4 波）所隔開，如圖 1-1 所示，這兩個中斷波顯然是整體走勢當中不可或缺的部分。

艾略特提出了「五波形式」的三個特性：2 波的最低點絕對不會低於 1 波的起點；3 波絕對不會是最短的一個波段；4 波的最低點絕對不會低於 1 波的最高點。

艾略特並沒有特別指出，上升波段一定是由五波的型態來主導，但是無可否認的，現實情況的確是如此。股市隨時都可能被看成是處於最大層級（degree）的基本五波型態的某個地方，因為股市進展是由五波的型態來主導，所以所有其他型態都附屬於其下。

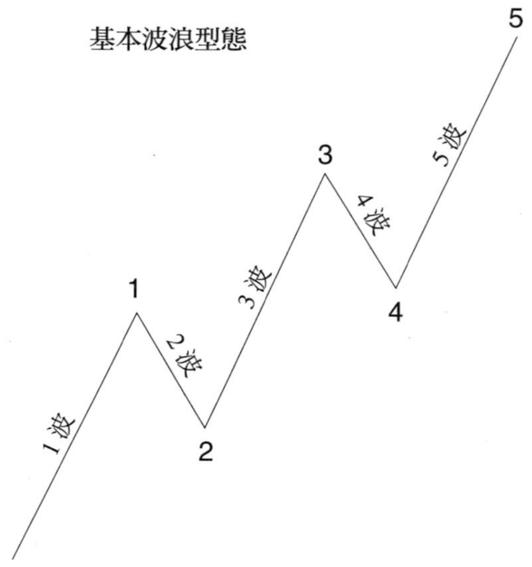

圖 1-1

波段種類

波段有兩種：驅動波（motive wave）與修正波（corrective wave）。驅動波是五波的結構，而修正波的結構是三波或是由三波所衍生的變種。圖1-1當中，朝同一個方向移動的1、3、5波就是驅動波，因為它們推動整個市場走勢，所以稱為「驅動波」。所有逆方向發展的，都是修正波，例如圖1-1的2、4波。因為它們顯然是對前一個驅動波在做「修正」，但拉回的幅度都不大，不至於抵銷掉驅動波的進展。因此，這兩種波所扮演的角色以及他們的結構都是迥然不同的，本章將會詳細加以解釋。

完整的循環

一個完整的循環包含八個波段，分成兩個不同的階段：五波的驅動波階段（我們以「五波」來稱之，次級波以數字表示），以及

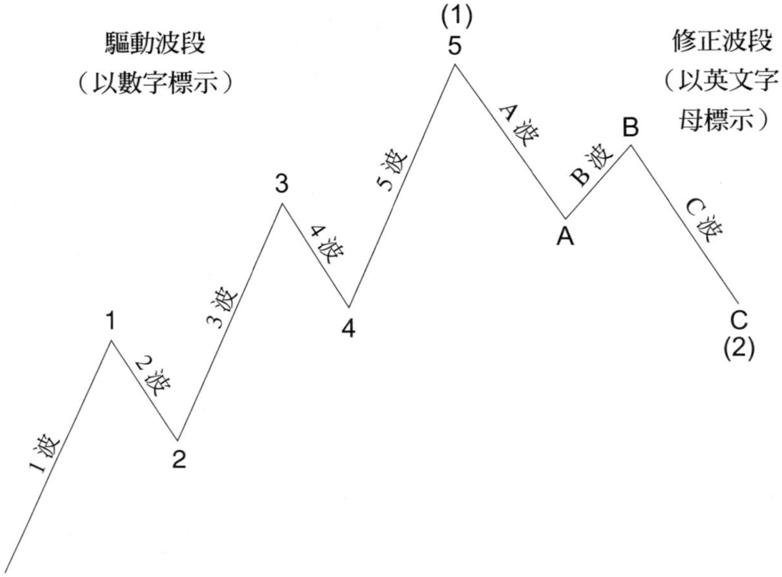

圖 1-2

三波的修正波階段（以「三波」稱之，次級波以英文字母表示）。就像圖 1-1 當中的 2 波修正了 1 波一樣，圖 1-2 當中，A、B、C 三個連續波段也修正了 1、2、3、4、5 這五個連續波段。

複合結構

當一開始的一個八波循環（如圖 1-2 所示）結束時，接著就會出現另一個類似的八波循環，然後再出現一個五波的走勢。整個這樣的發展就形成一個比較大層級（degree）的五波走勢，也就是圖 1-3 當中從起點一直向上到最頂點的 (5)。然後，在這個比較大層級的五波走勢之後會出現一個同樣層級的三波修正波，因此完成了一個比較大層級的完整循環，如圖 1-3 所示。

如同圖 1-3 所示，每個驅動波當中同方向走勢的波段組成份子（例如 1、3、5 波）與一個完整循環的每一個完整波段組成份子（例如 1 ＋ 2 波，或是 3 ＋ 4 波），本身都是較大層級的縮小版。

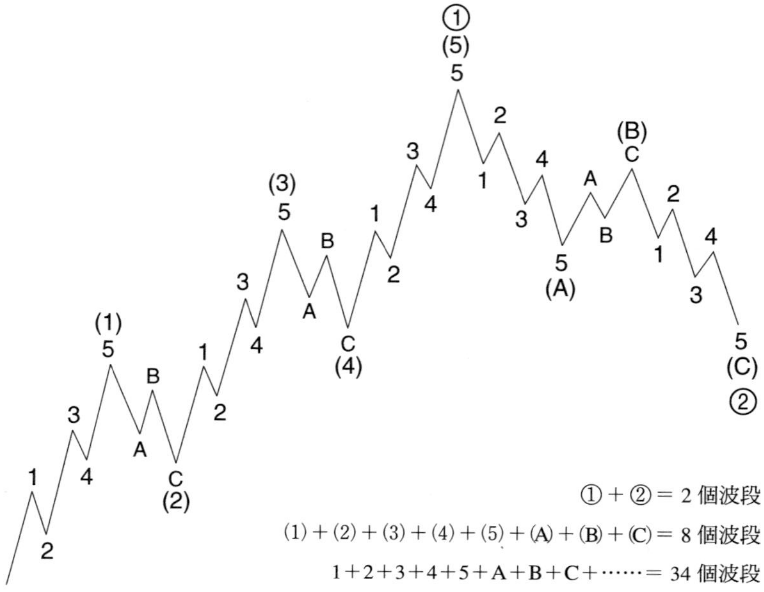

圖 1-3

有個關鍵一定要知道——圖1-3不只是圖1-2的放大版，而且還是圖1-2的更詳細版本。在圖1-2當中，每個次級波（subwave）——1、3、5波——是驅動波，必須再細分為「五波」，而次級波2、4是修正波，必須再細分為「三波」。圖1-3裡面的(1)波加上(2)波就是①波加上②波的縮小版，姑且撇開層級大小不論，走勢變化的形式（form）都是一再重複的。我們可以把圖1-3看成是由兩大波所組成的（①波加上②波），也可以看成是由八波所組成的（(1)、(2)、(3)、(4)、(5)加上(A)、(B)、(C)），或是看成是由三十四波所組成的，就看我們是以什麼樣的層級來看待。

基本的設計

現在，我們來看看圖1-3當中標示為②的這整個修正波，其中的(A)波與(C)波是向下的走勢，也都各包含了五波——1、2、3、4

和5波，而向上攀升的Ⓑ波是由三波所組成—— A、B和C波。這個結構透露出一個重點：驅動波並非一定是向上攀升，而修正波也不一定永遠都是向下的走勢。也就是說，要判斷一個波段是驅動波還是修正波，得看它的相對方向來判斷，不可以因為是向上攀升就斷定是驅動波，因為是向下走低就斷定是修正波。撇開四個特定的例外不談（本章稍後將會詳述），波段分成兩類，一是驅動波（由五波所組成）——如果波段的走勢與它所處的較大層級波段走勢相同的話。另一個是修正波（由三波所組成）——如果波段走勢是和它所處的較大層級波段走勢相反。因為Ⓐ波的走勢與②波相同，所以是驅動波，而Ⓑ波修正了Ⓐ波，而且走勢與②波相反，所以是修正波。總括來說，波浪理論的基本重要趨勢是：與一個較大趨勢同向的市場走勢，會以五波的型態來發展，而拉回的走勢則會以三波的型態發展，不論層級大小為何，都是如此。

以上所述形式、層級和相對走勢的種種現象可以進一步描繪成圖1-4的情況。圖1-4顯示出任何股市循環中的一般原則，波段可以細分如下列圖表所示。

每個層級的波段數目

	驅動波	＋修正波	＝　循環
最大層級的波段	1	1	2
次一層級的波段	5	3	8
次二層級的波段	21	13	34
次三層級的波段	89	55	144

如同圖1-2和圖1-3，圖1-4並不是最終層級，同樣的，這個較大層級的循環可以看成是兩大波，然後再依據這兩大波發展成另一個更大層級的循環。只要這個過程繼續進展下去，就會不斷衍生出更大的層級。反向來看也是一樣，每個層級都可以不斷細分成較小層級的循環，每個波段都含有次一級的波浪，也都是更大一級波浪的一部分。

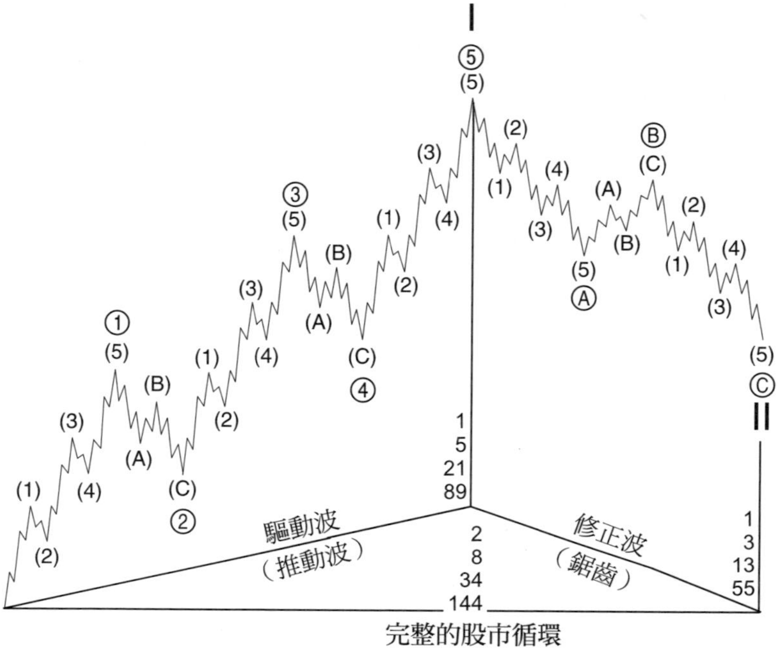

圖 1-4

為何是五波－三波的結構？

艾略特自己從來沒有推論過，為何股市的基本進展形式是以五波向上攀升，而以三波來做拉回，他只說那是實際發生的狀況。然而，股市一定得以五波和三波的基本形式來進展嗎？只要想一想，就會了解，那是要形成上下波動與走勢所需的最基本條件，也是最有效的方法。如果只有一個波段，是無法造成上下波動的，而要有上下波動，最少要有三個波段才行。雖然三個波段（不一樣大小波幅）可有兩個方向展開，但還是無法確定股市的走勢，要形成往一個方向進展（雖然中間會有幾波拉回），至少在主要的移動方向上得要有五個波段，以延續三波段所未完成的波段發展而且仍保有波動性。儘管可能會有更多的波段，但是，最有效的波段形式是5-3

波，而股市自然是遵循最有效的路徑在發展。

波浪層級的標示方法及術語

所有波段都可以依據所在的層級及相對大小來歸類。決定一個波段的層級，則是要看它的大小以及它相對於組成波（component）、相鄰波（adjacent）和包含波（encompassing）的所在位置。艾略特列舉了九種層級的波浪，小至分時走勢圖裡的最小波浪，大至他假設當時所收集得到的資料中最大的波浪。他把這些層級的波浪由大至小分別命名為：超大循環波（Grand Supercycle）、大循環波（Supercycle）、循環波（Cycle）、基本波（Primary）、中型波（Intermediate）、小型波（Minor）、細波（Minute）、微波（Minuette）、次微波（Subminuette）。循環波可細分為基本波，基本波可細分為中型波，中型波可以再依次細分為小型波、細波、微波、次微波。這些特定的術語並不是很重要，不過，現在採行波浪理論的人都已經很習慣使用艾略特所用的這些術語。

在走勢圖上標記出波浪層級時，為了要區別市場進展各層級的波段，一些規劃是必要的。我們已經採用了一套標準的標示方法，用一些數字與字母來作為標記的工具，如下列圖表所示，這套方法有好幾項前所未有的優點。這套標記是往上下兩端無限地延伸，並且一再重複，便於記憶。驅動波先用三組羅馬數字符號來標示，再用三組阿拉伯數字來標示，如此交替下去；修正波則是先用三組小寫字母標示，再用三組大寫字母標示，如此交替下去。到最後，小型波以下的層級是用小寫字母標示，而小型波以上的層級是用大寫字母標示。所以只要看一眼走勢圖，就可以看出它的規模。（本書裡的幾張走勢圖並沒有採用這套標記方法，因為這幾張圖是早在有這套方法之前就存在的。）

科學家最喜歡使用的標示記號通常都是1_1, 1_2, 1_3, 1_4, 1_5之類的符號，用下標來標記層級，但是如果在走勢圖上標記一大堆這樣的

波浪層級	與走勢相同的五波					與走勢相反的三波		
	（↑上一個是阿拉伯數字）					（↑上一個是大寫字母）		
超大循環波	Ⓘ	Ⓘ̈ (Ⅱ)	(Ⅲ)	(Ⅳ)	(Ⅴ)	ⓐ	ⓑ	ⓒ
大循環波	(I)	(II)	(III)	(IV)	(V)	(a)	(b)	(c)
循環波	I	II	III	IV	V	a	b	c
基本波	①	②	③	④	⑤	Ⓐ	Ⓑ	Ⓒ
中型波	(1)	(2)	(3)	(4)	(5)	(A)	(B)	(C)
小型波	1	2	3	4	5	A	B	C
細波	ⓘ	ⓘⓘ	ⓘⓘⓘ	ⓘⓥ	ⓥ	ⓐ	ⓑ	ⓒ
微波	(i)	(ii)	(iii)	(iv)	(v)	(a)	(b)	(c)
次微波	i	ii	iii	iv	v	a	b	c
	（↓下一個是阿拉伯數字）					（↓下一個是大寫字母）		

數字，將會很難閱讀，以上這套標記方法就是為了要便於快速瀏覽而設計的。

這些名稱與標記符號特別是用來查閱波浪的層級。分析師可以用這些術語，精準地辨識出某個波段在整個股市進展中的位置，就如同用經度與緯度來辨識地理位置一樣。如果我們說：「道瓊工業指數位於目前的超大循環波裡的大循環波(V)裡的循環波I裡的基本波⑤裡的中型波(3)裡的小型波1裡的細波ⓥ。」我們就是在股市進展中明確指出一個特定的點。

所有波段都隸屬於某個特定的層級，然而，要精確地指出一個發展中波段的層級，可能是辦不到的，尤其如果是新波段一開始的次級波。決定層級的因素並不是特定價格或特定的時間長度，而是形式（form），而形式是隨著價格和時間的變化而變化。幸好，能精確看出波段的層級，並不代表就能成功做出預測，真正最重要的是要看出相對的層級關係，才能成功做出預測。預先知道即將發生的主要走勢，比知道它的正確名字，更為重要，後續的走勢往往會使我們更清楚明白它的層級。

波段的功能

每個波段不是在形成主要走勢，就是在做拉回。說的更明確一點，一個波段若不是在推動波浪往主要走勢發展，便是在中斷主要走勢的發展。而要判斷一個波段到底是在扮演哪一個角色，就得看它的相對方向（relative direction）來決定。與較大層級波浪同向行進的波段，就是趨勢波（actionary wave或稱trend wave）；與較大層級波浪反向行進的波段，就是反趨勢波（reactionary wave或稱countertrend wave）。趨勢波是用奇數以及單數的字母來標示（例如圖1-2當中的1, 3, 5與a, c波段），反趨勢波則是用偶數以及雙數的字母來標示（例如圖1-2當中的2, 4與b波段）。

所有的反趨勢波都是修正波。如果所有的趨勢波都是驅動波，那就不需要再特別取「趨勢波」這個名稱了。的確，大部分的趨勢波都可以細分為五波，但是，有一些趨勢波是在扮演「修正」的角色，他們可以細分為三波或是其變種。要了解趨勢波與驅動波的差異，就得先對型態（Pattern）的結構做進一步的認識，在圖1-1到圖1-4的基本模型當中，這兩種波是模糊難辨的。本章後面將會對形式（form）做一個全盤的了解，這將有助於釐清為何我們要添加這些詞彙。

基本架構下的變種情況

如果上述的波浪理論基本設計足以完整描繪出市場行為，那麼波浪理論的應用就會很簡單了。但是，真實世界的情況，不知是幸還是不幸，絕不是這麼簡單的。市場或人類經驗會有週期循環，這就意味著會出現精確的重複，而波浪的概念可以解釋大量多變的現象，而這些現象其實是處處可見。接下來的這部分會針對真實市場的運作狀況做一番描述，這正是艾略特試圖做的事，而且他也成功做到了。

艾略特仔細地描述、解釋了這個基本架構，但是在這架構之下仍有許多特殊的變種情況。他也提出一個重要的事實：每一個型態（Pattern）都有一些條件與趨勢是可辨識出來的。透過這些觀察，他把許多定律（rule）與準則（guideline）訂成公式，用來進行確認波段的工作。要了解市場的一舉一動，就必須先對這類的細節有全盤的了解。

第二章與第四章提出了許多判讀波段的準則。如果你並不是要成為股市分析師，或者擔心你會陷入技術細節中而停滯不前，那麼下面一段大略看過就可以，然後跳過第二章，直接進入第三章。只要簡短瀏覽以下的摘要，應該就可以至少對後面幾章將會提到的一些概念與詞彙有所認識。

技術層面摘要

從這部分開始一直到第二章結束，我們都會詳細討論波浪的技術層面，首先大概略述一下：大部分的驅動波（motive wave）都具有形成走勢的推動波段（impulse），像是圖1-1到1-4所示的五波型態。其中，次級波4並沒有和次級波1有任何重疊的地方，而且次級波3不是最短的次級波。推動波段一般都會形成平行線，驅動波當中主導走勢的波段，例如1、3、5波，一般都會有其中一波延伸得比其他兩個波段還要長。有兩種罕見的變種驅動波稱為「傾斜三角型」，那是一種楔形的型態，只會出現在較大波浪的開端（1波或A波），或是出現在最後波段（5波或C波）。修正波也有許多變種，主要的幾種包括鋸齒型（如圖1-2，1-3，1-4所示）、平台型以及三角型（標示符號包括D和E）。這三種簡單的修正波型態可串聯成更複雜的型態（用W、X、Y、Z來標示）。驅動波裡的2波與4波的型態一定會交替出現，如果其中一個是鋸齒型，另一個就不會是鋸齒型，而4波通常是同一級推動波的修正結束點。每一個波浪都會展現出獨特的交易量行為，也顯示出投資人的心理狀態。

一般的讀者現在可能會直接跳到第三章，至於想進一步了解的讀者，以下就詳細解釋各個波浪的形式。

技術層面的詳細分析

驅動波（MOTIVE WAVES）

驅動波可細分為五波，而且移動方向與較大層級的走勢相同。驅動波比較單純，也比較容易辨認與判讀。

在驅動波當中，2波一定是1波的拉回，不過幅度不如1波，而4波也一定是3波的拉回，幅度也不會大於3波。而且，3波一定會超過1波的頂點。驅動波的目的就是要形成走勢，而這些規則一定會讓它達到目的。

艾略特進一步發現，在驅動波裡主導走勢的波（1、3、5波）當中，3波通常都是最長的一波，絕不會是三個推動波段當中最短的。只要3波走的幅度大於1波或5波，就滿足了這個定律。驅動波有兩種：推動波及傾斜三角型。

推動波（Impulse）

最常見的驅動波型態就是推動波。在推動波當中，4波不會落到（例如：「重疊」）1波的區間裡。這個定律也適用於以「現金」交易的非槓桿交易市場。高槓桿的期貨市場價格波動通常大於現貨市場，即使如此，4波和1波價格重疊的情形，在每日交易出現的頻率還是很少。除此之外，推動波的次級波（也就是1、3、5波）本身也是驅動波，次級波3尤其是形成走勢的力量。圖1-2、1-3、1-4所畫出的1、3、5、A、C，就是推動波的位置。

就像前面三段所介紹的，只有三個簡單的定律可以正確判讀出推動波。之所以稱之為「定律」，就是因為所有適用這些定律的波浪，絕不會有例外產生。一般來說，波浪的特性稱為「準則」

（guideline）。推動波的準則包括了擴延（extension）、未完成的第五波（truncation）、交替（alternation）、均等（equality）、軌道（channeling）、波浪特性與比例關係分析，將在以下的篇幅以及第二章與第四章當中討論。不要輕視定律，在多年的經驗中，作者看到過無數的型態，只發現過一個打破一項定律的例子，那是一個在次微波層級之上的例子。如果有分析師經常說自己發現了一些打破定律的例子，那就代表那些分析師並不是以波浪理論在做分析。這些定律可以幫你正確計算、判讀波段，以下討論擴延波時將會進一步討論。

擴延（Extension）

大部分的推動波都會發生艾略特所謂的擴延。擴延波是一種延長的推動波，其下還包含過度擴大的次級波。推動波的三個趨勢次級波（第一、三、五波）當中，只有其中一波會產生擴延的現象。有時候，擴延波的次級波的波幅及時間，幾乎與較大層級推動波的其他四個沒有發生擴延的波段相同，形成一個大小類似的九波波浪，而不再是一般的五波。在九波的序列當中，通常很難看出哪一個部分是擴延波。不過，這並不要緊，因為在艾略特的理論系統中，九波和五波在技術分析上的意義是相同的。圖1-5描述了擴延波的各種情況，並對九波與五波的區別，做了一個清楚的圖示說明。

因為擴延波一般只會發生在三個推動波當中的其中一波，因此我們可以利用這點來推估即將產生的波段的長度。舉例來說，如果第一波和第三波的長度相同，那麼第五波很可能就會是擴延波。反過來說，如果第三波發生擴延，那麼第五波就會和第一波一樣是個簡單的結構，不會產生擴延的現象。

在股票市場中，最常發生擴延現象的是第三波。這個事實對於即時的波浪判讀尤其重要，不過要連同推動波的這兩條定律——

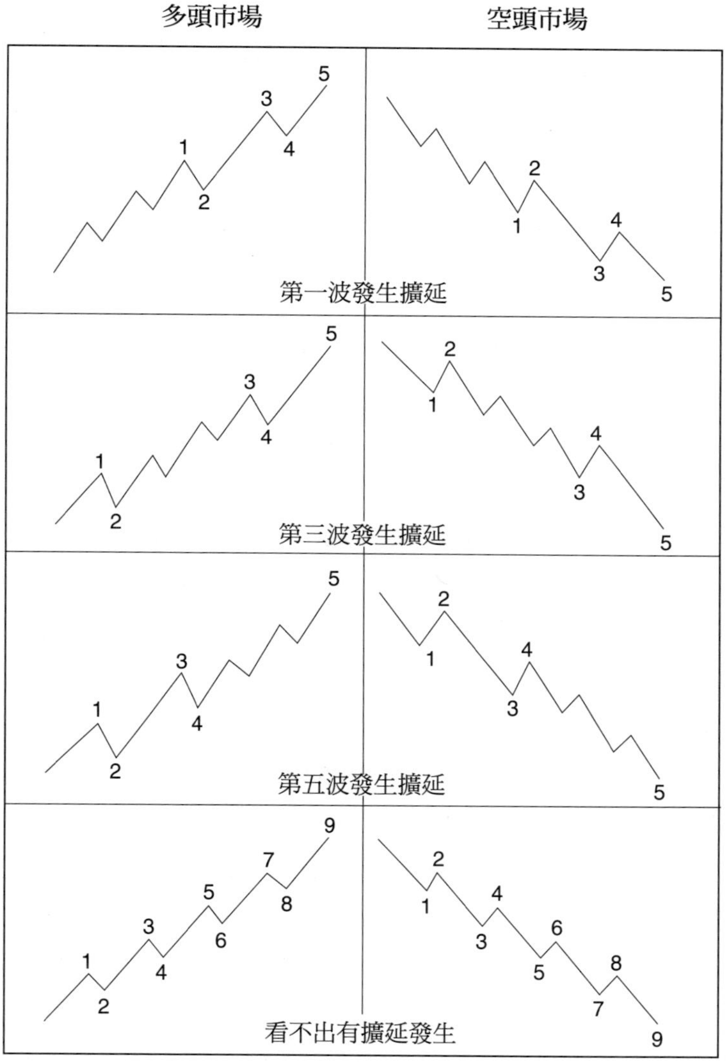

圖 1-5

3 波絕不會是三個推動波中最短的一波，以及 4 波不可以落入 1 波的區間——一併考慮。為了清楚說明這一點，我們以兩個假設的例子圖 1-6 與 1-7 作為來說明沒有正確標示波段的情形。

在圖 1-6 當中，4 波落入了 1 波的區間。在圖 1-7，3 波比 1 波

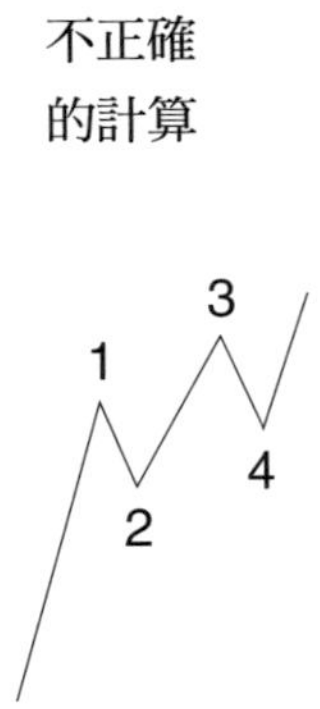

圖 1-6

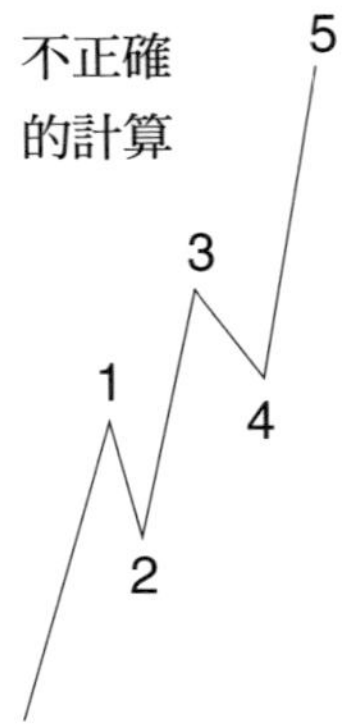

圖 1-7

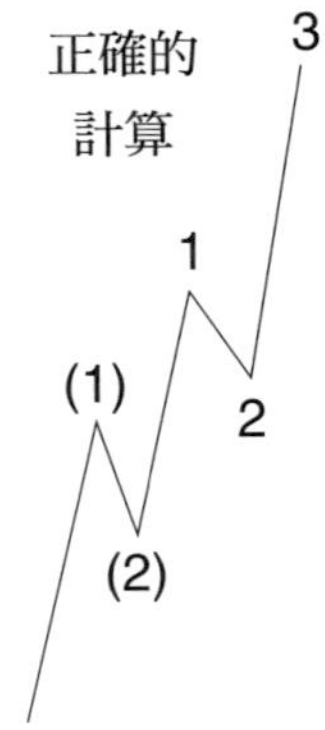

圖 1-8

短，也比5波短。根據前面所說的定律，圖1-6與1-7這樣標示波段是錯誤的。一旦發現明顯的3波是無法被接受的，就要再尋求別的方法來正確標示這些波段。事實上，圖1-8的標示才是對的，從圖1-8當中還看得出有一個擴延波(3)正在成形。一定要養成習慣將第三波為擴延波的可能狀況及早標示出來，這樣的習慣一定會有所幫助，在第二章的「波浪特性」中你就會了解。圖1-8也許是本書當中用來計算即時推動波最好用的說明了。

擴延波當中可能也會產生擴延波。在股票市場中，一個第三波要是發生擴延，那麼，擴延波裡的第三波往往也是一個擴延波，就如圖1-9所示。圖5-5所表示的是一個實際例子。圖1-10所描繪的是，第五波發生擴延，而擴延波裡的第五波再發生擴延。除了在期貨商品市場的多頭市場之外（請見第六章），第五波發生擴延是相當罕見的。

未完成的第五波（Truncation）

如果第五波沒能超越第三波的頂端，艾略特用「失敗」（failure）這個字眼來形容這種情況，我們則比較喜歡稱之為「未完成」

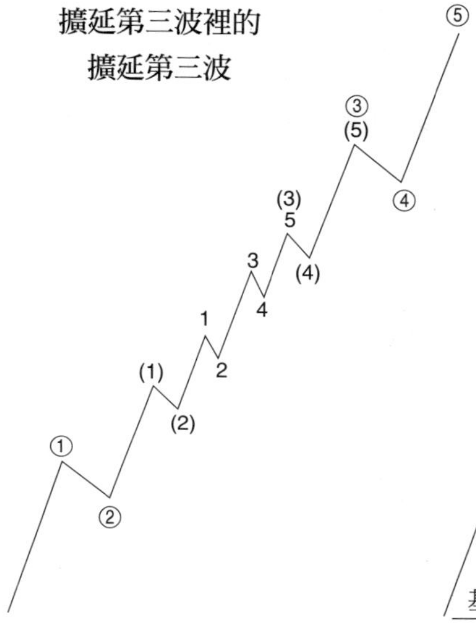

圖 1-9

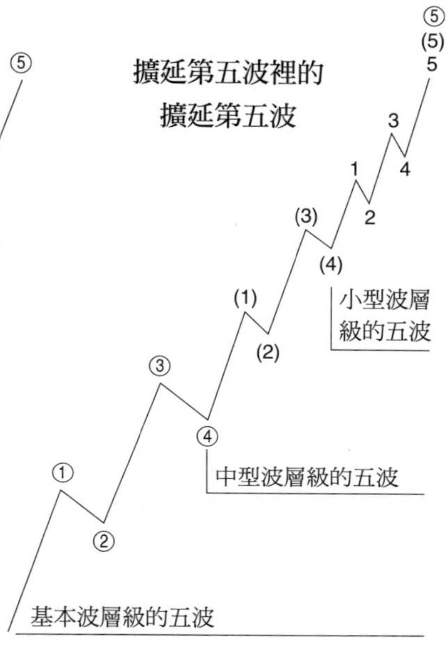

圖 1-10

（truncation），或是「未完成的第五波」（truncated fifth）。如圖1-11與1-12所示，這個未完成的第五波通常可以經由其包含五個次級波而得到確認。未完成的第五波往往會出現在特別強勁的第三波之後。

從1932年至今，我們可以從美國股市中找到兩個未完成第五

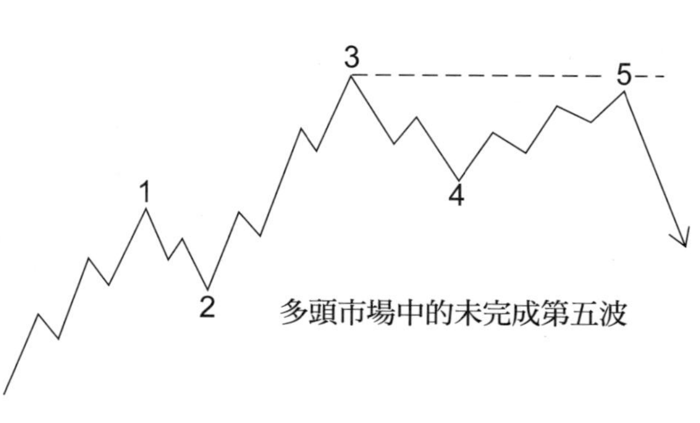

圖 1-11

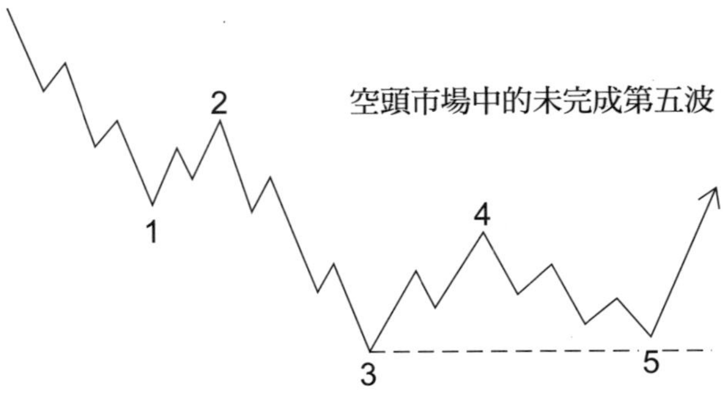

圖 1-12

波的例子。第一個例子出現在1962年10月，當時正值古巴飛彈危機（請參閱圖1-13），在第三波的崩盤走勢之後，出現了未完成的第五波。第二個例子發生在1976年年底（請參閱圖1-14），在為時很久（從1975年10月持續到1976年3月）的⑶波大漲走勢之後，出現了一個未完成的第五波。

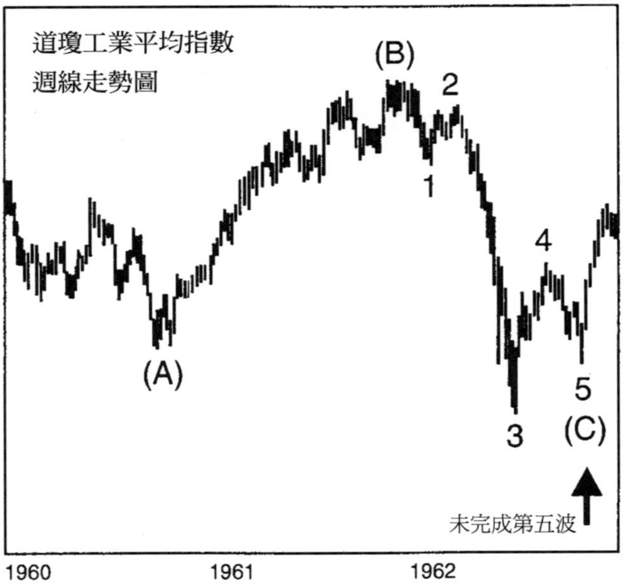

圖 1-13

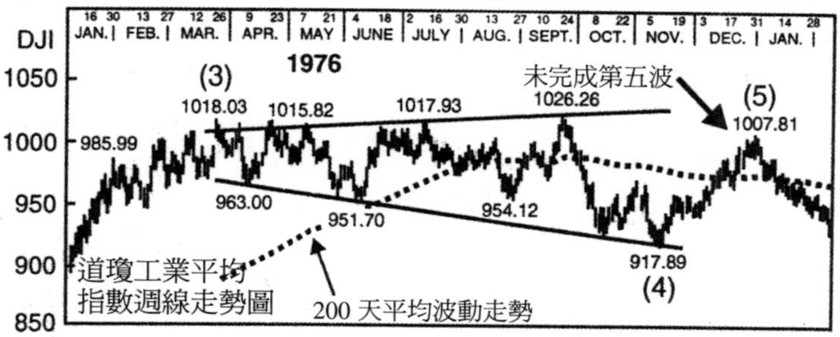

圖 1-14

傾斜三角型（Diagonal Triangles〔Wedges〕）

傾斜三角型雖然是驅動波型態，卻不是一個推動波，反而具有修正波的特性。傾斜三角型在一個波浪結構的某特定位置代替推動波。在推動波當中，不會有任何修正次級波完全抵銷掉前一個推動次級波的進展，而且第三次級波絕不會是最短的一波。然而，傾斜三角型是唯一與主要走勢同向發展的五波結構當中，第四波幾乎掉入第一波價格區間的一種型態。傾斜三角型很少會以一個未完成的第五波來結尾，在我們的經驗中，這種情況發生的機率微乎其微。

末端傾斜（Ending Diagonal）

末端傾斜是一種特別的波形，主要發生在第五波的位置。艾略特認為，如果前一波的走勢呈現快速拉升或落底的情形，第五波就往往會發生末端傾斜的波形。在A-B-C的波形結構中，末端傾斜也可能發生在C波的位置上，但是機率非常小。在雙重三波（double threes）及三重三波（triple threes）的結構中（請參閱下一節），末端傾斜只會出現在最後C波的位置。不論是出現在第五波或是C波，末端傾斜出現的地方都是較大型態的波浪結束的位置，它的出現代表市場的主要走勢至此已呈現疲軟狀態。

末端傾斜會以楔形（wedge）遊走於兩條逐漸收斂的直線

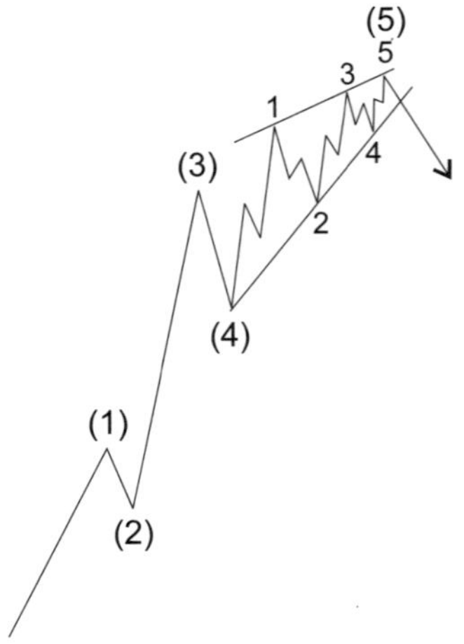

圖 1-15

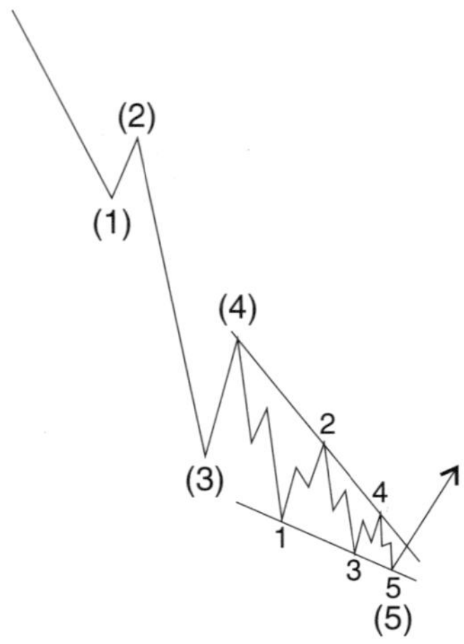

圖 1-16

（converging lines）之間，其中的每一段次級波（包括1、3、5波），都可以再細分成「三波」（因為是三波，所以反而形成了修正波的現象），形成3-3-3-3-3的波形。圖1-15與1-16就是在解釋出現於第五波的末端傾斜。

我們還發現會有一種現象產生，如果把末端傾斜型態的波峰與波谷各自連成一線，這兩條線也可能會出現發散（diverged）的現象，使得其中的楔形成為擴張（expanding）的型態，而不再是一個收縮的楔形。不過，因為這種型態中的第三波是最短的推動波段，而且整個結構比一般還大，違背了前面所述的定律，所以我們並沒有把這種型態視為是一種有效的變種。

末端傾斜在1978年早期曾經出現於小型波當中，也曾在1976年2、3月間出現於細波，在1976年6月出現於次微波。圖1-17與1-18顯示了其中的兩個情況，分別是上升與下降的結構。圖1-19則顯示了一個擴張傾斜三角型的實例。值得注意的是，在上述的每個例子中，每當出現傾斜三角型之後，接下來的走勢就會出現重大變化。

傾斜三角型的第五波常常會衝破第一波與第三波頂點所連結成的那條線，形成了所謂的「突破」（throw-over），圖1-17與1-19的例子就發生了這樣的狀況。出現小層級的傾斜三角型時，成交量往往會減少，一旦發生「突破」，成交量相對增加之後，這種型態就會結束了（在罕見的情況下，第五次級波會缺少反動的趨勢線）。

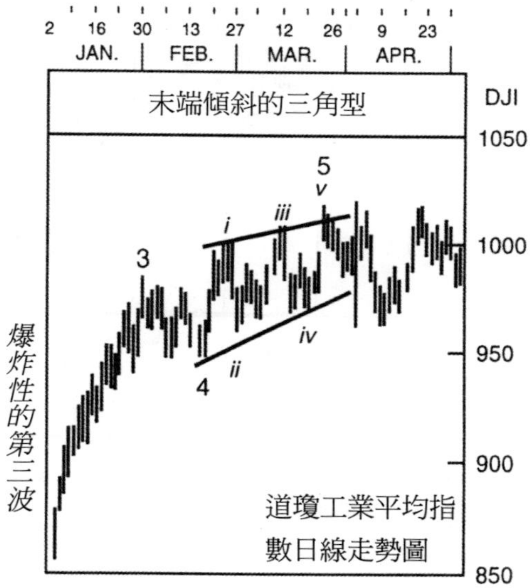

圖 1-17

如果出現一個上升趨勢的傾斜三角型，通常接著會出現劇烈回檔，至少會下跌到傾斜三角型開始形成時的水準。相反的，如果出現一個下跌趨勢的傾斜三角型，接下來通常會出現大漲的格局。

不論是第五波的擴延波、未完成的第五波、或者是傾斜三角型，他們都顯示出同一件事：市場即將出現大逆轉。不過，如果這三個現象的其中兩個同時發生在不同層級的波浪時，市場走勢就不會發生大逆轉了。

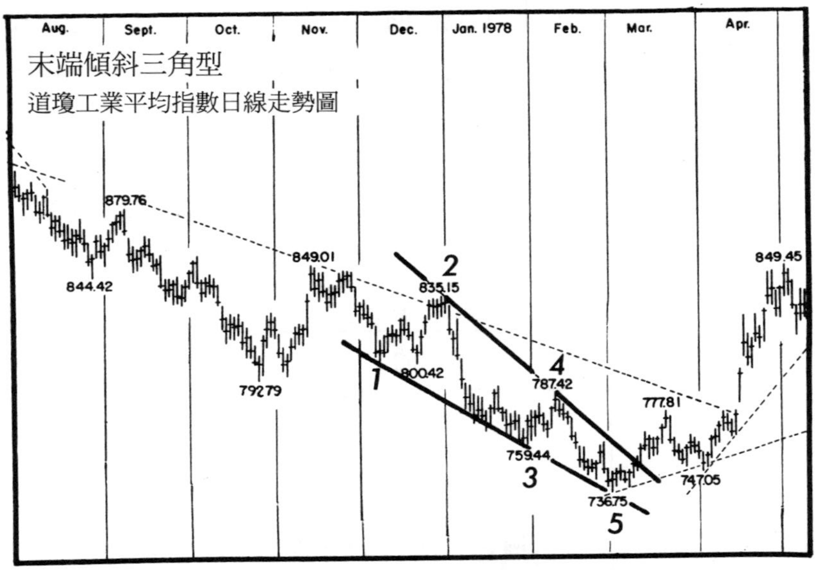
Aug.
Sept.
Oct.
Nov.
Dec.
Jan. 1978
Feb.
Mar.
Apr.
末端傾斜三角型
道瓊工業平均指數日線走勢圖
879.76
844.42
849.01
792.79
835.15
800.42
787.42
759.44
777.81
747.05
736.75
849.45
1
2
3
4
5

圖 1-18

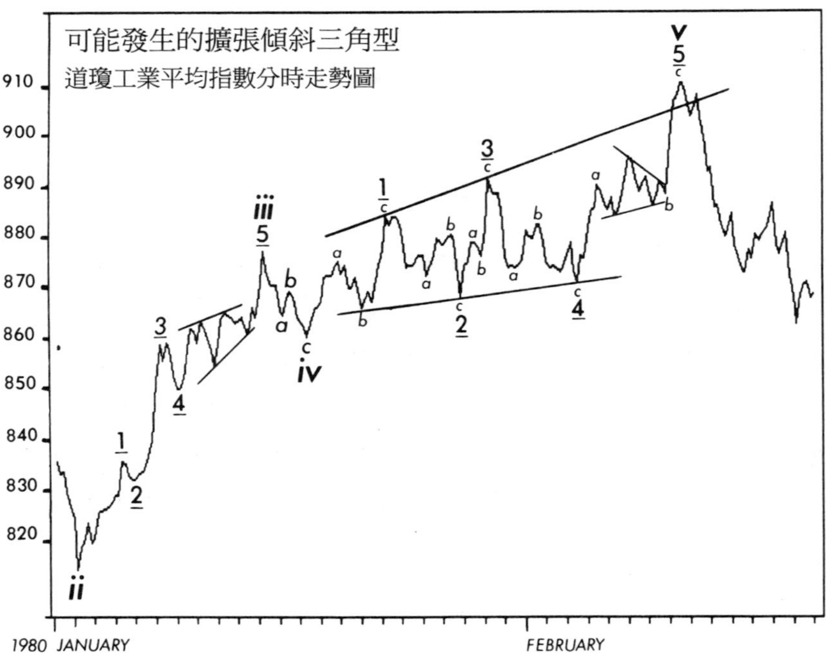
可能發生的擴張傾斜三角型
道瓊工業平均指數分時走勢圖
910
900
890
880
870
860
850
840
830
820
1980 JANUARY
FEBRUARY
ii
iii
iv
v

圖 1-19

前端傾斜（Leading Diagonal）

如艾略特所述，如果傾斜三角型出現在5波或C波時，會呈現3-3-3-3-3的波形。然而，最近才發現，傾斜三角型有一種變種偶爾會出現在推動型1波或鋸齒型A波的位置上。在這種情況當中，1波與4波同樣會發生重疊的現象，而且收斂的兩直線之間也會出現楔形。不過，其中的次級波並不是三波，而是五波，形成5-3-5-3-5的波形。這樣的波形結構（如圖1-20所示）正好符合波浪理論的精神：由五個次級波組成的趨勢波會傳達出將要「持續」下去的訊息，而末端傾斜三角型的趨勢波裡的三個次級波則暗示即將「終結」。分析師要特別留意這種結構，不要把它誤認為是一般普通的波型發展，只是一個波浪系列的第一與第二波，如圖1-8的所示。這種型態的主要辨別的特徵是，相較於第三個次級波，第五個次級波有明顯的價格緩步改變。相對之下，在發展第一波與第二波的同時，短期的速度一般都會增加，而且幅度（例如股票數目或波動的分類指數數目）會擴大。

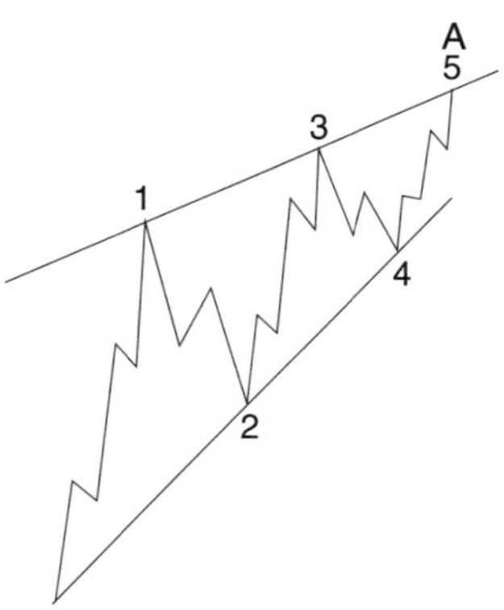

圖 1-20

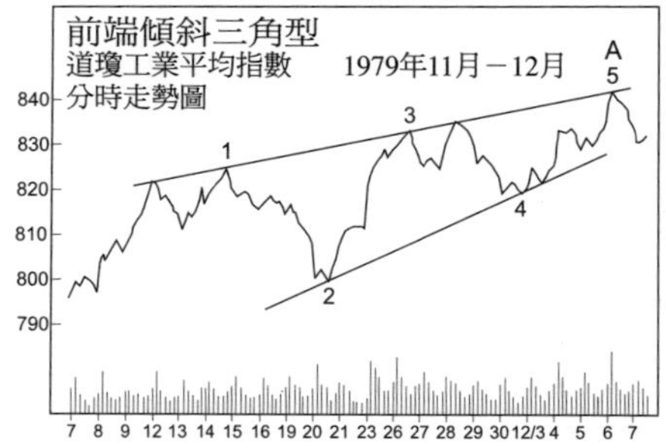

圖 1-21

圖1-21所示是一個前端傾斜三角型的實例，這個波形並不是艾略特發現的，但是因為這個型態出現的次數夠多，也經過了一段夠長的時間觀察，所以作者把這種型態納入理論當中。

修正波（CORRECTIVE WAVES）

與市場主要走勢方向相反的力道其實並不大，因為有市場主要走勢力量的阻撓，所以修正波無法發展成五波的形式。這兩股方向相反的力量之間的拉扯，往往使得修正波比較不容易看得出來。相形之下，驅動波因為一定會與市場主要走勢同向發展，所以比較容易辨認出來。而這兩股力量的衝突也使得修正波的變化比驅動波來得複雜，因此在修正波推展的同時，複雜程度會有所增減，所以原本屬於同一層級的次級波，有時會看似屬於不同的層級（請參閱圖2-4與2-5）。因此，修正波的型態有時很難看得出來，往往要等到它發展完成之後才看得出它的型態。因為比較難以預測修正波何時結束，所以在做分析的時候要多用點耐心，尤其當市場是處於多變化的修正格局時。

在研究了各種不同的修正波型態之後，我們從中獲得一個最重要的定律：修正波絕對不會是五波的型態，只有驅動波才會是五波的型態。因此，如果在與較大層級走勢相反的方向上開始出現一個五波的行進，這五波絕不會是修正波的結束，只是修正波的一部分而已。這一節的圖表就是在說明這一點。

修正波有兩種類型。一是急劇修正波（Sharp correction）：與較大一級走勢成大角度反轉。另一個是側邊修正波（Sideways correction）：對前一波段進行兩個回檔修正，通常會將價格帶回原來起始修正的價位甚至超越該價位，而形成一個側邊多出一個波形的外觀。第二章裡面有關交替（alternation）的討論中，會解釋這兩種型態。

修正波主要可分為以下四種型態：

1）鋸齒型（Zigzag）：呈5-3-5的波形，又可分為三種不同的變化——單鋸齒、雙鋸齒、三鋸齒。

2）平台型（Flat）：呈3-3-5的波形，又可分為三種——常態型（regular）、擴張型（expanded）、強勢型（running）

3）三角型（Triangle）：呈3-3-3-3-3的波形，可分為四種，其中三種是屬於收斂結構，包括上升型（ascending）、下降型（descending）、對稱型（symmetrical），另外一種是屬於擴張結構，稱為逆對稱型（reverse symmetrical）。

4）綜合型（combination）：可分為兩種——雙重三波型（double threes）以及三重三波型（triple threes）。

鋸齒型（5-3-5, Zigzag）

在多頭市場中，所謂單一鋸齒（single zigzag），指的是一個簡單的三波段下降走勢，標示為A-B-C，而三波段中又各自有次級波，分別是5-3-5波。B波的最高點明顯低於A波的起始點，如圖1-22與1-23所示。

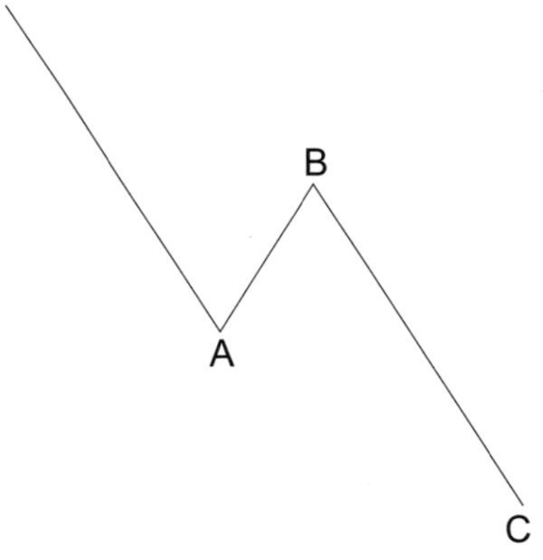

圖 1-22

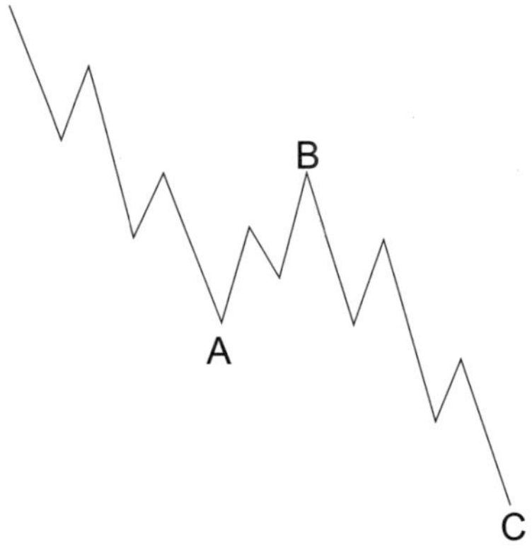

圖 1-23

在空頭市場中，鋸齒型修正波的走勢就與多頭市場相反，如圖1-24與1-25所示。因此，我們常常會把空頭市場的鋸齒型態視為是一個反轉的鋸齒型。

有時鋸齒會一連出現兩次，最多一連出現三次，尤其如果當第一個鋸齒沒有達到正常的目標時。在這些情形下，每一個鋸齒中間都會插入三波，因而被隔開，形成所謂的雙鋸齒（double zigzag，

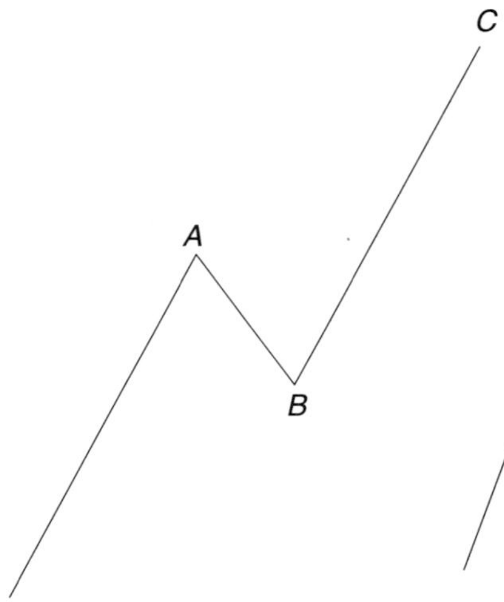

圖 1-24

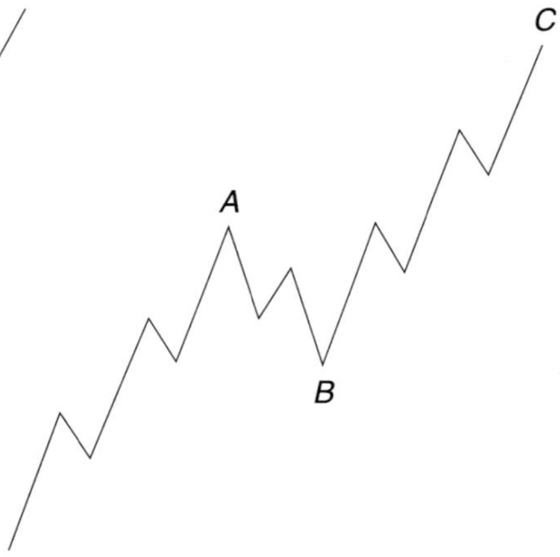

圖 1-25

如圖 1-26）或是三鋸齒（triple zigzag）。這種結構類似於推動波的擴延，不過比較不常見。道瓊工業平均指數（請參閱圖 1-27）從 1975 年 7 月到 10 月的這段修正格局，可以視為是一個雙鋸齒，1977 年 1 月到 1978 年 3 月的標準普爾 500 指數（Standard and Poor's 500 stock index，請參閱圖 1-28）也是雙鋸齒。在推動波當中，第

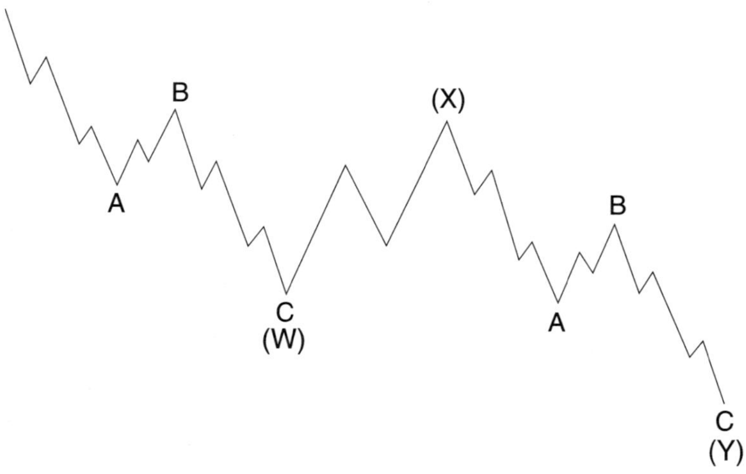

圖 1-26

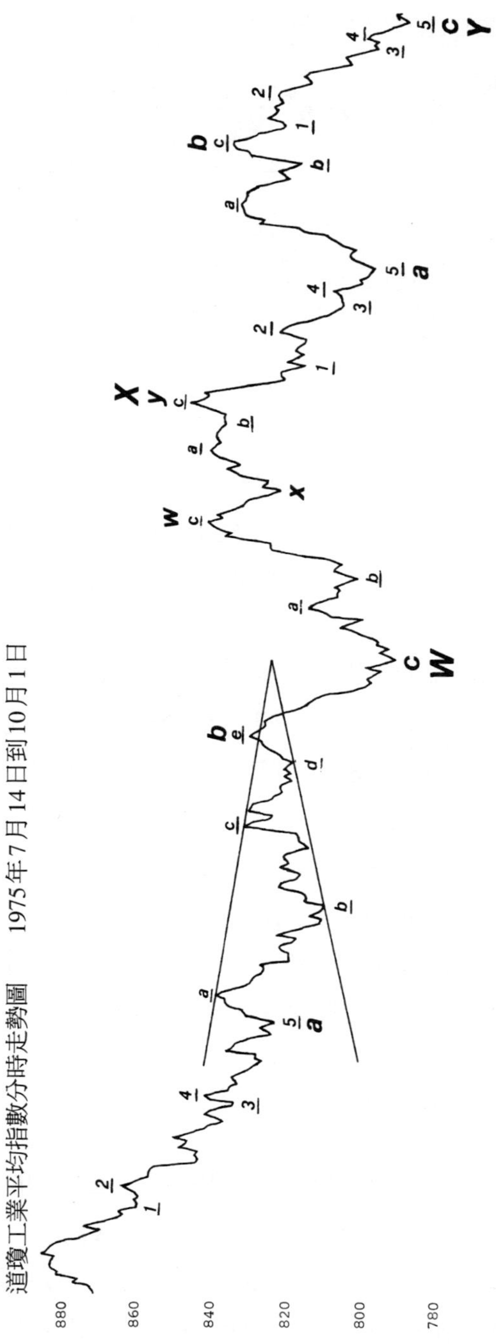

圖 1-27

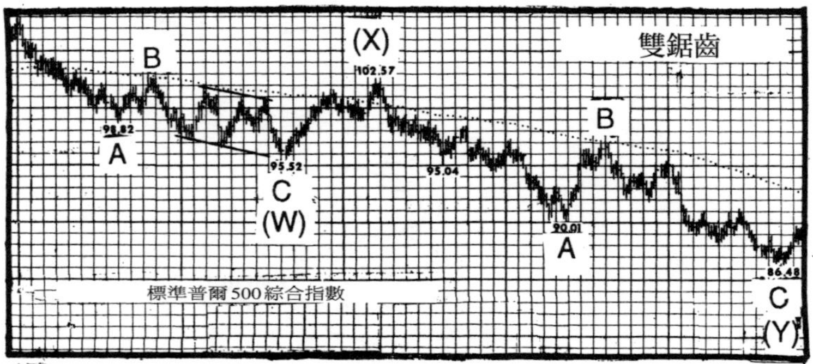

圖 1-28

二波經常都是呈現鋸齒型，而第四波則很少出現鋸齒型。

艾略特是用速記的方法來標示雙鋸齒、三鋸齒、雙重三波和三重三波（將在後文介紹），他把中間那三波標示為X，所以雙鋸齒修正波就標示為A-B-C-X-A-B-C。可惜的是，這種註記方法無法確切標示出趨勢波裡的次級波的層級。這些次級波被標示成只比整個修正波次一級，不過事實上他們是次兩級。於是，我們用另外一種註記方法解決了這個問題：把雙鋸齒或三鋸齒修正波的第一個鋸齒標示為W、第二個鋸齒標示為Y、第三個鋸齒標示為Z，中間那三波標示為X，所以就變成W-X-Y，或者是W-X-Y-X-Z，因此就可以清楚看出每個次級波（A、B或C，以及一個三角型中的D或E，請看稍後的討論）是比整個修正波小兩級。每一個X波都是反趨勢波，也就是修正波，因此又形成另一個鋸齒。

平台型（3-3-5, Flat）

平台型修正波與鋸齒型修正波有所不同，因為它的次級波是呈現3-3-5的序列，如圖1-29與1-30所示。因為A波缺乏足夠的向下力道，所以無法像鋸齒型一樣開展成五波型態，在這種情形下，B波也因為欠缺拉回整理的力道，因而一路上升，在接近A波起始點附近才結束，而C波在稍微超過A波結束點的地方就終止，不像鋸齒型的C波一樣超出那麼多。

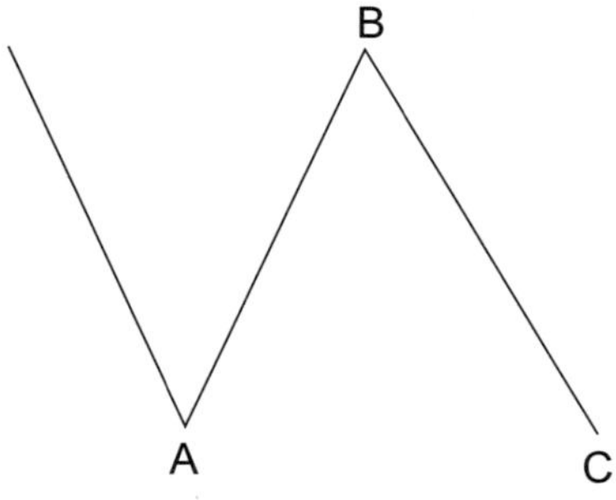

圖 1-29

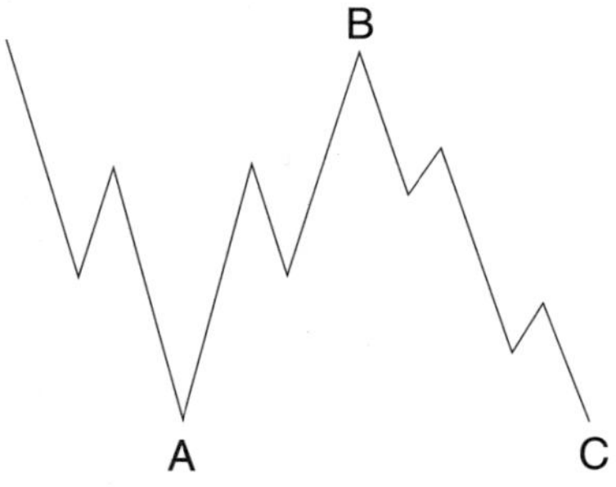

圖 1-30

空頭市場中的平台型態與多頭市場相同，只是顛倒過來而已，如圖1-31與1-32所示。

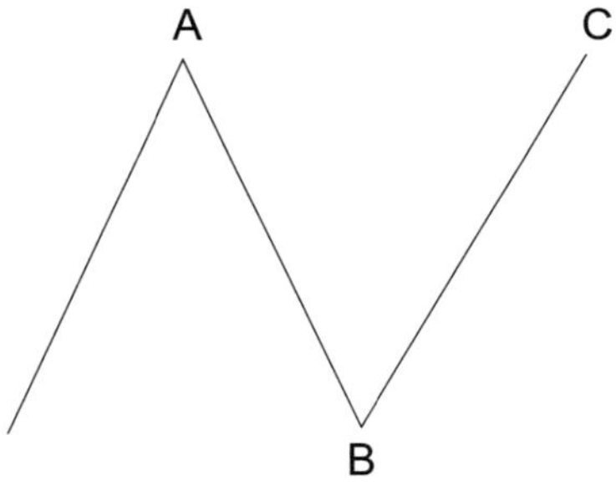

圖 1-31

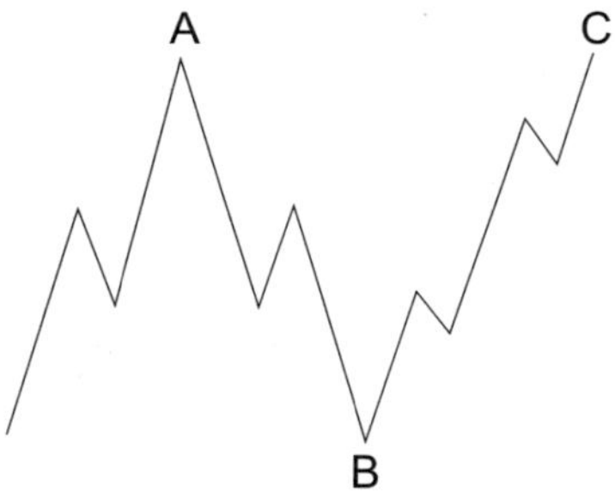

圖 1-32

一般來說，平台型的修正波當中，修正前一個推動波而產生的力道通常小於鋸齒型。由於平台型修正波往往會發生在主要走勢很強勁的時候，所以在它的前後幾乎一定會出現擴延的現象。如果市場主要走勢越強勁，平台修正的時間就越短。在推動波當中，第四波經常成為平台型，而第二波則很少如此。

所謂「雙平台」（double flat）也會發生，不過，艾略特把這種結構歸類為「雙重三波」（double threes），我們會在本章稍後再加以討論。

在修正波A-B-C當中，凡是可細分為3-3-5波型者，都稱之為「平台」。不過，在艾略特的用語中，3-3-5結構的修正波，因為外型上的不同而用三種不同的名字來稱呼——常態、擴張以及強勢。在常態型平台修正波中，B波的結束點大約在A波起始點的附近，而且C波的結束點稍稍超過A波的結束點，如圖1-29到1-32所示。不過，更常出現的，是所謂的擴張型平台，也就是在其波動期間，所出現的價格高點將會超過前一個推動波。艾略特把這種情況稱為「非常態」平台，不過這樣的稱呼並不是很恰當，因為這種情況出現的頻率遠遠高於「常態」平台。

在擴張平台型當中，3-3-5結構中的B波的結束點會超過A波的起始點，而C波的結束點遠遠超過A波的結束點。圖1-33和1-34顯示的是多頭市場的情況，而圖1-35和1-36顯示的是空頭市場。1973年8月到11月的道瓊工業指數結構所顯示的就是空頭市場裡的一個擴張型平台修正波，也就是「顛倒的」擴張型平台，請參閱圖1-37。

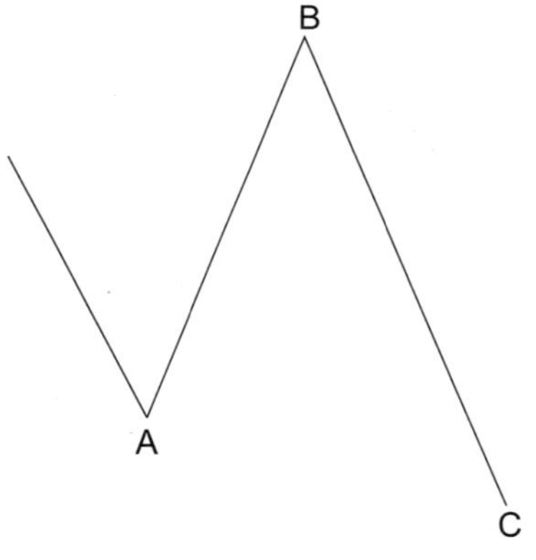

圖 1-33

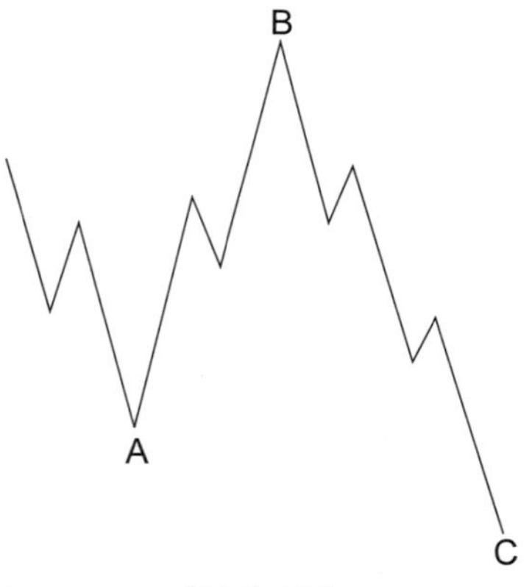

圖 1-34

在3-3-5的平台型中，有一種罕見的變化，我們稱之為「強勢」平台修正波。如圖1-38到1-41所示，B波的結束點會超過A波的起始點水準，就像擴張型平台一樣，但是C波沒能達到A波結束點

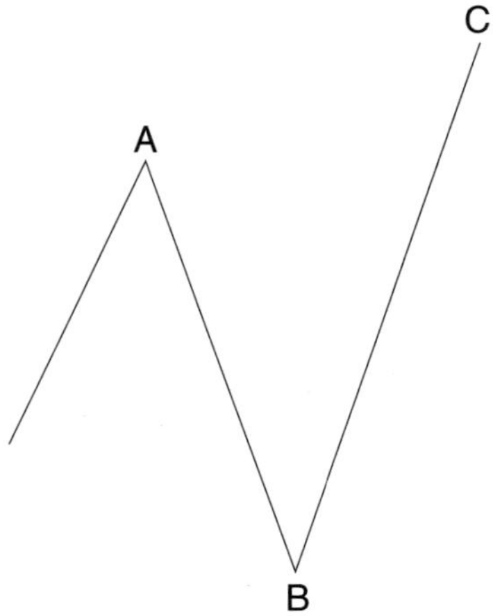

圖 1-35

圖 1-36

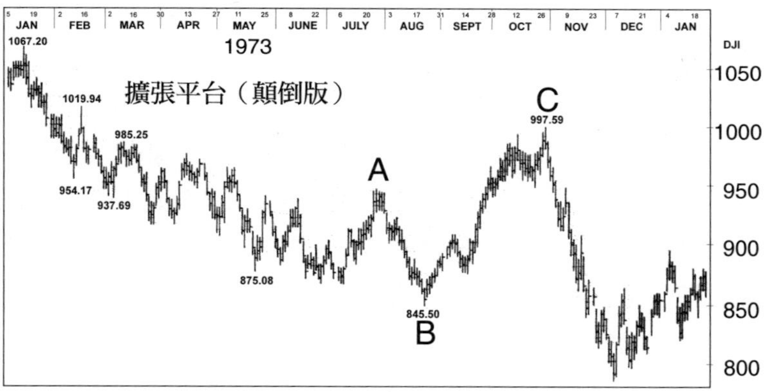

圖 1-37

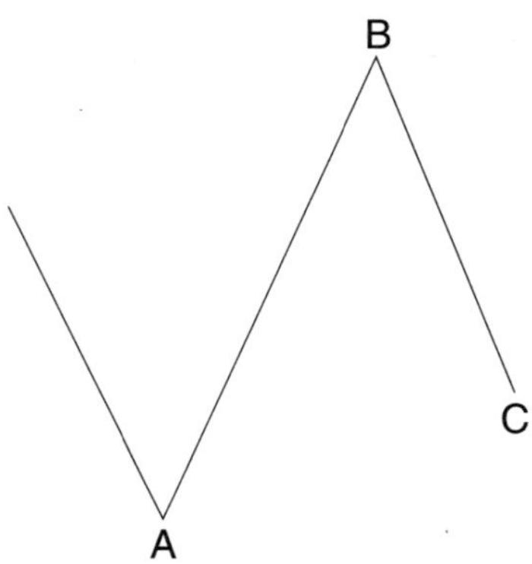

圖 1-38

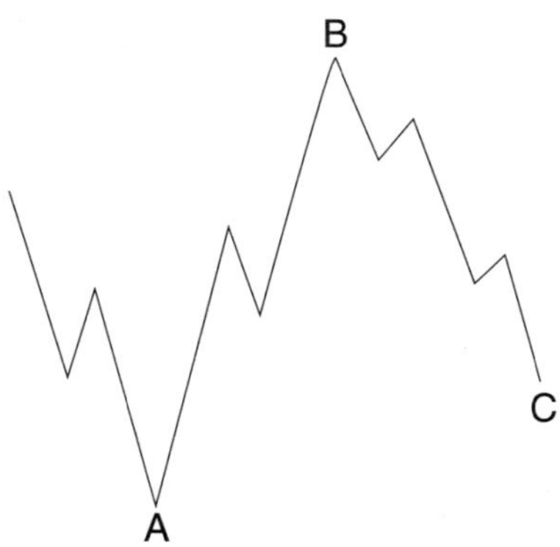

圖 1-39

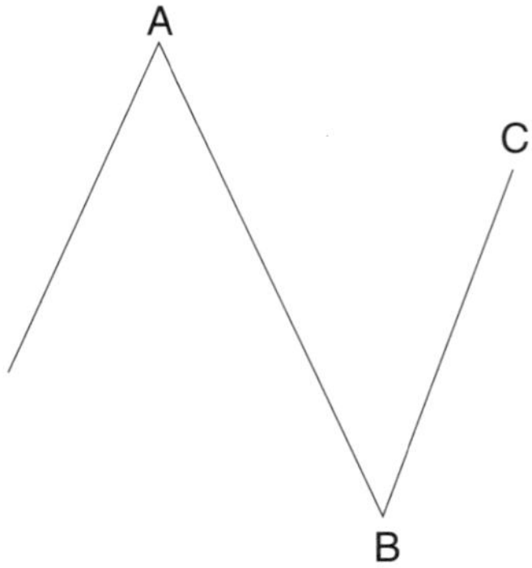

圖 1-40

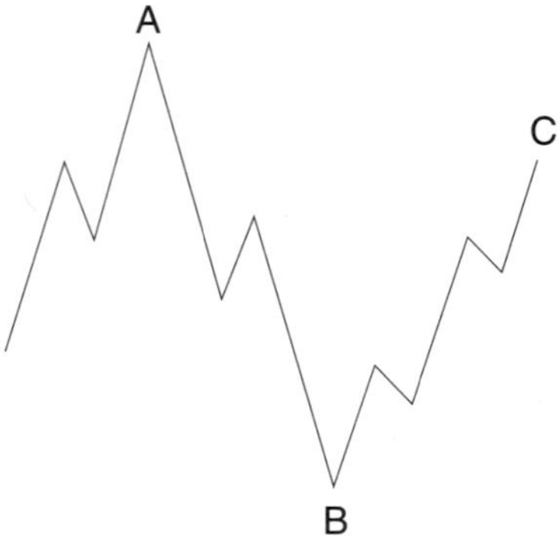

圖 1-41

的位置水準。在這種情況中，顯然是因為市場的主要走勢相當強勁，使得C波產生歪斜現象，不致繼續探底。這種結果類似於推動波裡的未完成第五波。

當強勢型平台修正波出現時，我們要特別注意：市場上任何波段的次級波是否有遵守艾略特的定律。舉例來說，如果有一個波段被我們假設是B波，但是後來發現這個波段可細分為五波而不是三波，那就表示我們先前的假設錯誤了，這個波段比較可能是大一級推動波裡的第一波。另外，在辨別強勢平台修正波時，前後的推動波也是重要的判斷依據。一般來說，強勢平台修正波往往會發生在走勢強勁且行進迅速的市場中。不過，我們必須在此提出一項警告：根據以往的股價紀錄來看，出現強勢平台修正波的例子並不多，千萬不要倉促就認定某個波浪是強勢平台修正波，否則你會發現自己十有八九是錯的。相較之下，強勢的三角型態（請參閱下一節）比較常見。

水平三角型（Horizontal Triangle / Triangle）

當市場上的成交量減少、價格波動減小，通常會隨之發生側邊橫向波動，而三角型態就是反映這種波動背後的力量。三角型態由五波所組成，這五波又各自可細分為三波，所以成為3-3-3-3-3的結構，以A-B-C-D-E來標示。把A波和C波結束點連成一線（A-C線），再把B波和D波的結束點連成一線（B-D線），就會畫出一個三角形。E波可能不會超越A-C線，也可能會超過A-C線，不過根據我們的經驗，超過的情形比較常見。

三角型態可分成兩種：收斂（contracting）和擴張（expanding）。收斂三角型態又可分為三種：對稱、上升、下降，如圖1-42所示。擴張三角型態比較罕見，也只有一種，沒有其他變化，形式

（水平）三角型的修正波

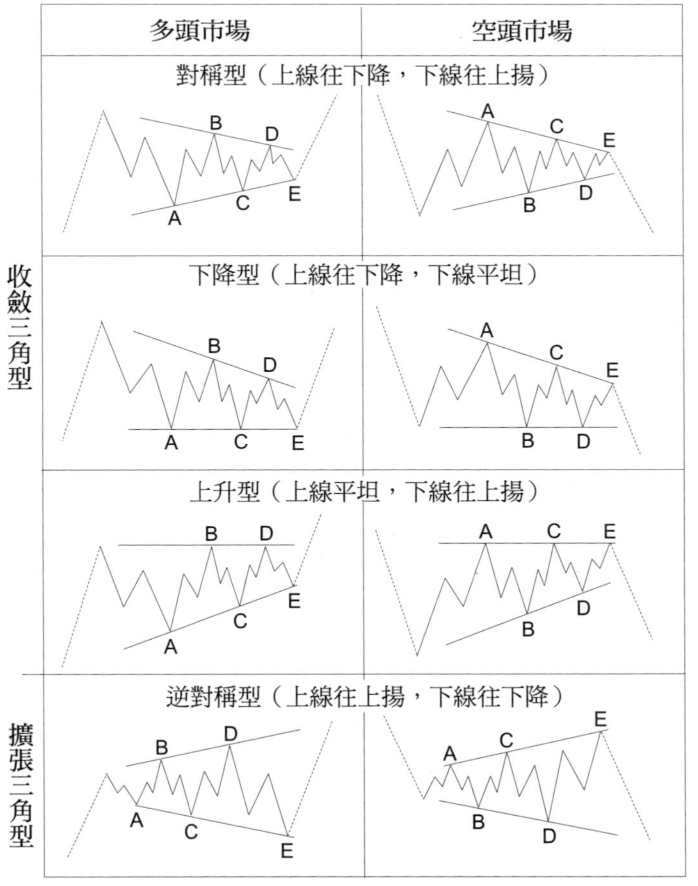

圖 1-42

通常如圖1-42所示，那也是為何艾略特將其取名為「逆對稱」三角型。

圖1-42中，我們可以看到，每個收斂三角型的波動都位於前一波的價格區間裡，我們稱之為「常態」三角型。不過，有一個非常常見的現象是，收斂三角型裡的B波會超越A波的起始點，我們把這種情況稱為「強勢」三角型，就像圖1-43所示。儘管會出現側邊橫向波動，所有三角型，包括強勢三角型都會在E波結束點的位置，對前一波進行拉回。

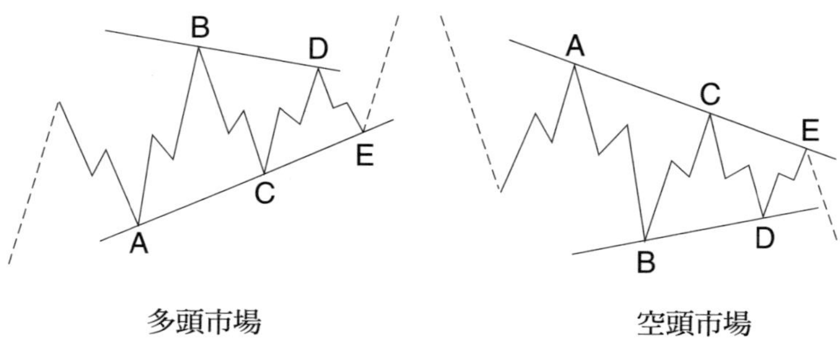

圖 1-43

本書的走勢圖中有好幾個三角型態的實例（請參閱圖1-28、3-15、5-3、6-9、6-10、6-12）。你一定會注意到，三角型態裡，大部分的次級波都是鋸齒型，但有時候會有某個次級波(通常是C波）出現比其他次級波複雜的情形，而且以常態平台、擴張平台或是多鋸齒的型態出現。有時還會有一個罕見的情形發生：某一段次級波（通常是E波）本身就是一個三角型，所以整個型態就會延展成為九波。因此，三角型態和鋸齒型一樣，有時候會出現類似擴延波的發展。1973年到1977年的白銀走勢（請參閱圖1-44），就是一例。

三角型態出現的時間通常在：與大一級走勢同向的最後一個驅波動之前，例如在推動波的第四波，或者ABC三波結構中的B波，或者雙鋸齒、三鋸齒、綜合型（請參閱下一節）裡的X波。在綜合型修正波中，三角型態也會在最後趨勢波中以綜合修正的型態

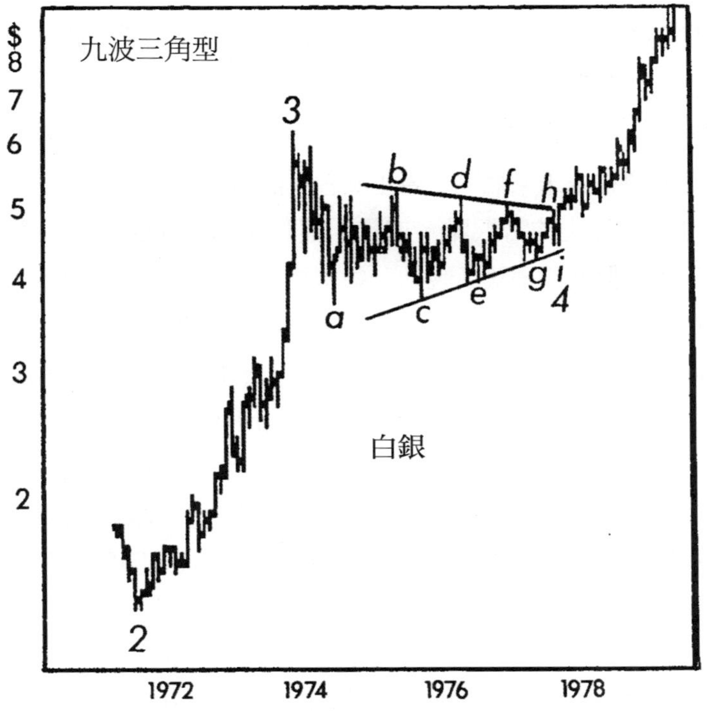

圖 1-44

出現，如同下節會討論的，但是從較大一級的走勢來看，它還是位於最後一個趨勢波之前。雖然推動波中的第二波以三角型的型態出現，是一個極為罕見的情況，但是這通常是因為：三角型型態基本上就是修正型態的一部分，而這個修正波是以雙重三波的型態出現（例如圖3-12的例子）。

在股票市場中，第四波的位置上如果出現一個三角型態，第五波就經常會呈現急拉（swift）的情況，而且拉升的幅度最大可達三角型最寬部分的距離。艾略特用「飆升」（thrust）這個字眼來形容這種發生在三角型態之後、走勢疾促的急拉情況。這種飆升通常是一個推動波，但也可能是一個末端傾斜。在走勢強勁的市場中，不會出現這樣的飆升，而是會出現一個延長的第五波。所以如果在三角型態之後的第五波攀升得過高，就很可能是一個延長波。第六章將會說明期貨商品市場中，高於中型波層級的三角型態之後所發生的推動波走勢，通常都是在這個波段走勢中最長的一波。

根據我們研究三角型態所獲得的心得，如同圖1-27以及後面的圖3-11、3-12所顯示，將收斂三角型態的上下兩條邊界線延長，這兩條線會在未來某個點上產生交會，而這個交會點通常也是市場即將產生大變化的轉捩點。或許，觀察這個轉捩點出現的機率大小，正可以對波浪理論所說的一些結論，做一個實際的驗證。

用「水平」這個字眼來泛指這些三角型態修正波，是為了要和前一節所討論有關推動波型態的「傾斜」三角型有所區隔。因此，「水平三角型」與「傾斜三角型」這兩個用語是用來代表波浪理論裡這些特定的波浪結構。或許可以簡單地用「三角型」和「楔形」這兩個用語來代替，但是要記得的是，技術分析的讀者已經習慣使用這些用語來廣泛地稱呼一般非特定的細分形式。因此，對這樣的波浪型態細分並給予不同的名稱是有幫助的。

綜合型（雙重三波與三重三波，Combination: Double and Triple Three）

艾略特把兩種修正型態結合而成的側邊修正，稱為「雙重三波」，而把三種修正型態結合而成的側邊修正，稱為「三重三波」。一個單一的「三波」，指的是鋸齒型或是平台型，而三角型則是這些型態的組合，並稱之為三波。組合型態可以包含一些簡單的修正波型態，包括鋸齒型、平台型、三角型。這樣的組合型態可以以側邊擴充的平台修正型態的方式出現。在雙鋸齒或三鋸齒的型態中，我們以W、Y、Z分別來標示這幾個鋸齒，而這些型態中的反趨勢波則標示為X，有可能為任何修正波型態的形狀，但是通常都是以鋸齒波的型態出現。至於多重鋸齒型態，最多只會出現三重鋸齒，不過跟雙重鋸齒比較起來，三重鋸齒還是比較少見。

雖然三波的組合型態始終是以兩個或三個並列的平台型態出

現，如圖1-45與1-46所示，但是艾略特對不同的組合型態，給予不同的標記。在組合時，通常是以兩種不同的型態交替組合而成，舉例來說，一個平台型之後接著出現一個三角型，這是比較典型的雙重三波（我們現在所知的是像1938年的例子，請參閱附錄），如圖1-47所示。

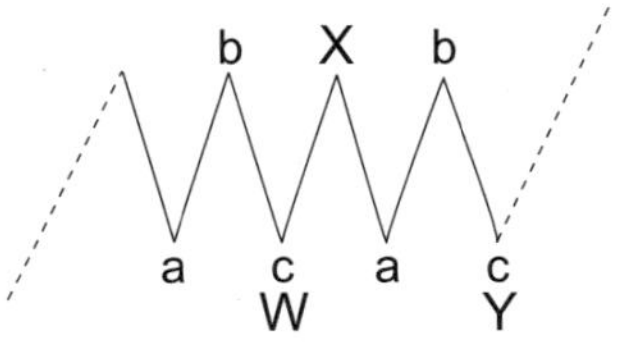

圖 1-45

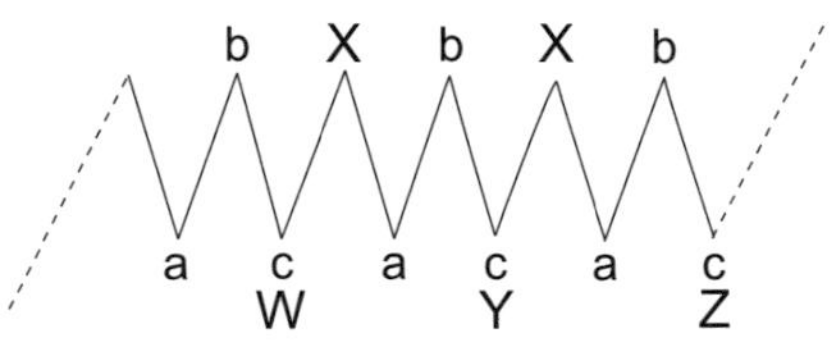

圖 1-46

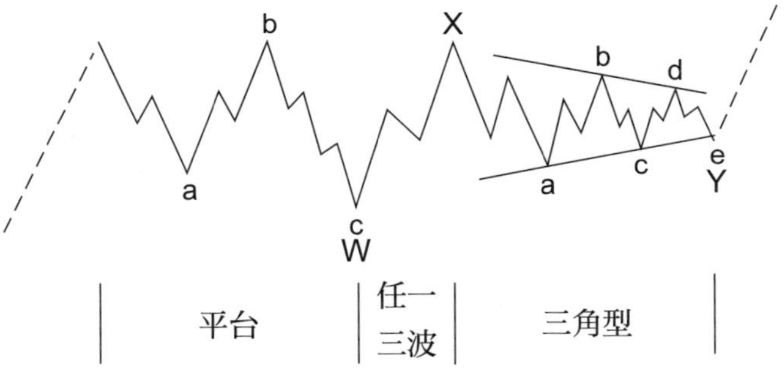

圖 1-47

另外一種情況是：一個平台型之後接著出現一個鋸齒型，如圖1-48所示。這些圖所描繪的都是多頭市場的修正波型態，所以如果是空頭市場，就得把這些圖顛倒過來看。

大部分的情況，組合型態的特徵就是平行走勢。艾略特指出，這種綜合型態的整體結構是與較大一級的走勢反向傾斜的，不過我們從未發現過這樣的例子。一個原因是，在一個綜合型當中絕不會出現一個以上的鋸齒型，也不會出現一個以上的三角型。記得三角型只發生在較大層級走勢最後一個波動之前，所以，在雙重三波或三重三波當中，三角型也只會出現在最後一波的位置。

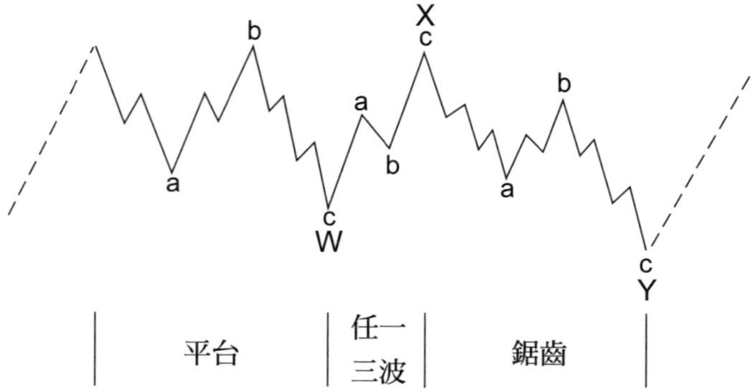

圖 1-48

艾略特在《自然法則》（*Nature's Law*）一書中提到，雖然雙鋸齒與三鋸齒（請參閱圖1-26）的走勢角度比綜合型的側邊橫向走勢來得陡峭（請參閱第二章的交替準則），但是他們還是可以被視為是非水平型態的綜合型。然而，雙重三波與三重三波是不同於雙鋸齒與三鋸齒的，不僅是角度不同，它們的目的也不同。在雙鋸齒或三鋸齒當中，第一個鋸齒通常很少會大到足以修正前一波，所以通常必須再重複出現一個或兩個鋸齒來做修正。然而，在雙重三波或三重三波的組合型態當中，第一個三波往往就能對前一波做修正，因此在價格目標達成後所出現的波段顯然是要延長修正的時間。有時候需要一些多餘的時間，讓價格走勢達到軌道線或形成與其他推動波中之修正波之間的架構關係。當整合的現象持續出現，市場參與者的心理狀態與基本面顯示出來的結果就會越趨近於一致。

這一節當中講得很清楚，**3**＋4＋4＋4與**5**＋4＋4＋4這兩個數列在性質上是有所差異的。要注意的是，推動波的總數是五波，如果有擴延波就會達到九波或十三波等等。而修正波是三波，如果是綜合型則會有七波或十一波等等。三角型態顯然是個例外，雖然它可以被視為一個三重三波型態，總共十一波。因此，如果個別波段的內部波數算不清楚，只要算算所有波數就能對這些波浪做一個合理的判讀。舉例來說，如果波段的總數為九、十三或十七，而且波段區間很少出現重疊，就很可能是驅動波，而如果波段的總數為七、十一或十五，而且波段區間有一些重疊，就很可能是修正波。最例外的是兩種傾斜三角型態，因為它們混雜了驅動波與修正波。

正統頂點與底點（Orthodox Tops and Bottoms）

有時候，一個波浪型態的結束位置並不是在波動過程中價格最高或最低的位置。在這種情況中，這種型態的結束點就稱為「正統」頂點或底點，用來與波動期間或波動型態之後實際達到的價格最高點或最低點做一個區別。舉例來說，在圖1-14中，⑸波的結束點就是一個正統頂點，即使價格較高點是出現在⑶波。在圖1-13中，5波的結束點是一個正統底點。在圖1-33與1-34當中，A波的起始點是前一個多頭市場的正統頂點，即使較高點出現在B波。在圖1-35與1-36當中，A波的起始點是正統底點。在圖1-47當中，Y波的結束點是空頭市場的正統底點，雖然價格的低點出現在W波。

這個觀念之所以重要，主要是因為要成功地做出分析就得先正確地把波浪型態標示出來。在標示波段型態時，錯誤地假設一個波段頂點的價格是修正波的開始，常使得整個分析變得毫無意義。把形成正確波段型態的必要形式牢記在心，將有助於正確判斷波的走勢。而且，如果應用第四章所介紹的預測概念，就可以經由正統結束點來推測一個波段的長度與時間。

調和的功能與種類

在這一章的一開始，我們說明了波浪的兩種功能（推動市場走勢與修正市場走勢），也解釋了波浪的兩種類型（驅動波與修正波）。介紹過所有波浪的種類之後，我們可以把它們的標示符號整理如下：

──趨勢波：標示為1、3、5、A、C、E、W、Y、Z。

──反趨勢波：標示為2、4、B、D、X。

正如前面所述，所有的反趨勢波都是修正波的型態，而大部分的趨勢波是驅動波的型態。前面幾節已經介紹過有哪些趨勢波是修正波的型態，它們是：

──末端傾斜的1、3、5波

──平台修正波的A波

──三角型修正波的A波、C波與E波

──雙鋸齒與雙重三波的W波與Y波

──三鋸齒與三重三波的Z波

因為上面所列的這些波段雖然就相對方向來看是趨勢波，但卻以修正波的型態發展，所以我們把它們稱為「趨勢修正波」。

其他術語

標示目的的用語

雖然，不論方向為何，在所有層級的趨勢波中，五波的趨勢波之後都會接著出現三波的反趨勢波，但是，市場的進展是由一個推動走勢的推動波開始的，一般都會把推動波畫成是往上揚的方向。（因為所有這些圖形都會把比例畫出來，所以也可以畫成向下的方向。舉例來說，如果知道每一股多少元，就可以畫出一元可買多少股的圖形。）最重要的一點是，股市的長期走勢是在反映人類的進展，而這個趨勢是上揚的方向。趨勢的進展是由較大一級推動波發展而成的，而驅動波裡的向下走勢只是修正波的一部分，因此無法推動進展。同樣的，修正波裡的向上波段仍然是在做修正，因此也不會獲致進展。因此需要有三個額外的用語來標記一個波段的目的，好跟那些能促成進展與不能促成進展的波段有所區隔。

驅動波裡任何向上的波段，只要不是任何較大層級波浪的修正波，就會被稱為「前進波」（progressive wave），一定是標示為1、

3、5。任何向下的波段，不論是屬於哪一種波，一定被稱為「倒退波」(regressive wave)。最後，一個向上的波段，不論是屬於哪一種波，只要是出現在任何較大層級波浪的修正波當中，就被稱為「前進的倒退波」(proregressive wave)。「倒退波」和「前進的倒退波」都屬於修正波的一部分，只有「前進波」是跟反趨勢波無關的。

讀者可能會發現，一般所說的「多頭市場」可以適用於「前進波」，而「空頭市場」可以用於「倒退波」，「跌深反彈」(“bear market rally”)則用於「前進的倒退波」。然而，傳統的定義，例如「多頭市場」、「空頭市場」、「基本波」、「中型波」、「小型波」、「止跌回升」、「拉回」、「修正」等等，都因為著眼於「量」而成為過於主觀的定義。比方說，有些人認為下跌20%以上才叫做「空頭市場」，所以按照這樣的定義，下跌19.99%就不是「空頭市場」，只是個「修正」而已，任何下跌20%就是空頭市場。這些定義都會因人而異而值得懷疑的。雖然我們可以定義出一長串以量來表示的型態，但它們都不會比使用百分比表示來得簡單。相對之下，艾略特的定義著眼於「質」，就成為比較適當的定義，例如，他的定義反應出波的概念，並排除波量型態大小的考量。因此，波浪理論下的「前進波」、「倒退波」以及「前進的倒退波」有不同的層級。換句話說，超大循環波的修正波之下一個大循環波的B波，如果漲幅夠大，而且為時夠久，就很可能會被一般人認定是「多頭市場」，但是，按照艾略特的波浪理論，它應該是一段「前進的倒退波」，或者以一般的用語來說，是「跌深反彈」。

標示相對重要性的用語

波浪依基本性質的重要性不同而分為兩種。我們用數字來標示的那些波段，稱為「主波」(cardinal wave)，因為它們構成主要的波浪形式，也就是五波的推動波浪，如圖1-1所示。以波浪的最大層級來看，市場走勢可以被看作是一個主要大波。我們用英文字母所標示的那些波段，稱為「輔助波」（consonant wave）或是「次波」（subcardinal wave），因為它們所扮演的角色和主波裡的2波與4波一樣，沒有其他功能。一個驅動波是由次一級的主波所組成，而修正波是由次一級的輔助波所組成。我們選擇使用這些用語是因為他們可以同時表達兩種意義，「主要」這個兩個字不僅代表「一個系統、一個架構或一種思想結構的中心要點」，而且可以表示計算波浪的最高層級數目。「輔助」不僅代表「與其他部分相互協調來形成某種波浪型態」，而且還是指英文字母中的一種字母——子音字母（資料來源：*The Merriam-Webster Unabridged Dictionary*）。不過，這些用語在實際運用上很少出現，所以才放在本章的末尾處介紹。然而，在心理學與討論理論時它們非常有用，也因此在需要用到相關術語時把它提出來。

錯誤的概念與型態

在《波浪理論》一書中以及其他地方，艾略特曾經討論過他所謂的「非常態頂點」（irregular top），他相當詳盡地說明了這個概念。他說，如果一個擴延的第五波在一個較大層級的第五波之內結束，接著即將產生的空頭市場若不是以一個擴張平台型態開頭，就是整個空頭市場是一個擴張平台型，而且在這個擴張平台中，A波的規模會比C波小很多（請參閱圖1-49），達到新高點的B波就是「非常態頂部」，之所以稱為「非常態頂部」，是因為它發生於第五波的結束之後。艾略特認為，「非常態頂點」是和「常態頂點」交替出現的。不過，他的這項看法並不正確，而且也會使得我們先前所討論的第五擴延波以及第二章即將討論的「修正波的深度」，變得更為複雜。

但問題是，艾略特如何解釋在他計算的整個波段架構中多出來的兩個波段呢？艾略特的答案是，將第五波視為一個擴延波，即使第三波已經是一個擴延波了。1920和1930年代的兩個令人印象深

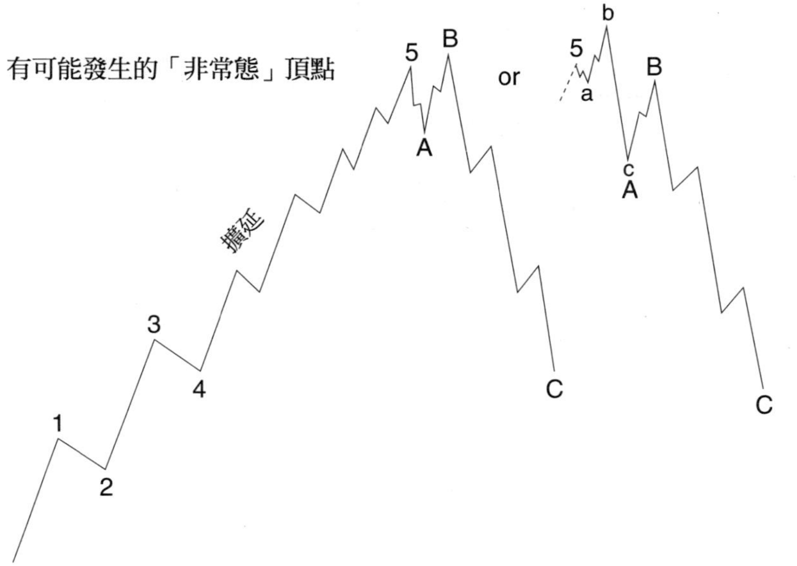

圖 1-49

刻的基本波層級的第五波擴延波，讓人容易得出這樣的結論。為了使原本認為第三波為擴延波的算法改為第五波為擴延波，艾略特發明了一種 A-B-C 修正波，他稱之為「非常態第二型」（irregular type 2）。他說，在這種型態中，B 波的結束點會像鋸齒型一樣，不會達到 A 波的起始點水準，而 C 波的結束點也會像強勢型修正波一樣，不會達到 A 波的結束點位置。他堅稱這種情況會發生在 2 波的位置，按照這樣的看法，就會在頂端多出現兩波無法標示。這種標示方式其實就是用「非常態第二型」來解釋第三波為擴延波時剛開始產生的前兩波，而用「非常態頂點」這個標示方法來解釋最後的兩波（一個是第三擴延波的第五波，一個是真正的第五波），因此我們可以知道，「非常態頂點」與「非常態第二型」這兩個錯誤的觀念是在解釋同一個波的型態結構，兩者需要一起搭配出現。正如圖 1-50 所示，因為把 2 波位置中的 a-b-c 認定為「非常態第二型」，所以就產生了第五波之後的「非常態頂點」。其實這個波浪並沒有什麼「非常態」之處，只是把波段標記錯了。

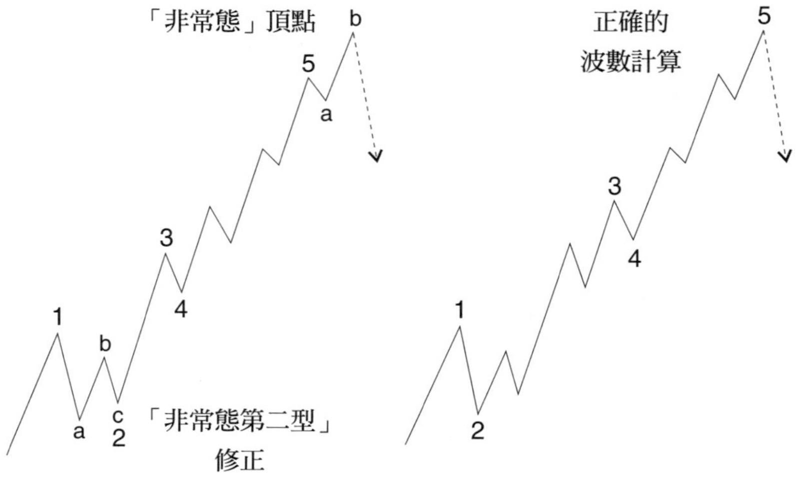

圖 1-50

艾略特還認為，每一個第五波擴延之後，會產生「雙重回檔」，也就是會有「第一次回檔」，達到其開始的水準附近，然後再出現一個「第二次回檔」，達到其開始位置的水準之上。其實，以修正波經常在先前第四波的價格區間築底的法則來看（請參閱第二章），發生這種情形可說是相當自然的，而所謂的「第二次回檔」其實是接下來的推動波。根據第二章裡的「第五擴延波之後的行為」，用這個名稱來稱呼擴延波之後的擴張平台的A波和B波，其實很合理。沒有必要再為這個自然的行為取個特定的名稱。

在《自然法則》一書中，艾略特提出了一個叫做「半月」（half moon）的形狀。這並不是另外一種波浪型態，而只是用來描述空頭市場裡的一種下跌現象，這種下跌一開始是很緩慢，接著開始加速下跌，最後以一個恐慌性的大跌收場。如果我們把下跌的股價描繪在半對尺規上，並且把多年走勢的上漲股價畫在算術尺規上，就會更常看到這個形狀。

同樣在《自然法則》中，艾略特兩度提到一個他稱之為「A-B基礎」（A-B base）的結構。在這個結構當中，一個下跌趨勢達到滿足點之後，市場就會前進三波，然後下跌三波，接著展開真正的五波多頭走勢。艾略特之所以會創造出這種型態，是因為當時他想要讓波浪理論能適用於十三年的三角概念，而現在以波浪理論的定律來看，這個概念並不能令人接受。事實上，如果這種型態真的存在的話，很可能會全盤否定掉波浪理論。作者從未看過有任何「A-B 基礎」出現過，而事實上也不存在。從這一點可以看出來，儘管艾略特做了嚴謹的研究，也獲得了重大的發現，但是，所有分析師都會有個缺失——讓一個預設的觀念對自己的客觀分析造成不利的影響——也出現在艾略特身上。

到目前為止，本章介紹了所有可能出現在股票市場中的波浪結構。依照波浪理論來看，除了本章所介紹的波浪結構之外，不可能會有其他的結構出現。的確，在次微波層級以上的波浪，作者找不出有任何無法以艾略特的方法來正確計算波數的例子。事實上，比次微波更小層級的波浪，可以用電腦來顯示出每分鐘的交易情況，即使在這麼小的波浪層級之下，每單位時間的交易資料如此少，就已經足以看出波浪理論是如何精準地反映出股票市場中交易的投資人及參與者如何在瞬間改變想法的心理現象。

波浪理論的所有定律（rule）與準則（guideline）基本上都可以應用於真實的股票市場行情波動，而不僅是記錄其交易的漲或跌，不過必須要在自由的市場價格波動中才能真正驗證這套理論。如果政府強制將價格固定，就像二十世紀中長達半個世紀的黃金與白銀價格一樣，那麼這樣的波浪就不足以採信。如果所獲得的價格紀錄與自由市場中應該會出現的價格有所不同，就必須重新考慮定律與準則。當然，長期來看，市場一定會戰勝人為干預，而且這種官方的干預也只有在整個市場都認為是應該的時候才會產生效益。本書所提供的定律與準則，都是假設所獲得的價格紀錄是正確的前提之下。

我們已經介紹了波浪理論的定律與基本原理，現在我們可以繼續討論準則（guideline），好讓讀者能利用波浪理論來做出正確的預測。

第二章

波浪結構的準則

本章所介紹的準則（guideline）都是以多頭市場的情況來做說明與圖解，除非有特別提出，否則這些準則也同樣適用於空頭市場，只是圖表必須反轉過來看。

交替（Alternation）

交替原則的應用非常廣泛，而且也在警告分析師：下一個出現的波段一定會有所不同。漢米爾頓・波頓（Hamilton Bolton）說：「雖然我並不確定在較大層級的波浪型態中，交替原則是不是一定會出現，但是，有夠多的例子顯示，出現的機率比沒出現的機率大。」

雖然交替原則並沒有確切地告訴我們接下來會出現什麼，但是，它可以讓我們知道接下來不會出現什麼，所以在我們分析波浪結構、評估未來的可能性時，交替原則是很有用的工具。它主要在教導分析師，不要只因為上一波的市場循環有個確定的模式，就以為下一個市場循環也會循著相同的模式。當大多投資人都「接受」市場的某一個習性時，就是市場即將產生大改變的時候。艾略特進一步指出，事實上，交替原則幾乎可說是市場的法則。

推動波的交替現象

如果推動波裡的第二波是一個急劇的修正波，那麼第四波就很可能是一個橫向整理的側邊修正（sideways correction）；反之，如果第二波是側邊修正波，那麼第四波就會是急劇的修正波。圖2-1顯示了推動波最具代表性的整理形式，不論是多頭還是空頭，都一如交替原則所預期的。急劇的修正波絕對不會出現價格的新高（低）

點，而且幾乎一定是鋸齒型（單鋸齒、雙鋸齒、三鋸齒），只有偶爾會是以一個鋸齒為開頭的雙重三波；而側邊修正波則包括平台型、三角型、雙重三波以及三重三波，通常會出現價格的新高(低)點。在一些罕見的例子中，如果在第四波的位置上出現一個常態三角型（沒有出現價格的新高〔低〕點），急劇的修正波就不會出現了，而且在第二波的位置上所交替出現的，將是另外一種形式的側邊修正波。總而言之，這兩個修正波其中之一會重回或高於前一個推動波的結束點，而另外一個就不會。

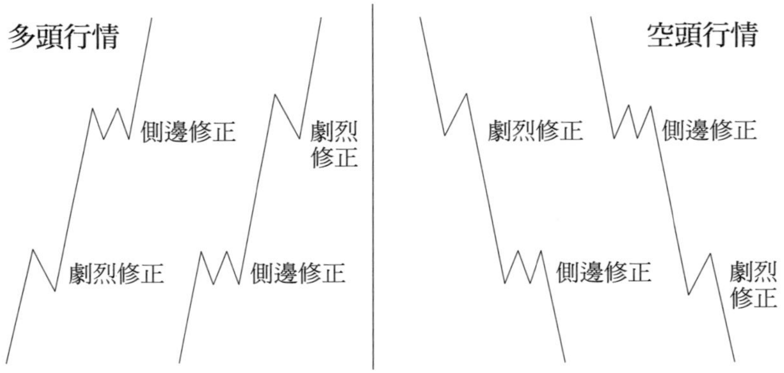

圖 2-1

傾斜三角型不會在次級波2與次級波4之間出現交替現象，通常這兩個修正波都是鋸齒型。擴延波也是一種交替的表現，因為驅動波的長度會產生交替的現象，通常第一波是短的，第三波是長的，然後第五波又是短的。擴延波一般都發生在3波，有時候會發生在1波或5波，這也是一種交替的表現。

修正波的交替現象

如果一個修正波的A波是以平台型的a-b-c結構開始，那麼B波就會出現一個鋸齒的a-b-c結構；反之，如果A波是鋸齒型，那麼B波就會出現平台型（請參閱圖2-2與2-3）。只要稍加思索就可以理解這樣的交替情況是相當合理的，因為圖2-2所反映的是向上的趨勢，而圖2-3所反映的是向下的趨勢。

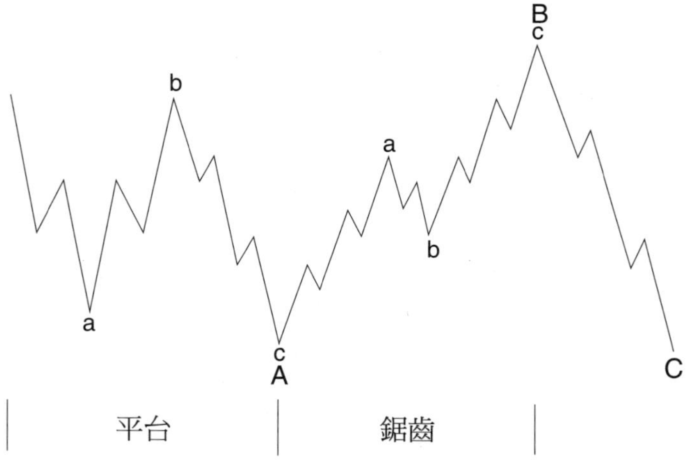

圖 2-2

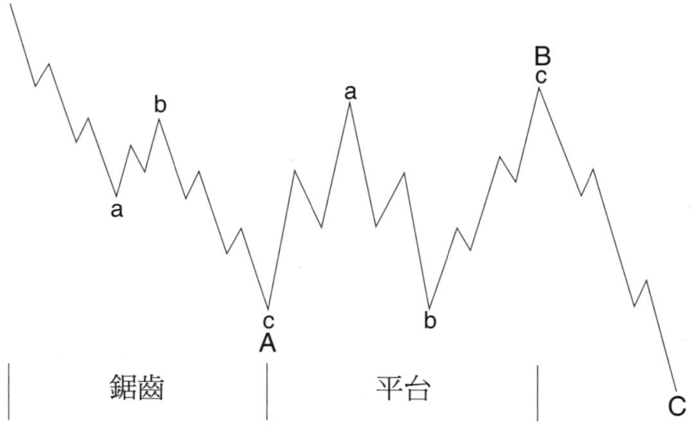

圖 2-3

有個非常普遍的情況是，如果一個大修正波的A波是一個簡單的a-b-c鋸齒型，那麼B波就會出現一個複雜的a-b-c鋸齒型，以形成一種交替，如圖2-4所示。有時候C波甚至會更複雜，如圖2-5

所示。由簡而繁的交替情況比較常見，由繁而簡的交替則比較少見，圖2-16的4波是一個由繁而簡交替的例子。

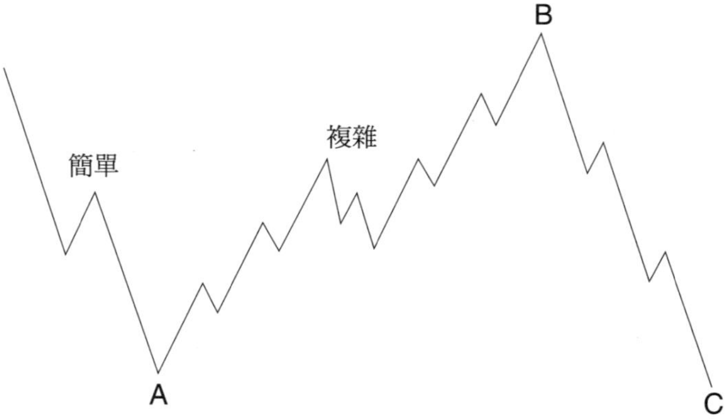

圖 2-4

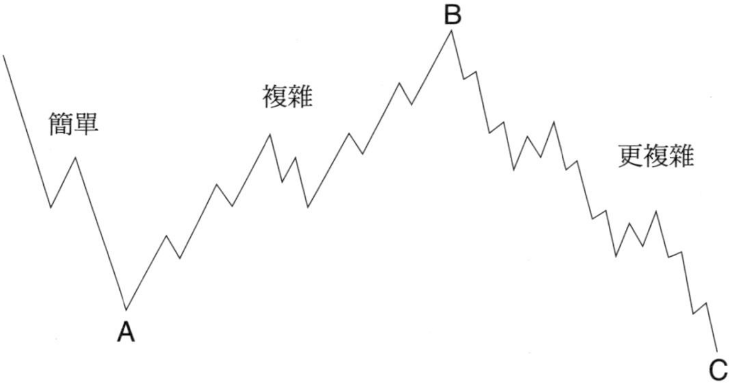

圖 2-5

修正波的深度（Depth of Corrective Waves）

「一個空頭市場會下探到什麼地步？」除了波浪理論之外，沒有別的方法可以針對這個問題提出令人滿意的答案。主要的準則是：修正波——尤其如果他們是第四波時——往往最多會下探到前一個次一級第四波的區間內，通常大多會接近該第四波的終點水準。

實例一：1929-1932年的空頭市場

我們分析1789年到1932年這段期間的股市，所用的股價走勢圖是經過固定幣值調整過後的。這種股價圖是葛楚德・雪克（Gertrude Shirk）在1977年1月份的《循環雜誌》（*Cycles*）中所發表的。結果我們發現，1932年大循環波的低點位於前一個循環波層級的第四波，是一個擴張三角型態，時間範圍涵蓋了1890年至1921年（請參閱148頁的圖5-4）。

實例二：1942年的空頭市場低點

在這個例子中，1937年到1942年是屬於循環波層級的空頭市場，為一鋸齒型態的修正波，它的結束點位於1932年至1937年的空頭市場中的基本波層級的第四波區間（請參閱151頁的圖5-5）。

實例三：1962年的空頭市場低點

1949年到1959年是一個基本波層級的五波上升波，1962年股市的大幅滑落（也就是④波），使得道瓊工業平均指數跌落到1956年的高點上面一點點。一般來說，這波空頭走勢應該會下跌到⑷波，也就是③波當中的第四修正波區間內，但事實並非如此，所以這也說明了準則（guideline）並不像定律（rule）一樣是顛撲不破的。然而在這個例子中，前面的這一波強勢第三波擴延，以及在⑷波裡A波小幅修正、B波強勢上升，都顯示市場的走勢相當強勁，使得修正的幅度相形較小（請參閱151頁的圖5-5）。

實例四：1974年的空頭市場低點

跌勢在1974年進入尾聲，結束了1966年至1974年循環波層級的IV波——此波修正了自1942年上升的整個III波——也把指數拉回到較低層級第四波（基本波層級的④波）的範圍之內。同樣的，在151頁的圖5-5可以清楚看出這種情形。

實例五：倫敦的黃金空頭市場，1974-1976年

這是另一種市場走勢的圖解，圖中的修正波仍然結束於前一層級的第四波之內（請參閱166頁的圖6-11）。

我們把過去二十年來所分析的小層級波浪總結來看，可以得到一個驗證：任何空頭市場的下跌極限一般都會落在前一次級波的第四波區間，尤其如果這個空頭市場本身就是個第四波。然而，這個準則也會稍有更動，我們常常會發現，如果第一波發生擴延，那麼第五波之後的修正波低點就會落在次一級第二波的低點處。舉例來說，持續到1978年3月的道瓊工業指數跌勢，就落在1975年3月所發生的第二波的低點，而這個第二波的前面出現了一個擴延的第一波，也就是從1974年12月的低點開始的擴延。

平台型與三角型修正波（尤其如果是跟隨在一個擴延波之後），有時候不會下探到第四波的區間，不過差距通常很小（請參閱實例三）。鋸齒型修正波有時候會下探到次一級第二波的區間，不過這種情況只會發生在鋸齒本身是第二波的時候。「雙底」（Double bottoms）的型態有時就是這樣形成的。

第五波發生擴延之後的走勢

觀察了二十多年的道瓊工業平均指數分時走勢圖，作者們認為，關於擴延及發生擴延之後的市場走勢，艾略特的說明並不是很精準。我們觀察市場行為之後所獲得的最重要法則是：如果第五波發生擴延，接下來的修正波將會很劇烈，而且會下探到這個擴延波的第二波的低點，有時候修正波會在此結束，如圖2-6，而且有時候僅僅是A波就下探到此，儘管實際的例子並不多，不過我們很確定A波會下探到這樣的低點再做反彈。圖2-7顯示的是鋸齒型修正波以及擴張型平台修正波。圖5-5當中，II波的Ⓐ波低點就是一個鋸齒型的例子，而在圖2-16當中，4波的A波的a波低點就是一個

擴張型平台的例子。在圖5-5當中你可能會看出來，(IV) 波的a波下探到接近⑤波裡的(2)波，而這個⑤波是從1921到1929的V波裡的擴延波。

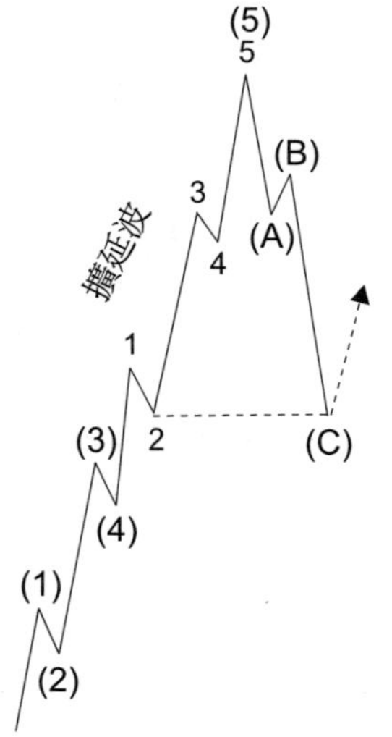

圖 2-6

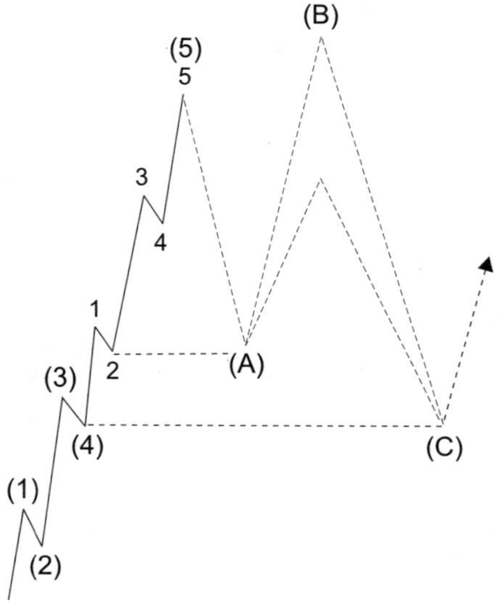

圖 2-7

因為一個擴延波的第二波低點通常會落在或接近前一個屬於大一級波浪的第四波價格區間，這個準則和上一段所講的準則很類似，不過其精確性非常顯著。另外一個值得參考的現象是：第五波的擴延結束之後，通常都會接著出現大跌，所以如果第五波出現擴延，就代表了一個警訊，表示市場即將大逆轉。如果市場的第五波同時屬於一個以上的層級，這個準則就不適用了，不過從圖5-5的市場行情可以看得出來，這個準則應該還是正確的。

波的均等（Wave Equality）

波浪理論的其中一個準則是：在一個五波的驅動波中，會有兩波有同樣的走勢，持續的時間也會相同。一般來說，如果驅動波裡的1、3、5波當中有一個是擴延波，而另外兩個不是時，這兩個非擴延波就會均等，尤其如果擴延波是發生在第三波的話。就算沒有百分之百相等，兩波之間也很可能會有0.618倍的比例（請參閱第三章及第四章）。

當波浪的級數屬於中型波層級以上，價格關係通常必須用百分比來表示。因此，從1942年到1966年的整個循環波中可以發現，基本波①在四十九個月之內上漲了120點，漲幅129%，而基本波⑤在四十個月之內上漲了438點，漲幅80%（0.618 × 129%）（請參閱151頁的圖5-5），但是基本波③卻在一百二十六個月之內上漲了324%。

當波浪的級數屬於中型波層級或以下，價格的均等通常可以用一般的算術來表示，事實上，用百分比來表示也差不多。在1976年的行情中，我們發現，1波在四十七個交易小時之內上漲了35.24點，而5波上漲了34.40點，同樣也是在四十七個交易小時之內，所以均等這個準則通常極為準確。

畫波浪（Charting the Waves）

漢米爾頓・波頓總是持續以小時為單位來記錄市場的走勢，也就是記錄每小時結束時的股市價格，作者也採取這樣的做法。艾略特當然也是用這種方式，因為在《波浪理論》一書中，他列出了1938年2月23日到3月31日的股價分時走勢圖。每一個艾略特波浪理論的使用者，或是任何有興趣的人，都會發現道瓊工業指數分時走勢圖是很有用的，《華爾街日報》（*The Wall Street Journal*）和《巴倫期刊》（*Barron's*）都有提供這樣的走勢圖，只要每個禮拜花幾分鐘的時間就可以畫出這樣的走勢圖。畫長條圖也可以，但是長條圖有可能會造成誤解，因為長條圖可以顯示出每一個不同條狀所示時間的股價波動，但無法顯示出每一個條狀之內時間的漲跌。不論是哪一種圖表，都必須以實際的數據來表示。道瓊工業平均指數的「開盤價」（opening）和「理論上的當日」（theoretical intraday）線圖只是統計數字，無法真正反映出任一時刻的當日平均指數。這兩個數字分別代表的是所有個別股票開盤價的總和以及最高最低價的總和，但無法表示這些最高最低點所發生的確切時間。

將波浪加以分類的最重要目的，是要決定股市的價格目前是處於哪一個階段，只要清楚地計算出波數，就很容易可以將波浪分類，在快速變動且情緒化的市場中，尤其是在推動波的小型波層級以不複雜的方式展開時更是如此。在這樣的情況下，若要看清楚每一個次級波，就必須要用短時間的走勢圖。然而，在一個疲軟或混亂的市場中，尤其是在修正波當中，波浪結構很可能會比較複雜，而且發展緩慢。在這樣的情形下，就必須用比較長時間的走勢圖，才能清楚看出波浪型態的發展。若小心仔細地閱讀波浪理論的原則，有時會準確地預測出側邊修正（例如當第二波是鋸齒時，就能準確預測出第四波是側邊修正）。複雜的波形和疲軟的走勢是兩個最不易分析的市場情況，然而實際的市場總會發生這種情況，所以還是要小心列入分析。作者強烈建議：當市場疲軟回檔時，就盡快從前一波快速發展中獲利了結。你不能「指望」這個市場會很快就向上波動，市場是不會聽從的，若市場在休息，就請你也休息吧！

追蹤股市走勢的正確方式，是將股價取半對數畫圖，因為股市一向是以百分比來衡量比較合理。投資人關心的是報酬率，而不是股市平均漲了幾點。舉例來說，1980年的道瓊工業指數波動10點代表移動了1%，而在1920年代早期，10點代表10%的波動。我們建議，為了便於畫圖，只有要畫長期趨勢圖時才取半對數，因為長期趨勢圖裡的股價差距比較明顯。而要畫分時走勢圖時，用一般算術尺規來表示即可，因為道瓊在800點水準時上漲40點，與在900點時上漲40點，以百分比來看是差距不大的。因此，畫軌道來預測股市短期走勢，是可以接受的。

畫軌道（Channeling）

艾略特指出，用兩個平行的軌道來表示推動波上漲的壓力線與下跌的支撐線，常常可以使你做出非常準確的預測。你應該越早畫線越好，以便輔助你確定波浪的目標區間，並提供線索來讓你預測未來的走勢。

要畫一個推動波的軌道線，需要有三個參考點。當第三波結束時，連接第一波與第三波的高點，然後由第二波的低點畫一個與一、三波連線平行的軌道，如圖 2-8 所示。這個軌道可以協助你預估第四波的發展情況（在大部分的情況下，第三波都會走得非常遠，所以最後畫出來的軌道線常常都會把第一波的起始點給排除在外）。

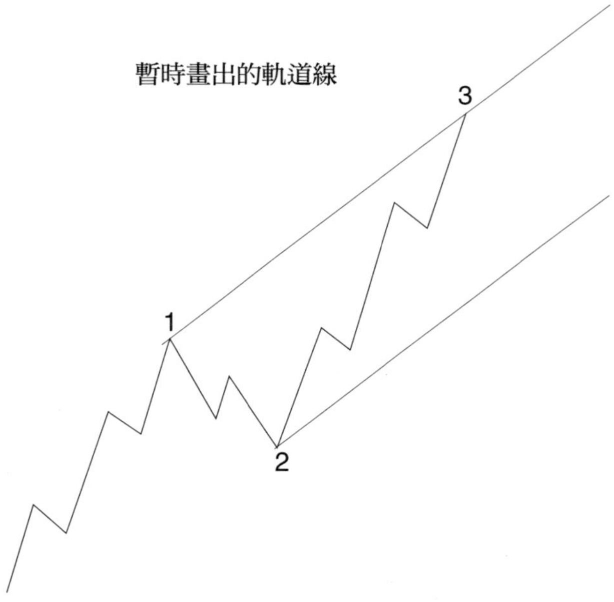

圖 2-8

如果第四波沒有在預計的軌道上結束，你就必須重新修正軌道線來預測第五波。修正的方法是連接第二波與第四波的低點，然後沿著第三波的高點畫平行線，如果第一波與第三波都很正常的話，那麼第五波的高點將會落在這條線的延長線上，如圖2-9所示。不過如果第三波是不尋常的強勁走勢，幾乎是垂直向上的話，從它的最高點畫平行線可能就太高了，經驗告訴我們，改畫通過第一波的頂點是比較有用的，就像從1976年8月到1977年3月的黃金市場走勢圖（請參閱圖6-12，167頁）。在某些情況下，畫出兩條可能的上升價格壓力線可能會比較有用，因為可以讓你特別留意這兩個價格水準的波浪計算與成交量，而且一旦確定波浪計算無誤之後，就可以做出適當反應。

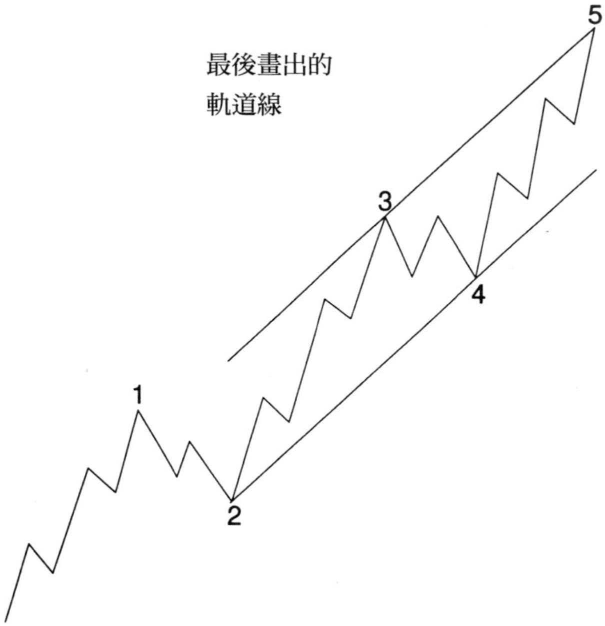

圖 2-9

特別要記得的是，在同一個時間裡，不同的波浪層級都在運作中。例如，基本波層級的第五波裡的中型波層級的第五波，有時會同時漲到最高價，當其觸到上軌道線時。又或者當股價在循環波層級觸到上軌道線時，也同時是大循環波層級的突破型態的價格上限。

突破型態（Throw-over）

在一個平行軌道或收斂傾斜三角型當中，如果第五波在成交量萎縮的情況下接近上趨勢線，這表示第五波將可能落在上趨勢線或在這條線之下。而如果第五波在成交量很大的情況下接近上趨勢線，那麼第五波就很可能會穿越上趨勢線，艾略特稱之為「突破」。在突破的那一點附近，次一級的第四波可能會立刻形成趨勢線以下的側邊修正，讓第五波帶著大成交量來突破它。

從艾略特的《波浪理論》一書中的圖2-10來看，在發生突破之前，常常會先出現4波或者5波的第二波有突破下趨勢線的現象產生。發生突破之後通常會很快就拉回到上趨勢線之下，在下跌市場中所發生的突破也常有這樣的現象。艾略特警告說，較高層級的突破會造成辨識較低層級突破的困難，因為較低層級的上軌道線往往會被最後第五波所突破，圖1-17、1-19、2-11都顯示出實際發生的突破現象。

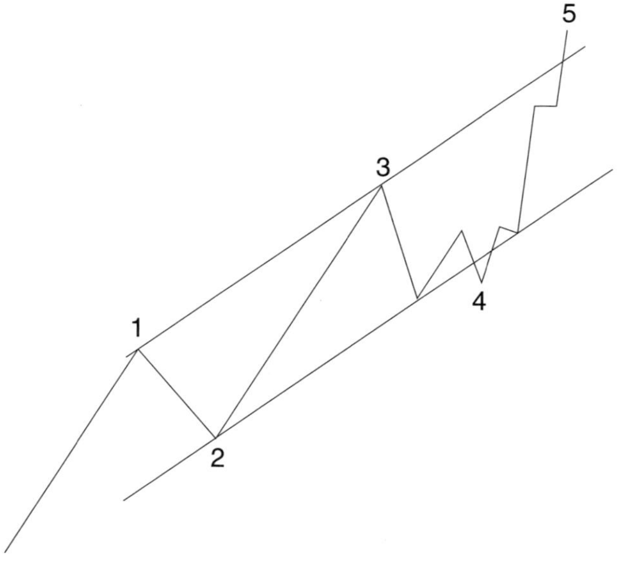

圖 2-10

尺規（Scale）

艾略特認為，之所以必須對軌道做半對數的處理，是因為有通貨膨脹的存在。時至今日，沒有任何學習波浪理論的人質疑過這個假設，但是這個假設顯然是錯的。波浪的層級越高就越需要對整個波形做半對數的處理，因此，艾略特眼中所見的差異，很可能是因為他所畫的波浪層級有所差異。但是話又說回來，1921年到1929年的市場走勢如果做半對數尺規（semilog scale）處理，你將會看到一條幾乎完美的投資軌道（請參閱圖2-11），而1932年到1937年的市場走勢，用一般的算術尺規（arithmetic scale）就可以看到一個完美的軌道（請參閱圖2-12）。這兩個圖形告訴我們，同一層級的波浪都可以形成正確的艾略特趨勢軌道，不過前提是你得選用適當的方法來畫軌道。在1920年代的多頭市場中，價格穿越了算術尺規的價格趨勢線上限，而在1930年代的多頭市場中，行情的最高點遠遠低於做過半對數處理的趨勢線上限。

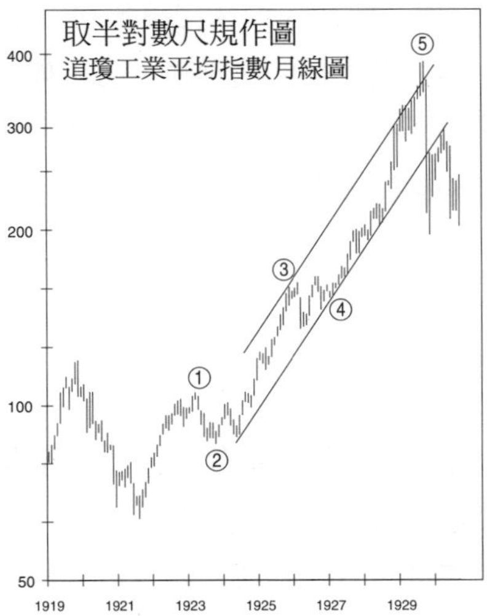

圖 2-11

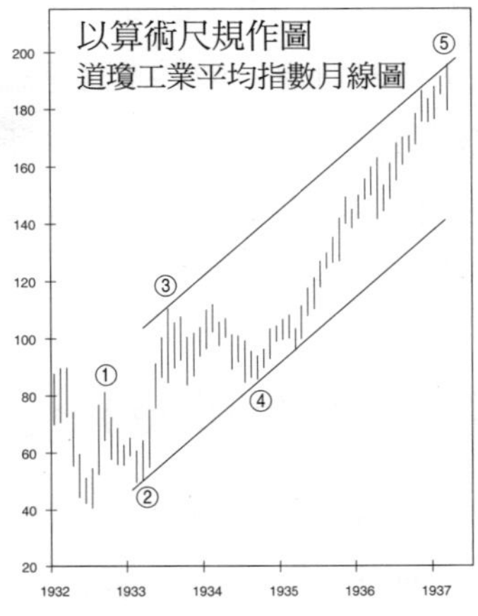

圖 2-12

關於艾略特對通貨膨脹的想法，我們注意到，1920年代其實還伴隨著溫和的通貨緊縮，因為當時的消費者物價指數（Consumer Price Index）平均每年下跌0.5%，而1933年到1937年則出現溫和的通貨膨脹，消費者物價指數平均每年上漲2.2%。這些財政資訊背景讓我們深信一件事：通貨膨脹並不是我們必須使用半對數的主要原因。事實上，不管是否對價格軌道做半對數處理，在循環波規模的這兩個波浪有非常驚人的相似之處：他們創造了幾乎相等的價格上漲倍數（分別為六倍及五倍）、他們都包含了擴延的第五波，而且在這兩個例子中，波段的最低點到第三波的高點之間的漲幅比例也幾乎相等。這兩個多頭市場行情的基本差異之處，在於次級波的形狀與時間長度不同。

我們頂多可以說，之所以必須對價格做半對數處理，是因為這個波段是在加速行進之中，不管大眾的投資心理為何。只要有一個客觀的價格與時間長度，任何人都可以從同一個起點，用半對數或者算術尺規畫出一個令人滿意的艾略特趨勢軌道，只要稍加調整波浪的傾斜率即可。因此，用半對數或者算術尺規，是否就一定能畫出平行的軌道，仍然未有定論。當你在畫平行的趨勢軌道時，如果整個價格走勢並沒有落在你所畫的兩條平行線之間，你就得改用另外一種方法來畫軌道，而如果要能夠掌握所有的走勢發展，這兩種方式都應該同時使用。

成交量（Volume）

艾略特用成交量來判讀波浪是屬於第幾波或者是否屬於擴延波。他發現，在多頭市場中，成交量會隨著價格變動的速度而自然放大或萎縮。在修正波的階段，成交量的下跌，通常表示拋售股票的壓力下降。成交量若到達低點，通常市場的趨勢就即將反轉。在基本波層級下的正常第五波，成交量往往會比基本波層級下的第三波小。如果基本波層級以下的第五波成交量，等於或大於第三波的話，那麼這個第五波一定是個擴延波。雖然如果第一波和第三波的長度大致相等，通常就可以預測出第五波是個擴延波，但是，以上的原則仍然是一個很好的警訊，提醒我們可能發生了一個很罕見的情況：第三波和第五波同時都是擴延波。

在基本波層級以及更高的層級，成交量往往會在第五波達到最高，那是因為在多頭市場中，市場參與者自然會逐漸增加的原因。艾略特指出，事實上，在基本波層級以上，成交量在多頭市場的終點往往都會達到最高點。最後，如同先前所討論的，當市場行情向上突破平行趨勢軌道線或傾斜三角型的壓力線時，成交量都會短暫急速上升。（有時候，如果一個包含一個層級以上較大層級的傾斜三角型的第五波行情，正好結束於上軌道線上，成交量也會同時達到最高點。）

除了這些有價值的觀察之外，我們將進一步在本書的其他章節討論成交量的重要性，了解了成交量，就有助於正確計算波浪的級數型態以及其他的走勢。艾略特曾經說過成交量獨立地遵循著波浪理論的模式——不過，我們並沒有找到具說服力的證據來證明這個論點。

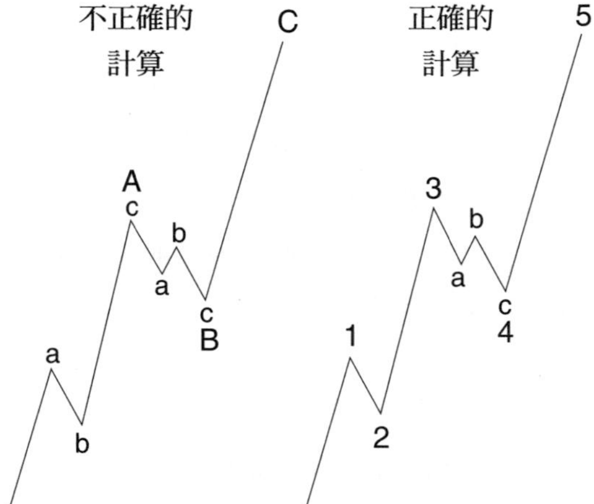

圖 2-13

「正確的波浪面貌」(The "Right Look")

波浪的標示，必須要符合波浪理論所歸納的幾個型態。雖然任何五波的型態都可以改成以三波來解釋，只要把頭三波看成是A波，如圖2-13所示，但這樣做是不正確的，如果這樣做是可以允許的，那麼艾略特的理論就會全然瓦解了。如果4波的結束點在1波的最高點之上，那麼就可以把這個五波型態視為一個推動波。在這個假設的例子中，A波由三個波段所組成，B波應該要跌到A波的起始點才對，就像在平台修正波的情況，但我們所假設的這個圖形顯然不是如此。我們得根據波浪內的波段計數才能正確判別波浪，反過來說，正確的波浪型態也有助於我們計算內部的波段計數。

在前兩章的章節當中，我們已經列舉出「正確判斷」波浪波形的一些綱要。根據我們的經驗，我們發現，讓我們的情緒影響我們對市場的判斷是非常危險的，這將使我們誤判波浪與波浪之間的關係而算錯波浪的數字，或使我們誤判波浪的型態，僅僅因為波浪理論容許相當大的彈性。

艾略特提醒我們說，我們並不一定能夠在各個層級的走勢中都觀察到「正確的波浪面貌」，解決的方式是：專注觀察我們可以清楚看到的層級。如果看不清楚分時走勢圖，可以從日線圖或者是週線圖開始觀察。相反的，如果週線圖提供了太多的可能性，我們就集中注意力觀察比較短天期的股市波動，直到整個長天期的走勢看起來一目了然。一般來說，在一個快速變動的市場中，你需要短天期的走勢圖來分析次層級的波浪，而需要長天期的走勢圖來分析一個變動比較緩慢的市場。

波浪的個別特性(Wave Personality)

波浪特性分析的概念是從波浪理論擴充而來的，它可以更貼切地將人類的投資行為帶進整個波浪分析當中。

在艾略特波浪數列當中，每一個波浪的特性是反映整體投資大眾心理的一部分，投資大眾的心理常由悲觀到樂觀，再從樂觀到悲觀，這種過程在每一個時點都有同樣的模式，而且反映在波浪結構中相對應的各個點上。不管波浪是在超大循環波的層級或是在次微波的層級，每一個波浪的特性都是明顯可見的。這些特性不僅可以幫助你預測下階段將會發生的狀況，而且有時可以幫你確定目前市場波浪行徑的位置，尤其如果這個浪形是非常不明顯或者各家說法不一的時候。在波浪開展的時候，常常會發生好幾種不同的波浪計算在波浪理論之下都說得通，在這個時候，對於波浪特性的了解就變得非常有價值了。一旦了解每一個單一波浪的特性，就能夠幫助你正確解讀較大型波浪的複雜度。在接下來的討論中，我們以多頭市場的圖形為例，如圖2-14與2-15所顯示，這些觀察也可以應用在空頭市場——當推動波是向下，而修正波是向上——的情況。

1）第一波

根據粗略的統計，大約有50%的第一波是所謂的「打底」階段，因此往往會被第二波大幅度的回檔修正。然而，相對於空頭市場的反彈波，第一波的揚升在技術上是更具建設性的，而且通常會在成交量和幅度上出現微幅增加。大量的放空表示大部分的投資人最後還是相信整個市場的趨勢是向下的，投資人認為「還有一個反彈波可以放空」，所以就善加利用。其餘50%的第一波是從前一波修正波當中揚升（例如1949年），或者從失敗的下跌波回升（例如1962年），或者是從極度壓縮的市場中反彈（例如1962年和1974年）。由以上三種方式所產生的第一波較具有動能，而且回檔較小。

2）第二波

第二波的回檔通常會使投資人在第一波所賺到的錢，在第二波結束前通通又賠光了。這種現象在選擇權買權（call option）的購買上更為明顯，因為選擇權買權的價格會因為市場對下跌的恐慌而使得價值快速下跌。在這個時點上，投資人完全相信：空頭市場又

理想的艾略特波浪進展

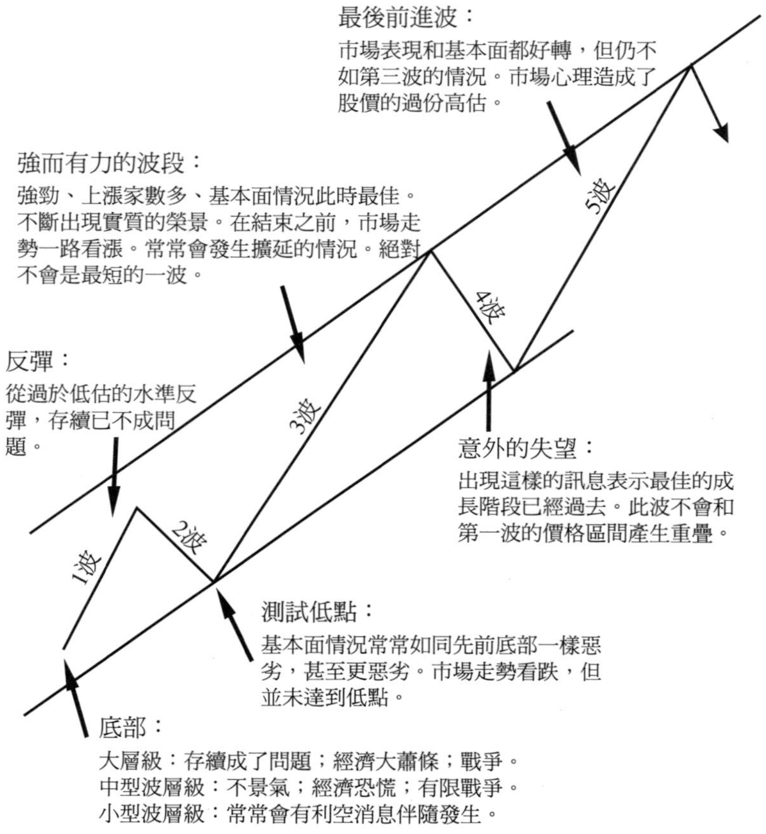

圖 2-14

回來了。在第二波結束時，成交量通常會非常低，市場波動也會非常小，這代表市場上的賣壓已經快要結束了。

3）第三波

第三波是充滿驚奇的一波，這個波段的動能通常是既強勁又廣大，它的向上趨勢在這個時候不再有任何疑問，好的基本面因素在此時逐漸增加，也建立起投資人的信心。最大的成交量和價格波動通常發生在第三波，而且最常發生擴延現象的就是第三波了，當然，第三波中的第三波也常發生擴延，依此類推下去。第三波是整個波浪數列當中波動最大的一個波，這樣的型態不免會產生突破、跳空缺口、成交量大幅增加，以及波幅擴大、道氏理論（Dow Theory）向上趨勢獲得確認、價格如脫韁野馬向上攀升等情況，使得小時線、日線、週線、月線、年線全都向上翻揚。在第三波當中，幾乎所有股票都動了起來。除了B波之外，第三波的特性所提供的線索最有價值，有助於我們判斷、計算波浪的數字。

4）第四波

第四波在深度（請參閱52頁）與形式上是可以預測的，因為根據交替的原則，第四波應該與同一層級的第二波交替出現。通常第四波會以側邊修正的型態出現，為即將到來的最後一波——第五波——打下基礎，落後補漲的股票會在此時達到價格的最高點，並且開始下跌，因為只有第三波才能提供推動股價向上的動能。第四波是市場條件惡化的預先警示，預示了即將出現一個衰弱的第五波。

5）第五波

在股票市場上，就幅度來看，第五波通常不像第三波那樣具有動能。第五波也通常會呈現出較慢的價格變動速度，如果第五波為擴延的型態，其擴延的第三次級波價格變動的速度通常會快於這個層級的第三波。同樣的，雖然在循環波層級或更高的層級，接連的推動波會使得整個成交量持續上升，但只有在第五波為擴延波的型態時，這種情況才會經常發生在基本波層級以下的第五波中。除了以上所述之外，我們一般可以看到，與第三波相較之下，第五波的成交量是比較小的。股市投資人通常會戲稱最後的行情為「噴出行情」（blowoffs），但在股市歷史上，這種情況並不曾出現。即使第五波為擴延波，在這個擴延第五波的第五波當中，還是一樣缺乏噴出的動能。不過，雖然波動的幅度變小了，但是樂觀的投資人仍然情緒高昂。相對於前面修正波的反彈，在第五波當中，市場行情仍然持續向上漲，例如在1976年年底的反彈行情中，道瓊指數上漲並不多，但相對於四月、七月及九月的修正波，整個行情還是推動向上，相較之下，推動波還是對其他次要指數以及前進的下跌線有較大的影響力。雖然在1976年的第五波沒有再創新高，但是一如樂觀的投資人所預期，所有的投顧服務公司在兩週之後投票，他們的結論是：這個第五波是「上漲」幅度最小的一波，上漲幅度僅僅4.5%。

6）A波段

空頭市場的A波通常在投資界中被視為是下一個上升波段之前的一個拉回。投資大眾仍然持續地買進，儘管在技術線形上可以看清楚個別股票的線形已經被破壞。A波的型態通常會決定B波的型態，如果A波是一個五波的型態，那麼接下來的B波通常為鋸齒波；而如果A波為三波的型態，則通常B波為平台型或三角型型態。

7）B波段

B波段通常都是假象，這個波段通常都是騙人的，是陷阱，是投機份子的天堂，這時的交易通常會集中在少數幾檔股票，而且大盤指數上漲的幅度並不大（請看第七章所討論的道氏理論），從技術線形上來看並不強，而且幾乎一定會被回檔的C波抵銷掉所有上漲的幅度。如果一個分析師很容易就得出這樣的結論：「這個市場走勢有點怪怪的」，通常這就是B波的機率非常的高。在擴張三角型的X波與D波，通常都是前進的修正波，而且有相同的特質。有幾個例子可以描述上述的論點。

——在1929年到1932年的下降A-B-C鋸齒波當中，1930年的向上修正波屬於B波，在羅伯特・利亞（Robert Rhea）1934年的著作《道瓊指數的故事》（*The Story of the Average*）中，描述了當時投資的氣氛：

> 許多觀察家認為這是一個多頭市場的訊號，我記得在1929年的10月，我平倉了一部分放空的股票，而且獲得不錯的收益，但是在12月初我仍然保有許多的空頭部位。不過在

理想的修正波

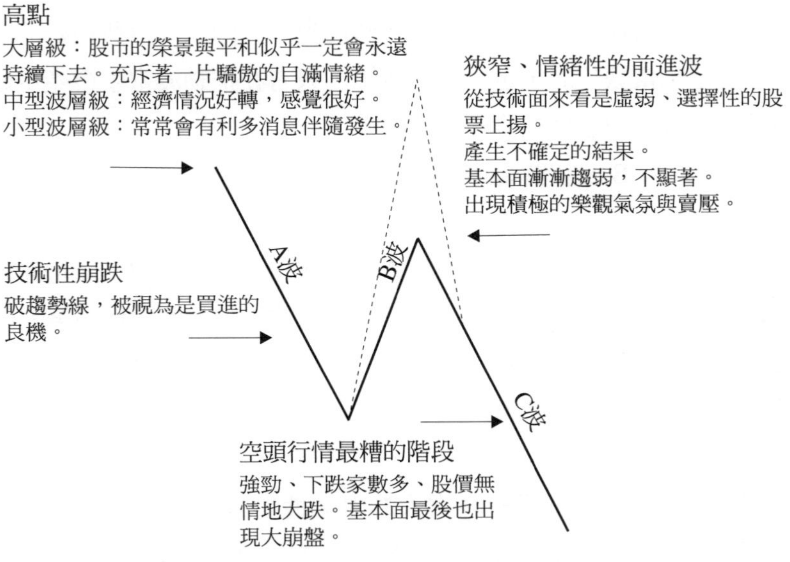

圖 2-15

次年1月和2月緩慢而持續的上漲當中，我開始變得慌張，而且整個市場走勢幾乎讓我開始損失……我忘記這種反彈幅度通常會到達1929年下滑幅度的66%或更多。幾乎所有人都宣稱新的多頭市場來臨，整個投顧分析也都是看漲的，而且整個交易量上升到一個高點，甚至比1929年的高點還高。

——1961年到1962年的上升波是屬於(a)-(b)-(c)擴張平台修正波型態的(b)波，在1962年初的上旬，以前所未見的高本益比交易的股票，所累積的幅度已經高於1959年以來第三波的高點。

——1966年到1968年的上漲是循環層級整個修正型態的Ⓑ波，情緒化主導了投資大眾的心理，在投機的氣氛當中，所有的股票都被視為非常便宜，不像有秩序且通常有基本面支持的次級市場（在第一波和第三波之中），道瓊指數掙扎向上，並且沒有在次級市場指數上創造新高點。

——1977年，道瓊運輸指數在B波的型態中達到了新高點，但整體工業指數並沒有達到高點。飛機運輸和卡車運輸呈現不景氣的現象，只有運煤鐵路隨著能源上漲而上漲。因此，這些指數的震盪幅度是相當缺乏的，也再次證實了，只有在推動波當中會產生好的震盪幅度，而不是在修正波當中。

——關於B波在黃金市場上的現象，我們會在第六章的第166頁中討論。

如同一般的觀察，在中型波或更低層級中，B波的成交量通常會縮小，不過如果B波屬於基本波或更高的層級，則會伴隨著前一波的多頭市場而顯示出更高的交易量，而這樣的交易量增加，代表了有更多的投資大眾參與。

8）C波段

下降的C波通常具有非常大的毀滅性力量，這種波段是第三波，而且具有第三波大部分的特性。在這種下降波的趨勢當中，最好的投資方式就是保有現金。從A波到B波所有對多頭市場的假象，到了第三波全都消失殆盡，取而代之的是恐慌。C波通常是既持久又廣大，1930年到1932年是C波，1962年也是C波，1969到1970年以及1973到1974年也都可以定位為C波。在大空頭行情當中，處於上升修正的C波通常具有動能，而且常會被誤認為是新一波上漲行情的開始，尤其當他們是五波型態的時候。舉例來說，1973年10月的反彈波（請參閱圖1-37）是一個反轉擴張平台修正的C波型態。

9）D波段

除了擴張三角型之外，D波通常會伴隨著成交量的增加。這大概是因為在非擴張三角型態中的D波通常是一個混合體，一部分具有修正波的特性，另一方面又因為是跟在C波之後，而且沒有完全回檔，所以也具有第一波的一些特性。D波是修正波裡的前進力量，跟B波一樣是個假象。從1970年到1973年是Ⓓ波，是屬於循環波層級的IV波。一般的機構基金經理人都會沾沾自喜地買進所謂「一錘定音」股（one-decision，已經被歷史證實的成長股），這種情況在這個時期也會被完整記錄下來。這個時期的市場參與情況並不熱絡，不過都集中在所謂的「亮麗的五十支個股」（nifty fifty）以及熱門的股票上。市場的幅度如同運輸平均指數（Transportation Average）一樣，在1972年初期達到頂點，但是並沒有如同這五十支股票一般在此波段創新高。華盛頓當局也因為要準備即將到來的總統選舉，而讓繁榮的假象在這段期間持續下去。和前一個修正波的Ⓑ波一樣，「騙局」是D波最好的形容。

10）E波段

在許多市場觀察家看來，以三角型型態出現的E波是一個戲劇化開始，代表在前一波的高點之後開始產生一個新的下降波，此時也總會出現許多消息來助長這個走勢。E波走勢通常會產生一個對三角型邊界線的假突破，使得投資人更加堅定地相信這是空頭市場，但是其實這時應該是投資人開始為市場的反轉預作準備的時候。因此，在E波這個結束波段，投資人的心理通常會有如同第五波一樣的情緒反應。

****

以上我們所討論的趨勢並非一定會發生，所以我們稱之為「準則」（guideline），而不是一種「定律」（rule）。雖然並非一定會發生，但幾乎無損於它的實用性。例如我們以圖2-16來看，這張圖是市場最近走勢的分時走勢圖，是道瓊工業指數從1978年3月1日的低點所反彈起來的頭四個小型波。這四個波段可以說是艾略特波浪理論的一個教材，從開始到結束，從波段的長度到成交量的型態（但成交量並沒有顯示在這個圖上），到趨勢軌道，到均等型態的準則，到一個擴延波的回檔幅度，到對第四波的回檔低點預期，到正確的計算波浪的波數，到交替型態，到費波納奇時間數列，到費波納奇比例關係等等，全都是波浪理論的教材。唯一比較不正常的是：第四波的規模如此之大。值得一提的是，914也許是一個合理的目標區，因為914是1976年到1978年下降波的回檔比例乘上

0.618。

準則當然會有一些例外，如果沒有例外，市場分析就一定可以非常準確地預測未來走勢，而不只是一種機率了。儘管如此，對波浪準則有了完全的了解之後，你就可以在計算波浪的時候非常有信心。事實上，你可以用市場現在的走勢來確認你對波浪的計算，相反的，你也可以用你所計算的波浪來預測市場未來的走勢。

此外，還有一點要注意：艾略特波浪理論的準則幾乎涵蓋了所有傳統技術分析的面向，像是市場動能、投資人情緒等等。因此，傳統的技術分析可以幫助你應用艾略特波浪理論去判斷目前市場的位置，所以我們鼓勵投資人多多利用技術分析與波浪理論這些工具。

學習基本原理

運用我們在第一章與第二章所討論的工具，任何一個用功的學生都可以成為波浪理論分析的專家。如果不徹底研究波浪理論或是嚴謹應用這些工具，通常很容易就會輕言放棄。最好的學習過程應該是，手邊隨時有一張分時走勢圖，然後試著將市場的每一個波動拿來與波浪理論裡的一些型態做對照，而且在做這些分析的同時，要對各種可能的方式都保持著開放的心，廣納所有可能性。慢慢的，你將會看到一個符合波浪理論的圖形出現在你的眼前，而且你會很驚訝於自己所看到的情形。

在做分析時，有一點很重要必須記得：任何的投資策略都必須依據準確的波浪計算，而其他可以解讀波浪特性的知識，也可以幫助你在非預料中的事件發生時做出投資決策的調整，並且把這個非預期現象立刻加入你的考量當中，迅速調整你的判斷來因應瞬息萬變的市場。一些用來判斷波形的嚴格規定很有用處，可以協助你將可能性的範圍縮小，而型態（pattern）所保有的一些彈性，可以讓你在市場出現「不可能情況」時，不至於搥胸頓足。

道瓊工業平均指數分時走勢圖，1978年

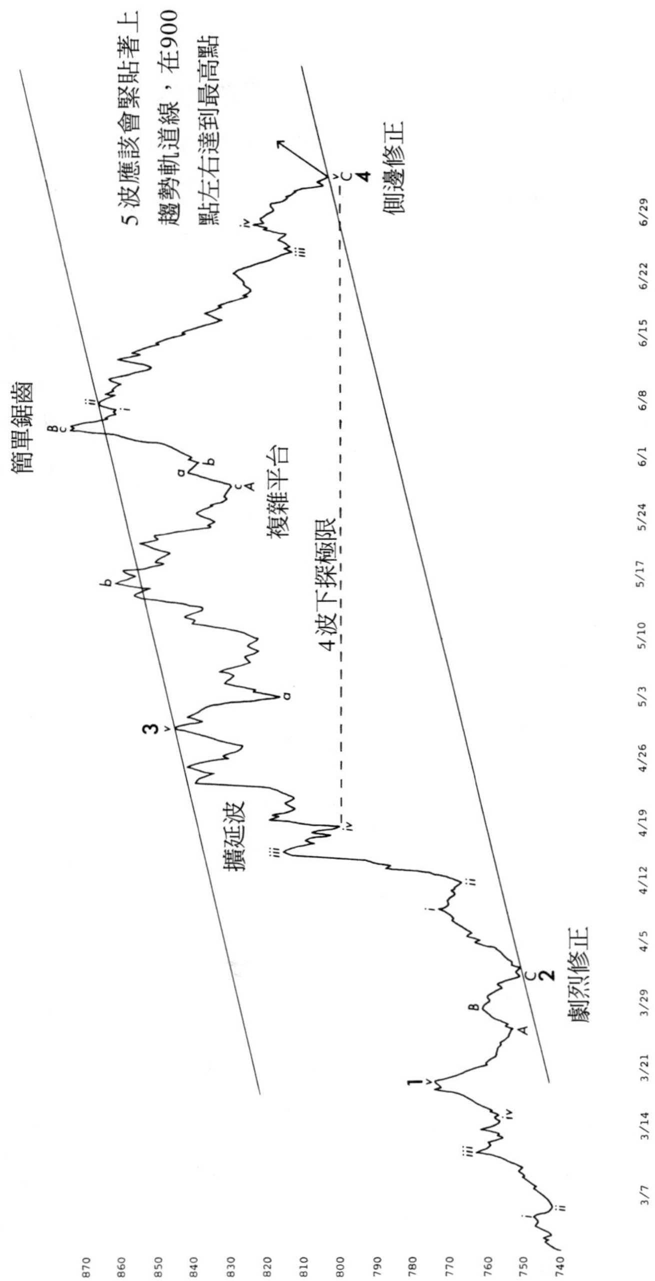

圖 2-16

「一旦你去掉了所有不可能的情況，所留下來的就一定是真的，不論你認為是多麼的不可能，都一定是真的。」這句話出自亞瑟・柯南・道爾（Arthur Conan Doyle）的《四之跡象》（*The Sign of Four*）一書，是福爾摩斯（Sherlock Holmes）向他的長期夥伴華生醫師（Dr. Watson）所說的話。這句忠告是一個簡短的總結，你也必須牢記這句忠告，才能成功學會艾略特波浪理論。最好的分析方式是「削去法」，因為你知道有哪些情況是艾略特定律所不允許的，所以你可以藉此來削減出適當的可能情況。藉著應用交替、擴延、交疊、畫軌道、成交量等等規則，你等於擁有一個超乎自己想像的強大軍火庫來支援你做分析。可惜的是，對大多數人而言，這樣的方法需要投入較大的工作與思考，但是卻很少提供機械化的運算訊號。不過，這種「削去法」的思考方式基本上是一個削減的過程，可以擠壓出艾略特分析方式的精華，而且非常有趣，我們誠摯邀請你試一試。

我們有一個例子來說明這種「削去法」的推論方式，請翻回圖 1-14，讓我們看整個價格的走勢，從 1976 年 11 月 17 日開始往前看。如果沒有標示出各個波段，也沒有畫出價格的上、下趨勢線，市場就會看起來毫無型態可言，但是如果套用波浪理論的方法，整個市場架構就變得非常明顯了。現在你問問自己，你要如何預測下一個波段的行情呢？以下就是羅伯特・布雷希特（Robert Prechter）對未來市場走勢的分析，出自他寫給佛洛斯特（A. J. Frost）的信中，信中總結了他為美林證券（Merrill Lynch）所發表的報告：

> 隨信附上我根據趨勢線圖所做的分析，不過這個趨勢圖僅僅是以每小時的走勢變化所畫成的。我認為，從 1975 年 10 月開始的第三個基本波尚未完全結束，而且這個基本波當中的第五個中型波正在進行中。最重要的是，我深深相信，1975 年 10 月到 1976 年 3 月只能算是個三波型態，而不是五波，而且只有在 5 月 11 日出現一個失敗波，這個波浪才會真正以五波的

> 型態完成。不過，這個可能出現的「失敗第五波」之後的波浪結構在我看來並不是修正波，因為下跌到956.45的第一隻腳是屬於五波的型態，而且後續的整個結構顯然是一個平台型。因此，我認為我們是位於一個從3月24日開始的第四修正波。這個修正波完全滿足了擴張三角型結構所需的所有條件，而擴張三角型結構當然一定是第四波。這個趨勢線是很精確的，是把第一段重要的下跌長度（3月24日到6月7日，55.51點）乘上1.618而得出89.82點。89.82點距離第三中型波的正統高點1011.96點，則是下滑了922點，而922點正是上週在11月11日所達到的（實際的低點是920.62）。這可能代表了，第五中型波重回新高點，完成第三基本波。這樣的解讀方法唯一的問題是，艾略特認為第四波下降的低點會高於次一級的前一個第四波的下降部分，在本例中就是2月17日的950.57點（950.57點當然已經在這波跌勢中跌破了）。不過我發現，這個定律並不是顛撲不破的。顛倒的對稱三角型後面應該接著會出現反彈行情，大約接近這個三角型最寬部分的寬度，這樣的反彈行情很可能會達到1020到1030點，遠低於趨勢線目標的1090到1100點。而且，在第三波中，第一與第五次級波在時間與幅度上有均等的傾向。因為第一波（75年10月到12月）在兩個月內波動了10%，第五波應該有100點左右的幅度變化（1020到1030點），並在1977年1月達到最高點，又一次低於趨勢線以下。

現在我們來看看這張圖表的其餘部分，看看波浪理論的準則是如何幫助我們評定市場可能的走勢。

克里斯多福・摩利（Christopher Morley）曾經說過：「跳舞對女孩子來說是最好的訓練，跳舞可以讓女孩子學會猜測男生即將會怎麼做。」同樣的，波浪理論也是在訓練分析師辨別市場可能的走勢。

一旦「學會了」艾略特理論的分析方式，它就會跟著你一輩子，就像小孩子學會騎單車之後就永遠不會忘記一樣，此後，轉彎便成了是一件很平常的經驗，一點也不困難。更進一步來看，擁有艾略特波浪理論的知識，可以讓你知道自己處在市場行進的哪一個位置，給你一些信心，讓你在心理上做好準備來面對價格波動的特性。更重要的是，波浪理論常常會事先預測出下一波上漲或下跌的幅度，掌握到這些趨勢，將會是你在金融市場中成功的關鍵。

實際應用

任何分析方法的實際目的，都是要讓你辨識出市場的低點，好讓你買進（或是放空回補），或者辨識出市場的高點，好讓你賣出持股（或是放空）。在發展一套交易或投資的系統時，你必須採用某些思考方式，這些思考方式必須要能讓你既保持彈性又具有決斷力、讓你進可攻退可守，以便因應各種不同情況的需求。艾略特波浪理論本身並不是這樣的系統，不過它能讓你創造出這樣一個系統。

儘管很多分析師並不這麼認為，但波浪理論絕對是一項客觀的研究，就如同柯林斯（Collins）所說的：「波浪理論是技術分析上一個嚴謹的形式」。波頓曾說過，他最難學會的一件事是：相信他眼睛所看到的。如果你不相信你所看到的，你很可能就會把你覺得應該會發生的情況帶入你的分析中，如此一來，你所計算的波浪就會失之客觀而沒有價值了。

如何能在一個充滿不確定因素的市場中保持客觀？一點都不難，只要你能了解你做分析的目的何在。

如果沒有艾略特的理論，市場上的變動看起來就會好像有無限多種可能。波浪理論提供了一個方法：首先先縮小可能性的範圍，然後再把市場可能走勢的相對可能性順序排列出來。艾略特的定律非常明確，所以可以把可能性降低到最少的程度，再從這些可能當中挑選出符合最多準則的一個解釋，我們稱之為「最優計算」（preferred count），而其他的解釋再依序排列。因此，一個稱職的分析師如果能客觀地應用波浪理論的定律和準則，通常就應該能符合各種可能性與各種可能性的順序，然後歸納出一個特定時間的各種可能結果。可能發生的情況可以按照它發生的確定度來排順序，但是你不要假設你所排定的順序就會跟某一個確切結果的順序是一樣的。市場未來的走向，是你無法準確知道的。你必須了解且接受一個觀念：某一個方式也許可以很準確地在某一個特定時點上預測到某一個特殊事件，但是在其他時候很可能就不管用了。

你必須在心理上做好準備，隨時不斷地以次佳解釋來取代，也就是採用第二種可能解釋波段走勢的方法，我們稱之為「替代計算」（alternate count）。因為波浪理論的應用，就是不斷在尋找可能性，所以要隨時不排除另外一種計算方式的可能性。如果市場走勢違反你所預設的情形，而替代的計算方法可以拿來解釋你先前未預期到的市場情況，那麼這個「替代計算」馬上就成了你新的「最優計算」。如果你被你的馬給摔了出去，最好的情況是能在掉下來時正好落在另一匹馬身上。

一定要根據你的「最優波浪計算」來做投資，最佳的兩種或三種計算方式，通常都能引導你做出相同的投資決定。如果你隨時都對替代的計算方式保持高度敏銳性，就算你的「最優計算」是錯誤的，你還是可能會賺到錢。例如，如果你把一個不重要的低點誤認為是主要的走勢，你可能就會以為從較高層次來看市場的走勢還會向下，而且以為會達到一個新低點。這種認知會發生在一個不重要的低點之後的三波反彈波的情況下，因為比起五波的反彈，三波的反彈通常表示是一個向上的修正波。因此，觀察在反轉點發生之後的狀況，可以幫你在危險發生之前確認或否定你對高點或低點的假設狀況。

即使市場不容許你如此三心二意，但波浪理論仍然提供了非常好的價值。大部分其他的分析方式，不管是基礎分析、技術分析或者循環分析，都沒有提供一個好方法來讓你可以在判斷錯誤時採取另一個好的替代方案。相較之下，波浪理論原本就提供了一個客觀的方法來停止你錯誤的行動，因為波浪是根據價格模式來分析的，而要認定價格模式是否已經形成完畢，就要看它是不是已經結束了。如果市場走勢改變方向，分析師就可以捕捉到這個轉折點。如果市場的走勢顯然跟你認定的模式不一樣，那麼你的判斷就是錯誤的，任何投入在股市的資金都應該收回來以避免繼續損失的風險。

當然，就算在很嚴謹的分析之後，常常還是可能無法找出一個非常合適的解釋方式。在這個時候，你必須等一等，直到你看清楚整個波浪為止。經過一段時間之後，一旦這個看來混亂的市場變得非常清晰可見時，你可以掌握市場反轉點的機率就會高達百分之百。能夠非常精確地預測出市場的反轉點，是一個非常刺激的經驗，而波浪理論是唯一可以偶爾提供這種機會的分析方式。

能夠準確地辨識出這樣的轉捩點，就已經夠了不起了，而波浪理論不只提供分析方式，而且還提供預測未來的一些準則。許多這些準則都非常具體，而且有時可以創造出非常準確的結果。如果市場的走勢真的可以歸納為幾種型態，而且這些型態具有可辨識的幾何構造的話，那麼不管有多少種可能的變化，價格和時間之間的關係必然會一再發生。事實上，依據我們過去的經驗顯示，價格和時間的確有這樣關係。

我們常常試著預先判定市場接下來將會怎麼走，預先設定一個目標可以給我們一個好處：提供一個背景，讓我們可以不斷地比對市場實際的走勢與我們所預測的有何差異。如此一來，一旦行情不如我們所預期，你就可以很快警覺到，而且可以把你的解讀轉移到比較正確的方向上。預先設定一個價格目標的第二個好處是：可以讓你在心理上做好準備，讓你在所有人都賣出時買進股票，而在所有人都信心滿滿地買進時賣出股票。

不管你相信哪一種分析方式，只要不把視線離開即時的波浪走勢，你就會有所回報。市場就是一種訊息，而投資行為的改變可以讓市場的整個面貌也隨之改變。一個投資人當下真正必須知道的是何時買進、何時賣出或者何時退場。有時候，只要瞄一眼走勢圖就可以做出投資決策，而有時候卻可能是經過一番費心的研究之後才能做出決策。

不過，儘管你有再多的知識和技巧，但絕對沒有任何事情可以讓你有充分的準備來承受把錢投入市場所冒的風險。紙上模擬投資不能幫助你，觀察別人的投資也不能幫助你，模擬買賣遊戲更不可能幫助你，即使你已經能夠如專家一般應用某一種分析方式，你也只不過是收集到所需的工具而已。當你實際應用這種方式時，你才會面臨到真正的工作：與自己的情緒作戰。這就是為何說，分析跟賺錢是兩個不一樣的技巧。你得上了戰場才知道要怎麼打仗，唯有實際去投資並面對風險，才能讓你對財務的風險有所準備。

如果你想要透過交易或投資來從股市獲利——一千個人當中只有一人辦得到——你撥出來準備投資的錢必須遠比你的財產少才可以，如此一來，一旦你不可避免地在第一階段結束時就全部損失殆盡，你還會有賴以維生的資金來讓你好好研究投資失敗的原因。當你了解第一次失敗的原因之後，你就會漸漸地邁向投資的第二階段：與自己的情緒長期作戰，好讓你的理智得以戰勝。這樣的工作是沒有人能幫你的，你必須自己做好準備，而我們所能提供的是一個好的分析基礎。無數的潛在交易或者是投資生涯，從一開始就因為選錯了沒有價值的投資方式而註定要失敗，我們建議你選擇波浪理論，它可以讓你從一開始就正確地思考，而這正是走向成功投資的第一步。

沒有任何一種分析方式可以保證能把市場的全貌看清楚，波浪理論當然也不例外。不過，如果正確地使用波浪理論，它將會實現它所做的所有承諾。

李奧納多·費波納奇雕像，比薩，義大利
銘文上寫道：「A. Leonardo Fibonacci, Insigne Matematico Piisano del Secolo XII」
由Robert R. Prechter, Sr. 拍攝

第三章

波浪理論的歷史與數學背景

費波納奇數列是十三世紀的數學家費波納奇（Leonardo Fibonacci）所發現（其實是再度發現），他住在義大利的比薩。我們會大略敘述這位奇人的歷史背景，然後再完整討論他所發現的這個數列（在術語上，我們稱此為數列，而非級數）。艾略特寫作《自然法則》時，特別說明費波納奇數列為波浪理論提供了一個數學基礎（欲進一步了解波浪理論背後的數學基礎，請參閱華德・懷特（Walter E. White）在即將推出的書（由New Classics Library出版）當中的〈波浪理論的數學基礎〉（"Mathematical Basis of Wave Theory"）一文。

比薩的李奧納多費波納奇

黑暗時代（The Dark Ages）幾乎是歐洲文化的完全黯淡時期，從西元476年羅馬帝國滅亡開始，一直持續到西元1000年左右。在這段期間，數學與哲學在歐洲沒落不振，但在印度及阿拉伯卻開花結果，因為黑暗時代並沒有擴延到東方。隨著歐洲逐漸由停滯狀態開始嶄露頭角，地中海也慢慢從印度及阿拉伯引進了商業、數學和新觀念而發展成文化的發源地。

在中古時代，比薩就已經是城牆堅固的城邦（city-state），也是一個興盛的商業中心，從它的濱水區就可看出當時的商業變革。皮革、毛皮、棉花、羊毛、鐵、銅、錫以及香料等等，都在比薩境內交易，而以黃金作為重要的交易通貨。港口滿是商船，大的商船有重達400噸、長達80英呎者。比薩的經濟支撐了皮革及造船工業、鐵工廠等，而依照今日的標準來看，比薩的政治也有良好的架構，就拿最高行政長官來說，他在任期屆滿之前不能支領薪水，必須等到卸任之後，對他的政府進行調查，看他是否在任內有貪污情形發生，確定沒有之後才能支領薪水。事實上，費波納奇就是當時的查核人之一。

李奧納多・費波納奇大約生於西元1170年與1180年之間，他的父親是一位傑出的商人，也是一個政府官員，費波納奇很可能就是住在比薩眾多高塔的其中一個。高塔可用來當作工廠、堡壘或住所，而且之所以建造成這樣的結構，是為了可以從窄小的窗口射出弓箭，還可以從高塔上潑下滾燙熱油，阻止有意入侵的陌生人接近。費波納奇在世時，著名的比薩斜塔正在建造中，在比薩的三大建築當中，比薩斜塔是最後一個建造的，另外兩大建築——大教堂及洗禮堂——比比薩斜塔早幾年完成。

費波納奇還在唸小學的時候，就已經通曉當時的海關及商業事務，包括算盤的使用。在當時的歐洲，算盤已經被廣泛用來作為商用計算器。雖然他的母語是義大利語，但他也學了其他許多種語言，包括法文及希臘文，就連拉丁文也很流利。

在費波納奇的父親被指派到北非的博吉亞（Bogia）擔任海關官員之後不久，他的父親要費波納奇隨行，以便完成教育，於是費波納奇開始在地中海進行多次商務旅行。在一趟埃及之旅之後，他出版了著名的《算學》（*Liber Abacci*），向歐洲介紹了最偉大的數學發現之一，也就是十進位制，其中包括把0放在十進位計數法的第一個數字位置上。十進位制包括了大家所熟悉的符號0, 1, 2, 3, 4, 5, 6, 7, 8, 9，又稱為印度—阿拉伯數字，也是目前世界通用的符號。

在真數（true digital）或位置值（place-value）制度之下，任何由兩個以上的阿拉伯符號所組成的數字，它的實際值要看它本身的符號以及它與相鄰數字的相對位置而定，例如，58這個數字的值和85是不同的。儘管早在數千年前，巴比倫人和中美洲的馬雅人就已經分別發展出數字與位置值的計算數字系統，但是他們的方法在其他某些方面仍然很笨拙。因此，第一個使用0及位置值的巴比倫制，一直沒有融入希臘或羅馬的數學系統。希臘和羅馬的計算方法是由I, V, X, L, C, D, M七個符號所構成，這幾個符號並沒有數字值隱含在內，使用這些非數字的符號來進行加減乘除，實在不是一件容易的工作，尤其如果是牽涉到大數字時更是如此。很矛盾的是，為了克服這個困難，羅馬人用的是非常古式的計算工具——算盤。因為算盤是以數字為基礎，也包含了0的原理，所以成了羅馬人計算所必需的輔助工具，經過了一代又一代，記帳員及商人都依賴算盤來協助他們完成計算的工作。費波納奇在《算學》一書中傳達了算盤的基本原理，隨後，在他旅行期間，他開始使用自己新創的制度。透過他的努力，這套計算方法簡易的新系統最後終於傳到了歐洲。漸漸地，阿拉伯數字系統取代了羅馬數字系統。這套新系統引進歐洲，是自從羅馬帝國滅亡七百年來，數學領域的第一項重大的成就。費波納奇不僅使數學能在中古時代不墜，也為更高深的數學、物理學、天文學及工程學的重大發展奠定了基礎。

儘管這個世界後來幾乎忽略了費波納奇這個人，但他無疑是他那個時代的重要人物。他的名聲遠播，使得本身也是科學家及學者的菲列特二世（Frederick II）特別安排行程去比薩拜訪費波納奇。菲列特二世是神聖羅馬帝國的皇帝，也是西西里及耶路撒冷的國王，為歐洲及西西里的兩個最尊貴家族之後裔，也是當時最有權勢的國君，他以羅馬皇帝之尊，折服於費波納奇的學問。

費波納奇與菲列特二世在西元1225年會面，這是當時比薩城的一大盛事，皇帝騎馬領著號兵、朝臣、騎士、官員一行隊伍。這位皇帝向這位著名數學家所提的問題詳載於《算學》一書中。費波納奇顯然解答了皇帝所提出的問題，從此成為皇宮永久座上嘉賓。費波納奇在西元1228年修訂了《算學》，並呈獻給菲列特二世。

把費波納奇形容為中古時代最偉大的數學家，可說是一點也不為過。他總共寫了三本重要數學著作：《算學》（1202年出版，1228年修訂）、《幾何習作》（*Practica Geometriae*，1220年出版），以及《二次數學》（*Liber Quadratorum*）。在1240年，比薩市民讚揚他是一位「謹慎且博學的人」，而大英百科全書的資深編輯約瑟夫・吉斯（Joseph Gies）則表示，未來的學者將及時「給予費波納奇應得的讚美，將他喻為世上最具智慧的先驅之一」。在這些年之後，費波納奇的作品現在才由拉丁文翻譯成英文。有興趣的讀者可以參閱約瑟夫・吉斯以及法蘭西斯・吉斯（Frances Gies）所著的《李奧納多費波納奇與中古時代新數學》（*Leonard of Pisa and the New Mathematics of the Middle Ages*），這是一本討論費波納奇及其作品的專書。

儘管費波納奇是中古時代最偉大的數學家，用來緬懷他的紀念物卻只有兩個，一個是隔著雅諾河（Arno River)與比薩斜塔相對的雕像，另一個則是以其名字來命名的兩條街道，一條在比薩，另一條在佛羅倫斯。很奇怪的是，參觀比薩斜塔這座179英呎大理石高塔的遊客，很少有人聽過費波納奇，也很少有人看過他的雕像。費波納奇與波納拿（Bonanna）是同時期的人，比薩斜塔就是出自波納拿之手，他在西元1174年開始建造斜塔。他們倆人同樣對世界貢獻卓著，但是影響較深遠的費波納奇卻鮮為人知。

費波納奇數列（The Fibonacci Sequence）

在《算學》一書中，因為一個問題的提出而引發了一系列的數字：1, 1, 2, 3, 5, 8, 13, 21, 34, 55, 89, 144……一直到無限大，這些數字就是今日所稱的費波納奇數列，而這個數列就是因為以下這個問題而引發的：

> 如果一對兔子從第二個月開始，每個月會繁殖一對兔子，那麼將一對兔子放在一塊圍起來的區域內，一年後共可繁衍多少對兔子？

解答這個問題的時候，我們發現，包括第一對在內的每一對兔子，都需要有一個月的時間來發育成熟，不過，一旦有了繁衍能

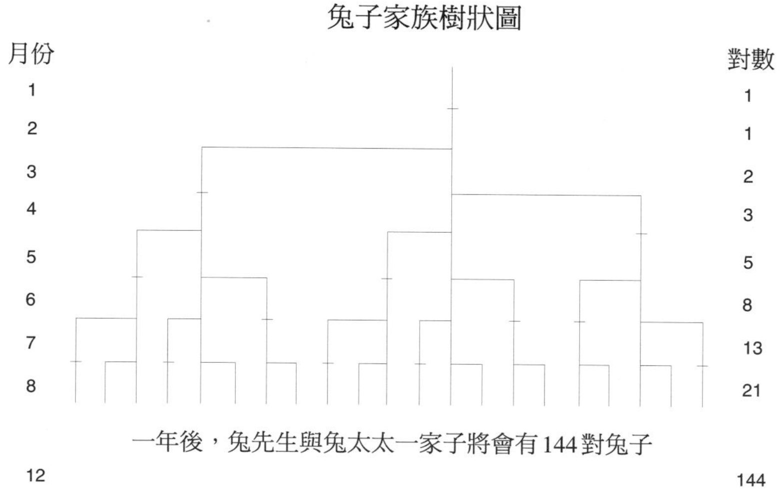

圖 3-1

力，每個月就能繁衍出一對。在頭兩個月，兔子的數目都是一對，所以數列是1, 1。在第二個月時，第一對兔子繁衍出一對，因此在第三個月開始時，已經有兩對兔子。這兩對兔子當中，較老的一對在第三個月又繁殖出第三對兔子，所以在第四個月時，總共有三對兔子，數列便成了1, 1, 2, 3。在這三對當中，較老的兩對又能繁殖，但是最年輕的一對還無法繁殖，因此兔子變成有五對。再下個月，這些兔子當中有三對可以繁衍，因此數列就成了1, 1, 2, 3, 5, 8，依此類推。圖3-1表示兔子的家族樹成長越來越快速，兔子若繼續繁衍下去，這個數列將會成為天文數字。舉例來說，在一百個月之後，兔子數目將會達到354, 224, 848, 179, 261, 915, 075對。從兔子問題所引導出來的費波納奇數列，具有很多有趣的性質，而且數列中的各個數字似乎存在著恆定的關係。

在費波納奇數列中，任何兩個相鄰的數字的總和，等於數列中接下來那個數字，也就是說，1加1等於2，1加2等於3，2加3等於5，3加5等於8，依此類推到無限大。

黃金比例（Golden Ratio）

在費波納奇數列中的前幾個數字之後，任何一個數字與其下一個數字的比例接近 0.618：1，而與前一個數字的比例則接近 1.618：1。數列中，越後面的數字，比例會越接近 ϕ（*phi*）這個無理數（ϕ ＝ 0.618034....)。數列中任何兩個間隔的數字，比例接近0.382，而反比則接近2.618。請參考圖3-2，圖中詳列了數列中從1到144之間的各個比例。

只有 ϕ 這個數字會發生這樣的情形：ϕ 若加上1，會等於其倒數。也就是說，1 ＋ 0.618 ＝ 1 ÷ 0.618。在加法與乘法方面也有類似的情形，產生出以下的等式：

$.618^2 = 1 - .618$

$.618^3 = .618 - .618^2$

$.618^4 = .618^2 - .618^3$

$.618^5 = .618^3 - .618^4$……依此類推

或者

$1.618^2 = 1 + 1.618$

$1.618^3 = 1.618 + 1.618^2$

$1.618^4 = 1.618^2 + 1.618^3$

$1.618^5 = 1.618^3 + 1.618^4$……依此類推

這四個主要比例相互之間的特性，可從以下的等式中略知一二：

$1.618 - .618 = 1$

$1.618 \times .618 = 1$

$1 - .618 = .382$

$.618 \times .618 = .382$

$2.618 - 1.618 = 1$

$2.618 \times .382 = 1$

費波納奇比例表

分母＼分子	1	2	3	5	8	13	21	34	55	89	144
1	1.00	2.00	3.00	5.00	8.00	13.00	21.00	34.00	55.00	89.00	144.00
2	.50	1.00	1.50	2.50	4.00	6.50	10.50	17.00	27.50	44.50	72.00
3	.333	.667	1.00	1.667	2.667	4.33	7.00	11.33	18.33	29.67	48.00
5	.20	.40	.60	1.00	1.60	2.60	4.20	6.80	11.00	17.80	28.80
8	.125	.25	.375	.625	1.00	1.625	2.625	4.25	6.875	11.125	18.00
13	.077	.154	.231	.385	.615	1.00	1.615	2.615	4.23	6.846	11.077
21	.0476	.0952	.1429	.238	.381	.619	1.00	1.619	2.619	4.238	6.857
34	.0294	.0588	0882	.147	.235	.3824	.6176	1.00	1.618	2.618	4.235
55	.01818	.03636	.0545	.0909	.1455	.236	.3818	.618	1.00	1.618	2.618
89	.011236	.02247	.0337	.05618	.08989	.146	.236	.382	.618	1.00	1.618
144	.006944	.013889	.0208	.0347	.05556	.0903	.1458	.236	.382	.618	1.00

趨近於完美比例

圖 3-2

2.618 × .618 = 1.618

1.618 × 1.618 = 2.618

除了1和2之外，從3開始的費波納奇數字乘上4，若是再依序加上費波納奇數列的數字，就會形成另一個費波納奇數字，也就是如下的情形：

3 × 4 = 12；+ 1 = 13

5 × 4 = 20；+ 1 = 21

8 × 4 = 32；+ 2 = 34

13 × 4 = 52；+ 3 = 55

21 × 4 = 84；+ 5 = 89……依此類推

隨著新的數列擴展，將新數列加上4的倍數，又可產生第三個費波納奇數列。這樣的關係是可能的，因為每相隔兩數的兩個費波納奇數字之間的比例是4.236，而0.236是4.236的倒數，也是與4之間的差。若乘上其他的倍數，也會產生另外不同的數列，都是費波納奇數列的倍數。

費波納奇數列還有許多其他的現象，我們將其中一部分列於下面：

1) 任何兩個連續的費波納奇數字都沒有公因數。

2) 如果把費波納奇數列中的數字標示為1, 2, 3, 4, 5, 6, 7等等，我們發現，除了第四個費波納奇數字（也就是3）之外，每當費波納奇數字是質數（prime，只能被1及本身的數整除）時，所標示的數字也是質數。同樣的，除了第四個費波納奇數字（也就是3）之外，每當所標示的數字是合成數（composite，除了1和這個數本身之外，還可以被其他的數整除）時，費波納奇數字也是合成數，如下表所列。上述兩個現象若反之就不然了。

費波納奇數列：質數VS.合成數

P	P	P	X	P		P				P		P			
1	1	2	3	5	8	13	21	34	55	89	144	233	377	610	987
1	2	3	4	5	6	7	8	9	10	11	12	13	14	15	16
X	C	C	C	C	C	C	C	C							

3) 費波納奇數列中，任何十個數的總和都可被11整除。

4) 費波納奇數列中，以任何一個數字為基點，從第一個數字加總到該數字再加上1，會等於數列中該數字後面的第二個數字。

5) 費波納奇數列中，從1開始的任何連續數的平方和，一定會等於所選定數列的最後一個數乘以其後面那個較大的數。

6) 費波納奇數列中，任何一數的平方減掉該數之前的第二個數的平方，一定會得出另一個費波納奇數字。

7) 費波納奇數列中，任何一數的平方等於數列中該數的前後兩數相乘之後再加上或減去1，而且加1與減1會交替輪流出現。

8) 一個費波納奇數字（F_n，n代表第n個數字）的平方，加上下一個費波納奇數字（F_{n+1}）的平方，等於F_{2n+1}，於是產生一個公式：$F_n^2 + F_{n+1}^2 = F_{2n+1}$，這個公式也可套用於直角三角型。直角三角型的兩短邊平方和，等於最長邊的平方。以右圖的直角三角型來看，三邊的長度就是F_5、F_6及$\sqrt{F_{11}}$。

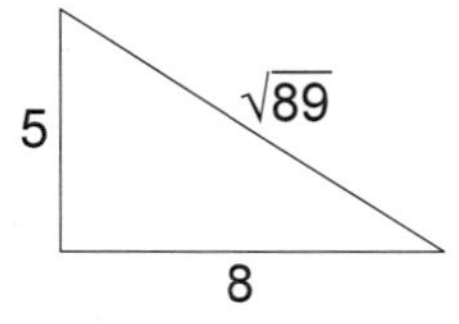

9) 還有一個公式可用來解釋兩個最常見的無理數π（*pi*）和ϕ（*phi*）之間的關係：

$F_n \approx 100 \times \pi^2 \times \phi^{(15-n)}$，$\phi = 0.618$，n代表數列中第n個數字，$F_n$就是第n個費波納奇數字，在這個例子中，“1”只出現一次，而不是兩次，所以$F_1 \approx 1$，$F_2 \approx 2$，$F_3 \approx 3$，$F_4 \approx 5$，依此類推。

例如，如果n＝7，那麼

$$F_7 \approx 100 \times 3.1416^2 \times 0.6180339^{(15-7)}$$
$$\approx 986.97 \times 0.6180339^8$$
$$\approx 986.97 \times 0.02129 \approx 21.01 \approx 21$$

10) 單心延伸現象（one mind stretching phenomenon），這個現象前面沒有提到，指的是兩個費波納奇數字的比值，極為接近其他費波納奇數字的千分之一。這些比值的差約為第三個費波納奇數字的千分之一（請參閱圖3-2的比例表）。因此，在數列遞增的方向上，兩個相同的費波納奇數字之間的比例是1或0.987＋0.013；兩個相鄰的費波納奇數字之間的比例則是1.618或是1.597＋0.021；兩個間隔的費波納奇數字之間的比例則是2.618或2.584＋0.34，依此類推。在數字遞減的方向上，兩個相鄰的費波納奇數字之間的比例則是0.618或是0.610＋0.008；兩個間隔的費波納奇數字之間的比例則是0.382或0.377＋0.005；間隔兩個數的費波納奇數字之間的比例則是0.236或0.233＋0.003；間隔三個數的費波納奇數字之間的比例則是0.146或0.144＋0.002；間隔四個數的費波納奇數字之間的比例則是0.090或0.089＋0.001；間隔五個數的費波納奇數字之間的比例則是0.056或0.055＋0.001；從間隔六個數的兩費波納奇數字之比值，到間隔十二個數的兩費波納奇數字之比值，恰為費波納奇數列字的千分之一，其比值由0.034開始。這項分析蠻有趣的，因為間隔十三個數的費波納奇數列的比值使得這個數列又回到0.001，正是費波納奇數列起頭數的千分之一。在所有的計算中，我們創造了「相似來自相似」、「無盡數列的複製」，顯示出「所有數學關係中最具約束力」的性質，正如同讚揚者所形容的特徵。

最後，我們注意到，（$\sqrt{5}+1$）／2＝1.618，（$\sqrt{5}-1$）／2＝0.618，而$\sqrt{5}=2.236$。在波浪理論中，5是最重要的數字，他的平方根對 ϕ 來說是個數學上的關鍵。

1.618（或0.618）就是所謂的黃金比例（Golden Ratio）或黃金平均數（Golden Mean）。這個比例是眼睛看起來、耳朵聽起來最舒服的比例，會透過生物學、音樂、藝術以及建築表現出來。威廉・霍佛（William Hoffer）在1975年12月的《史密森人雜誌》（*Smithsonian Magazine*）上寫道：

> ...0.618034與1的比例，是撲克牌、萬神殿、向日葵，以及蝸牛殼、希臘瓶飾和外太空漩渦星系的形狀的數學基礎。希臘的藝術與建築大多是以這個比例為基礎發展而成，他們稱這個比例為「黃金平均數」。
>
> 費波納奇如符咒般的兔子在最令人意想不到的地方突然冒出來。毫無疑問的，這些數字是大自然神秘和諧中的一部分，這樣的和諧令人感覺很好、看起來很好，甚至聽起來很好。舉例來說，音樂是以八度音符音階為基礎，在鋼琴鍵盤上，是由八個白鍵及五個黑鍵所組成，總共有十三個鍵。能讓耳朵獲得最大滿足的合音是大六度，這並非意外，因為E音的振動與C音振動的比例是0.62500倍，離真正的黃金平均數僅0.006966之差。大六度的比值使得內耳的耳蝸感受到良好的振動——耳蝸恰好是一種對數螺旋狀。
>
> 費波納奇數字以及自然界中黃金螺旋狀的持續出現，正足以說明0.618034比1的比例，在藝術上來說是多麼的怡人。人們可以看到藝術所呈現出的生命形象，而且是以黃金平均數為基礎。

大自然把黃金比例用於最怡人的建築物、最先進的型態之上，細小如腦中的微管以及DNA分子（請參閱圖3-9），巨大如行星間的距離以及週期。在各式各樣的現象中都可看到黃金比例：類似結晶狀的排列、玻璃所反射的光線、大腦及神經系統、音樂的編排，以及動植物的結構。科學正快速地證明，大自然確實存在著一個基本的比例原則。你看，你現在不是就正在用你的雙臂握著這本書，這雙臂是「五體」的一部分，而每隻手臂都各有「三」個關節，末端各有「五」個手指，每指又各有「三」個關節，這不就讓人聯想到波浪理論所說的5-3-5-3進程嗎？

黃金分割（Golden Section）

任何長度都可以用以下的方法來分割：較小的部分與較大部分之間的比例，等於較大部分與整體的比例（請參閱圖3-3）。這個比例一定會是0.618。

圖 3-3

在大自然中，黃金分割比比皆是。其實，人體就表現出黃金分割的比例（請參閱圖3-9），從外表的大小尺寸到臉部的五官排列都是。彼得・湯普欽（Peter Tompkins）說：「柏拉圖（Plato）在《對話錄》中的〈提瑪友斯〉（“Timaeus”）一節裡甚至已經開始思考ϕ，因而導出了黃金分割比例這個所有數學關係中最具約束力的比例，而且把它視為宇宙物理學的關鍵。」在十六世紀，約翰尼斯・克卜勒（Johannes Kepler）寫到有關黃金分割或「神聖分割」（Divine Section）時說道，它幾乎描述了所有宇宙萬物，而且代表了上帝以「相似來自相似」來創造萬物的特徵。從肚臍將人體分成兩半，可以得出黃金分割比例，從統計上來說，平均的比例接近0.618，這個比例不論男女皆適用，正是「相似來自相似」的創造的最好表徵。人類的演進是否也是一種「相似來自相似」的創造呢？

黃金矩形（Golden Rectangle）

黃金矩形的長寬兩邊的比例是1.618比1。要形成一個黃金矩形，得先畫出一個邊長為2的正方形，然後從正方形一邊的中點畫

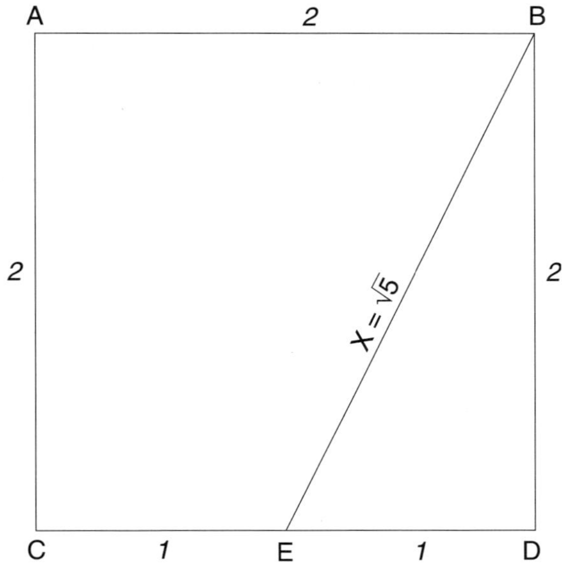

圖 3-4

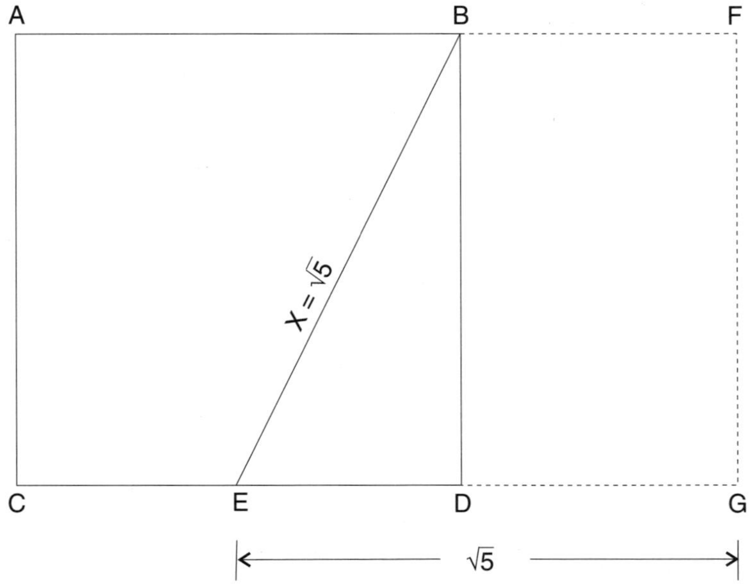

圖 3-5

一條線，連接到對邊的任何一個角，如同圖3-4所示。

三角形EDB是一個直角三角形。在西元前550左右，畢達哥拉斯（Pythagoras）證明出，直角三角形的斜邊（X）平方，等於另外兩邊的平方和，在圖3-4這個例子中就可得出：$X^2 = 2^2 + 1^2$，或者$X^2 = 5$。因此，直線EB的長度就一定是$\sqrt{5}$。要構成一個黃金矩形，接下來就得延長直線CD，使直線EG的長度等於$\sqrt{5}$或是2.236，如圖3-5所示。如此所畫出的矩形的長寬兩邊就是黃金比例，所以AFGC與BFGD都是黃金矩形。證明如下：

$$CG = \sqrt{5}+1 \quad \text{而且} \quad DG = \sqrt{5}-1$$

$$FG = 2 \qquad\qquad FG = 2$$

$$\frac{CG}{FG} = \frac{\sqrt{5}+1}{2} = \frac{2.236+1}{2} = \frac{3.236}{2} = 1.618$$

$$\frac{DG}{FG} = \frac{\sqrt{5}-1}{2} = \frac{2.236-1}{2} = \frac{1.236}{2} = 0.618$$

因為這兩個矩形的兩邊是黃金比例，因此依照定義，這兩個矩形就是黃金矩形。

有了黃金矩形的知識之後，藝術作品就有了長足的進步。在古埃及與古希臘，以及文藝復興等文明高度發展的時期，尤其強烈著迷於黃金矩形的價值與運用。李奧納多・達文西（Leonardo da Vinci）賦予黃金比例最大的意義，他還發現黃金比例令人愉悅的特點，他說：「如果一件事物沒有正確的外觀，就無法運作。」他的畫作大多有正確的外觀，因為他有意識地運用黃金比例來加強作品的吸引力。古代與現代的建築師，尤其是設計雅典萬神殿的那些著名建築師，都刻意將黃金比例套用在他們的設計中。

顯然，ϕ這個比例對形狀的觀看者有重大的影響，根據實驗顯示，人們會覺得這個比例具有令人愉悅的美感。舉例來說，接受測試者被要求從幾種不同的矩形中挑出一個，受測者一般所挑的矩形都近似黃金矩形的形狀。若要求受測者以他們所喜愛的方式來交叉兩根棒子，他們通常會將兩根相交成 φ 的比例。窗戶、畫框、建築物、書本以及墓地十字架，通常都很接近黃金矩形。

因為有黃金分割比例，黃金矩形的價值不限於美學方面，顯然還可達到機能上的目的。在許多的例子中，最顯著的要算是DNA的雙螺旋結構，在它有規律的扭捲當中，出現了精準的黃金矩形（請參閱圖3-9）。

黃金分割與黃金矩形呈現出自然、人工美學及機能的靜態形式，而令人愉悅的美感動態表現，一種有秩序的成長或進展，藉由宇宙中最出色的形狀——黃金螺旋形（Golden Spiral）——來達成，更有效果。

黃金螺旋形（Golden Spiral）

黃金矩形可以用來構成黃金螺旋形。如圖3-5的任何一個黃金矩形，可以被分割成一個正方形以及一個較小的黃金矩形，如圖3-6所示。理論上來說，這個過程可以一直無限持續，我們由此而畫出的正方形看起來會向內迴旋，標示為A、B、C、D、E、F以及G。

圖中的兩條虛線本身就互為黃金比例的關係，這兩條線各自從對角將兩個矩形一分為二，兩線的交點理論上就是迴旋正方形的中心。從這個中心點附近開始，由小到大，把每個迴旋正方形的交點用弧線連接起來，可以畫出如圖3-7所示的螺旋形。在正方形向內或向外迴旋時，將這些點連接起來，就可以形成黃金螺旋形。

在黃金螺旋形演進的任何一個點，弧的長度與直徑的比例是1.618，直徑依次為較小直徑的1.618倍，半徑也是如此，如圖3-8所示。

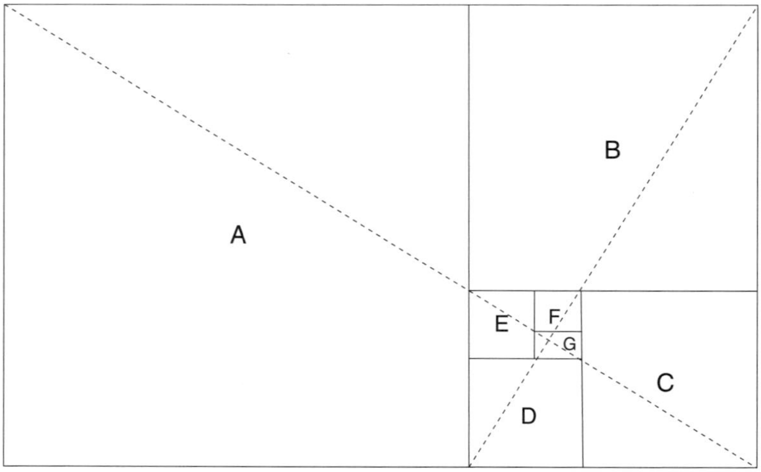

圖 3-6

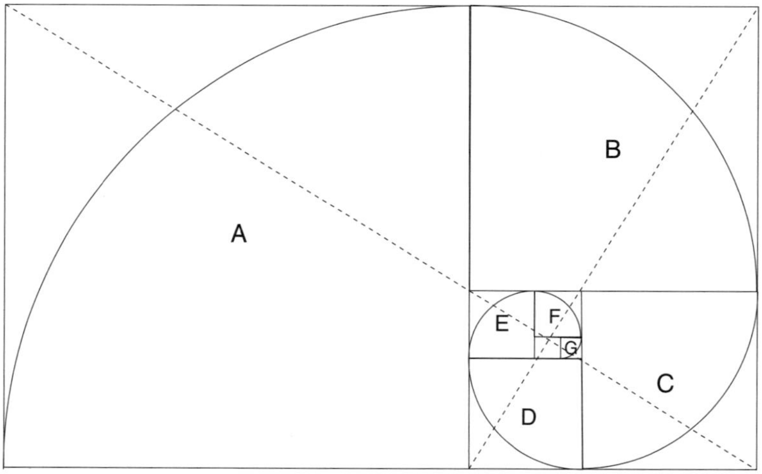

圖 3-7

黃金螺旋形是一種對數螺旋形，或對角螺旋形，沒有界限，是持續不斷的形狀。從螺旋形上的任何一點開始，螺旋不斷地向內與向外無限地進展下去，永遠碰不到中心點，也無限地往外延伸。若透過顯微鏡來觀察圖 3-8 的對數螺旋形的核心，它的形狀會看起來和已經擴展了好幾光年一樣。

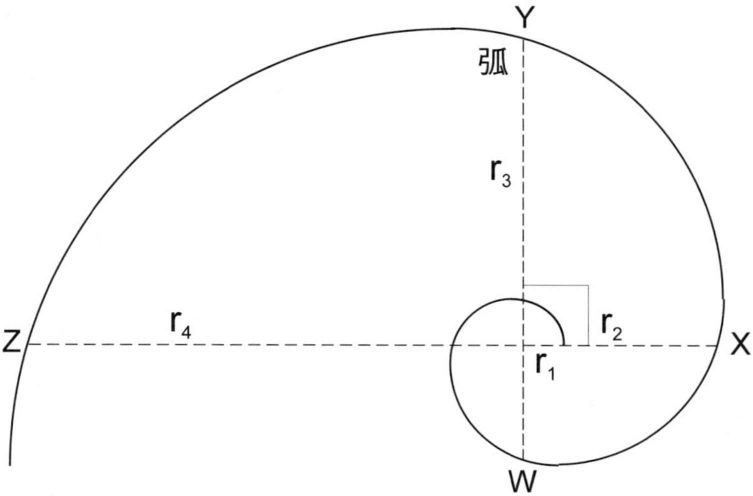

$$\frac{r_2}{r_1} = \frac{r_3}{r_2} = \frac{r_4}{r_3} = \ldots = \frac{r_n}{r_{n-1}} = \underline{1.618}$$

$$\frac{d_2}{d_1} = \frac{d_3}{d_2} = \ldots = \frac{d_n}{d_{n-1}} = \underline{1.618}$$

($d_1 = r_1 + r_3$, $d_2 = r_2 + r_4$, ……以此類推)

$$\frac{\text{弧 XY}}{\text{弧 WX}} = \frac{\text{弧 YZ}}{\text{弧 XY}}\text{，以此類推} = \frac{\text{弧 XZ}}{\text{弧 WY}} = \underline{1.618}$$

$$\frac{\text{弧 WY}}{\text{直徑 (WY)}} = \frac{\text{弧 XZ}}{\text{直徑 (XZ)}}\text{，以此類推} = \underline{1.618}$$

圖 3-8

歐幾里德的幾何形狀（大概除了橢圓形以外）一般都隱含了靜態，而螺旋則包含了運動：成長與衰敗、擴張與收縮、前進與後退。對數螺旋形是大自然成長的典型表現，在宇宙中隨處可見，小至原子粒子的運動，大至星系的運動。正如大衛・博加米尼（David Bergamini）在其《數學》（*Mathematics*）（時代生活科學圖書館系列）一書中所寫的，遠離太陽的彗星尾巴所形成的曲線是對數螺旋形；蜘蛛所編織的網也是對數螺旋形；細菌以一個漸增的速率在繁殖，這個速率也可畫成一個對數螺旋形；隕石在地球表面爆裂時所造成的凹陷，也可對應出一個對數螺旋形；用電子顯微鏡瞄準一個半結晶體，會看到一個對數螺旋形。松果、海馬、蝸牛殼、軟體貝殼、波浪、羊齒植物、動物的角，向日葵及雛菊的種子曲線排列，都形成對數螺旋形。颶風的雲層、漩渦及外太空的星雲也旋轉成對數螺旋形。就連由三塊骨頭依照黃金比例所組成的人類手指，也和枯萎的聖誕紅葉子捲曲時一樣（請參閱圖3-9），具有黃金螺旋的形狀。在圖3-9當中，我們看到了這種宇宙影響所形成的各種不同形式。千萬年的時間以及光年區隔出松果以及星系，但是他們的設計是一樣的：一個1.618的比例，這個比例或許是掌管動態的自然界現象的主要法則。因此，在我們面前開展的黃金螺旋形，是大自然偉大的設計之一，是一股無窮無盡地擴張與收縮的力量，是掌控動態進展的一項靜態法則，全都繫於1.618這個比例——黃金平均數。

φ的意義

各個年代最偉大的智者都深深讚賞這個無所不在的現象的價值，歷史上到處可見傑出的飽學之士尤其著迷於這個數學公式的表達。畢達哥拉斯選擇出五角星（five-pointed star）作為他的秩序象徵，五角星其中的每一個部分相對於次一個較小部份的比例都是黃金比例；十七世紀著名的數學家白努力（Jacob Bernoulli）指示要在他的墓碑上刻上黃金螺旋形；牛頓（Isaac Newton）的床頭板上也同樣刻有黃金螺旋形（這塊床頭板目前由位於新罕布夏州新波士頓市的「重力基金會」（Gravity Foundation）所有）。最早為人所熟知的愛好者是埃及吉薩（Gizeh）金字塔的建築師，他們於將近五千年前在金字塔這個建築中記載了φ的知識。埃及工程師有意識

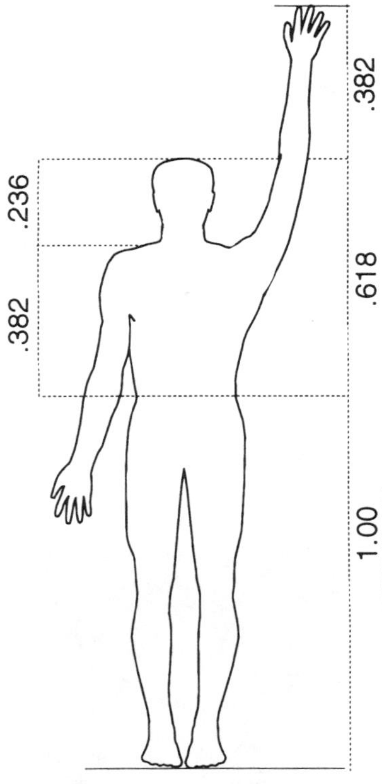

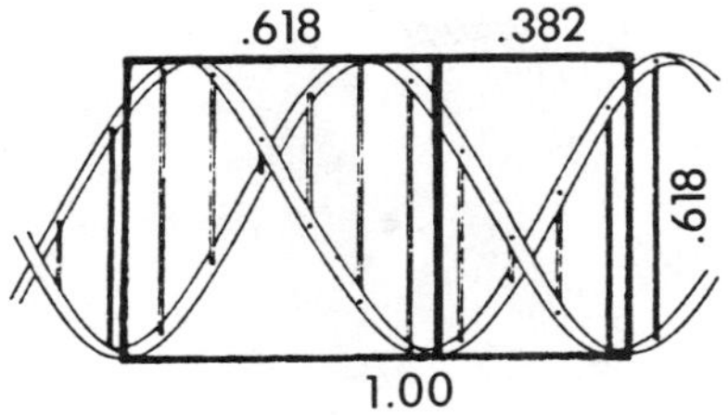

DNA（上圖）的黃金比例以及巴特農神殿（Parthenon）的古典美當中所具有的黃金比例

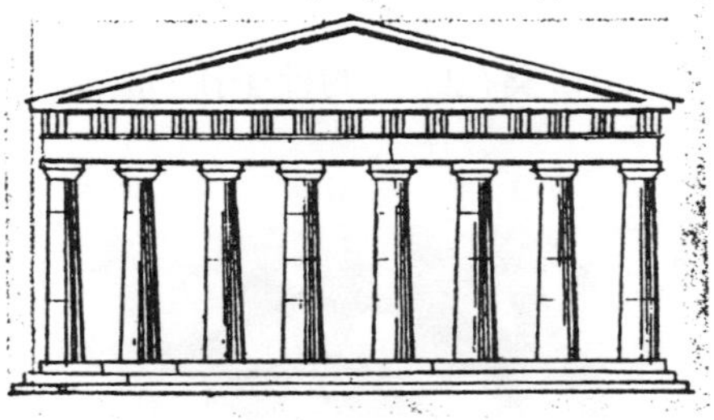

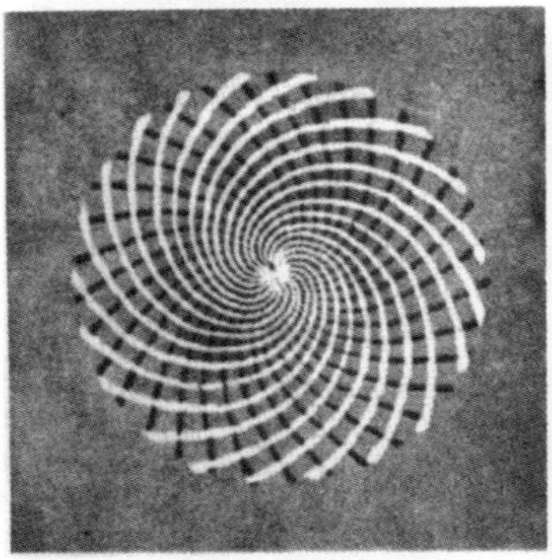

螺旋形的花朵
上面顯現出雛菊的雙螺旋結構。花朵上個別小花的排列形成了兩組反方向的螺旋，也是兩個幾乎完美的等角螺線，順時針方向有21條，反時針方向有34條。這個21：34的比例是費波納奇數列中兩個相鄰的數字。

貝殼

圖 3-9（4頁）

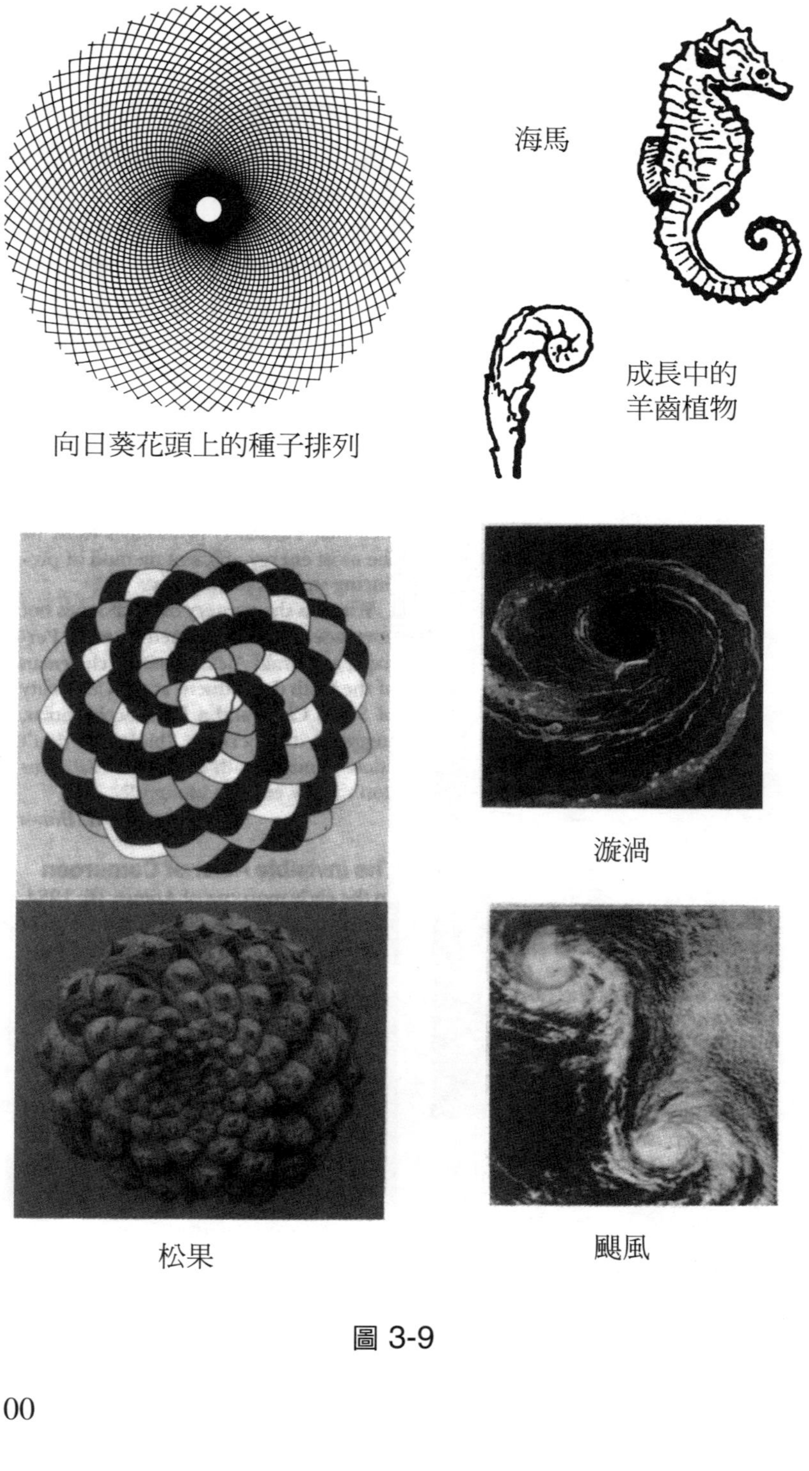

圖 3-9

D. Schechtman, Technion, Israel

電子顯微鏡下
的半結晶體

枯萎的聖
誕紅葉子

氣泡室（Bubble Chamber）
裡的原子粒子

羊角

海浪

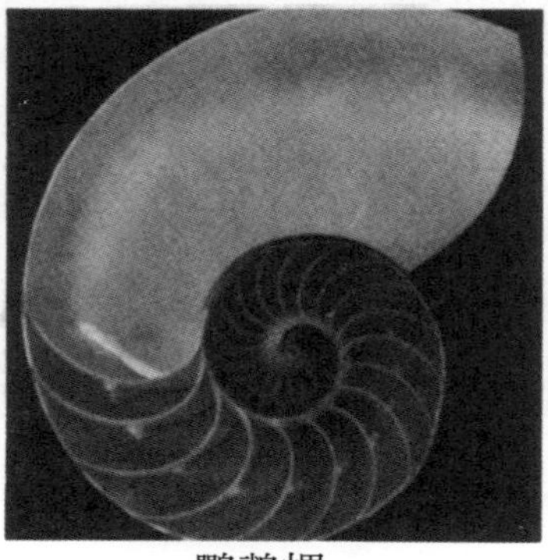

鸚鵡螺

圖 3-9

螺旋星系

圖 3-9

地將黃金比例納入大金字塔，使得金字塔正面的斜高等於1.618乘上1/2底邊，所以金字塔的垂直高度同時也是1.618乘上1/2底邊之後的平方根。根據《大金字塔之秘密》（*Secrets of the Great Pyramid*）一書的作者彼得・湯普欽（Peter Tompkins），「此一關係顯示出，希羅多德（Herodotus）的報告的確是正確的，他指出金字塔高度的平方是 $\sqrt{\phi} \times \sqrt{\phi} = \phi$，而正面的面積是 $1 \times \phi = \phi$。」而且，埃及工程師利用這些比例關係，顯然是為了要建造一個北半球的比例模型，他們把 π 和 ϕ 運用於一個在數學上極為繁複的方法上，用這個方法來求得圓的面積以及球體的體積（也就是使它們分別等面積、等體積），這項豐功偉業四千多年來均未被重複過。

雖然僅僅提到大金字塔，可能會引來懷疑論者的質疑，但是要記得，金字塔的形狀反映出科學、數學、藝術、哲學等等思想大公的執迷，包括柏拉圖、畢達哥拉斯、白努力、克卜勒、達文西以及牛頓。設計、建造金字塔的那些人，顯然也是聰明的科學家、天文學家、數學家以及工程師，他們顯然是要以某種卓越重大的形式來讓黃金比例流傳百世，如此能幹的智者（後來又加入古希臘及啟蒙時期中一些著迷於黃金比例的偉大思想家）接手這項工作，這本身就是一件很重大的事。至於為什麼？我們目前所知的也只是來自一些作者的推測，這些推測儘管愚鈍，卻很怪異地很符合我們的觀察。大金字塔建造完成數百年來，人們一直猜測它本來是用來當作神殿，紀念那些了解宇宙偉大秘密的人。唯有那些能夠從事物粗糙的表面而探究出真實情況的，可以稱之為「神秘」——也就是永恆的秩序與成長的複雜真相。這樣的「神秘」有包括 ϕ 在內嗎？湯普欽解釋說：「法國學者史瓦勒・魯比茲（Schwaller de Lubicz）指出，埃及人並沒有把 ϕ 視為一個數字，而是視為一個有創造性功能的象徵，或是一個無窮數列的複製象徵。對他們而言，ϕ 代表了『生命之火，精子的男性功能，聖經的聖約翰福音所提到的「道」（logos）。』」赫拉克利特（Heraclitus）和後來的異教徒以及猶太人和基督教哲學家，對Logos這個希臘文都各有不同的定義，他們把這個字解釋成宇宙的理性秩序、一種內在的自然法則、一股隱藏在事物中賦予生命的力量、一股主宰且瀰漫整個世界的結構性力量。

想想看，在閱讀到這麼宏偉但模糊的解釋時，這些人可能並沒有清楚地看出他們所意識到的。他們缺乏圖表和波浪理論來讓大自然的成長型態表露出來，所以他們盡一切所能地描繪出一個可以用來形塑自然世界的組織原理。如果這些古代哲學家是正確的，也就是說，真的有一股宇宙結構性的力量在主宰、瀰漫這個世界，那麼這股力量不該主宰、瀰漫人類的世界嗎？如果存在於宇宙間的各種形式，包括人體、大腦、DNA，都顯現出φ這種形式，那麼人類的活動也可能會顯現出這樣的形式嗎？如果φ是宇宙中的成長動力，那麼φ會是人類生產力進步的動力嗎？如果φ是一個有創造性功能的象徵，那麼φ會主宰人類的創造性活動嗎？如果人類的進步是以「無窮數列」的製造與再製造為基礎，那麼人類的進步有可能會——或者有理由會——具有φ這樣的螺旋形式？而且這種形式可在人類的生產能力——譬如股票市場——的價值活動中察覺出來？聰明的埃及人顯然知道，在宇宙隨機的外表下藏有宇宙秩序與成長的真相，現代的「混沌理論」已經在1980年代再度發現了這個想法。同樣地，在我們看來，只有把股票市場確實的情況加以考慮，才能完全了解股市的全貌，只看其粗淺的外在情況是無法達成的。股票市場並非對當前的新聞事件做出隨機、無形式的混亂回應，而是非常精準地記錄下人類進程的形式結構。

天文學家威廉・京世藍（William Kingsland）在《大金字塔之事實與理論》（*The Great Pyramid in Fact and in Theory*）一書中寫道，埃及的天文學與占星學是一門「極度隱密的科學，與人類的進化大循環息息相關。」波浪理論解釋了人類進化的大循環，也顯示出這些週期是如何及為何開展。此外，波浪理論包含了微觀（micro）與宏觀（macro）的規模，這兩者都根植於一個不變形式內含動能（dynamism）與變體（variation）的矛盾理論。

這個形式賦予宇宙一個組織結構以及一致性。自然界中沒有任何事物顯示出生命是無秩序或無形式的，Universe（宇宙）這個字就代表了「一個秩序」。如果生命是有形式的，那麼我們不可以否定這種可能性：人類的進展——真實人生的一部分——也是有秩序及形式。擴大來看，股市是用來衡量人類的生產企業，同樣也具有秩序和形式。所有用來了解股市的技術性方法，都仰賴秩序及形式的基本法則。然而，艾略特的理論超越其他所有的理論，他的基本假設是：不論形式是多小或多大，基本的架構是不變的。

艾略特的第二篇專論題為《自然的法則——宇宙之秘》（*Nature's Law－The Secret of the Universe*），當中提到「波浪理論」，並且把這個理論應用於人類的種種活動。艾略特把波浪理論說成是宇宙的秘密，或許是言過其實，因為大自然似乎創造出無數種形式與過程，而不只是一種簡單的架構。儘管如此，前面所提到的一些歷史上最偉大的科學家，大概也會同意艾略特所提出的公式。至少，把波浪理論說成是宇宙最重要的秘密之一，並不為過。

螺旋形股市（Spiraling Stock Market）中的費波納奇

我們能不能推論說股市的運作和許多自然現象一樣，是以同一個數學原則為基礎？答案是肯定的。正如同艾略特在他最後的結論中所解釋的一樣，波浪的進展是依據同一個數學基礎。在總股價波動時會形成波浪，而費波納奇數列會影響到波浪的數目，使波浪以第一章一開始所提到的基本5-3波為基礎擴展開來。

如同我們在圖1-4所顯示的，股市的基本結構會衍生出完整的費波納奇數列。修正波可以用一條最簡單的下降直線來代表，推動波可以用一條最簡單的上升直線來代表，於是這兩條線便組成一個完整的循環。把這個完整波浪加以複雜化一點，形成一個層級次一級的波浪，於是這兩條線之下可細分為三波與五波，整個循環便由八波所組成。如同圖 3-10 所示，這個數列可以無線延伸下去。波浪會產生出費波納奇數列，這個事實顯示出，人類集體表達出的情感是自然界這個數學法則的一大關鍵。

現在，比較一下圖 3-11 與圖 3-12 的波形。這兩個波浪都顯示出內旋的黃金螺旋形自然法則，而且也受到費波納奇比例的影響，每一波與前一波的比例是 0.618。事實上，就道瓊指數來看，指數間的差距本身就反映出費波納奇的數學概念。圖 3-11 是顯示 1930 年到 1942 年的數列，股市指數的擺盪幅度接近 260、160、100、60

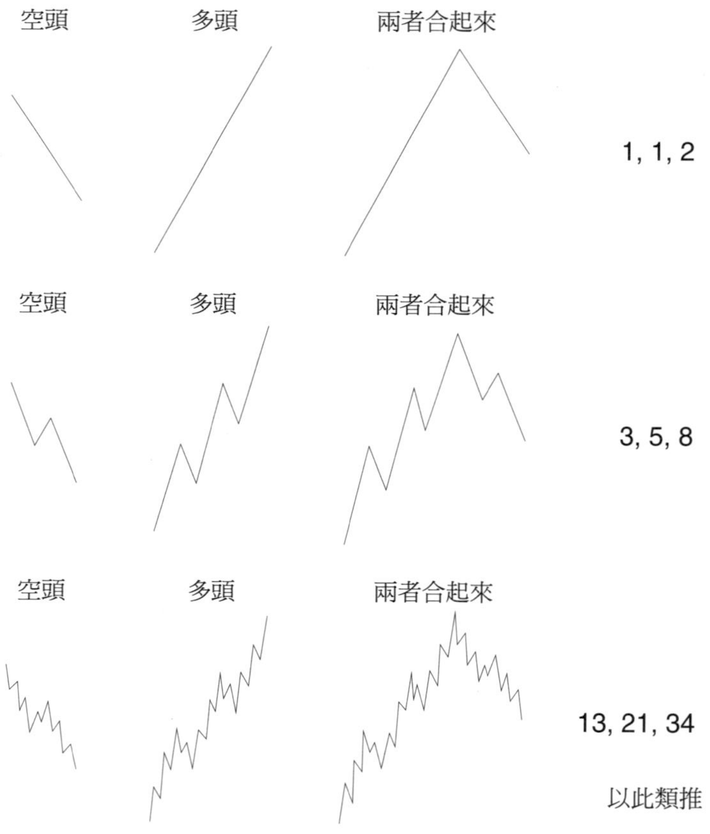

圖 3-10

圖 3-11

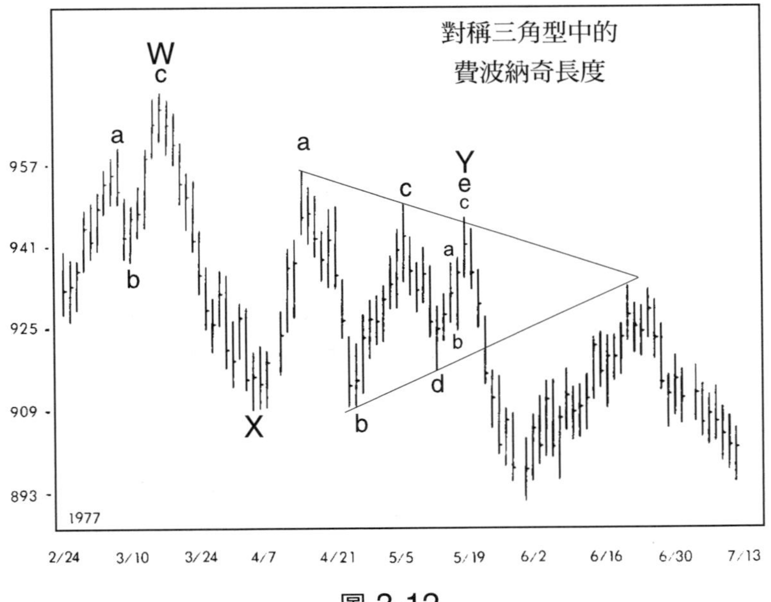

圖 3-12

以及38點，非常近似於遞減的費波納奇比例：2.618、1.618、1.00、0.618以及0.382。

圖3-12顯示的是以X波開頭的1977年向上修正波，波浪擺盪的幅度幾乎就是55點（X波）、34點（a波到c波）、21點（d波）、

13點（e波裡的a波）以及8點（e波裡的b波），這幾個數字本身就是費波納奇數列，合計從開始到結束的的總波動是13點，而三角型的最高點落在這波修正波的起始位置930點，930點也是後面止跌回升的六月的反射位置高點。不論是把波浪中的實際點數視為是巧合或是為架構中的一部分，我們可以確定的是：每一個連續波之間都恰恰具有固定的0.618比例，這並非巧合。第四章和第七章將會詳細說明股市型態中的費波納奇比例。

依據費波納奇比例而形成的股市行為是否反映出螺旋形的成長？答案再度是肯定的。理想中的艾略特股市進展概念，如同圖1-3所顯示的，是一個很優秀的基礎，可以據此形成一個對數螺旋，圖3-13是以近似值描繪而成的。在這個結構中，較高層級的每一個連續波的最高點，正好會碰觸到依指數所形成的膨脹螺旋。

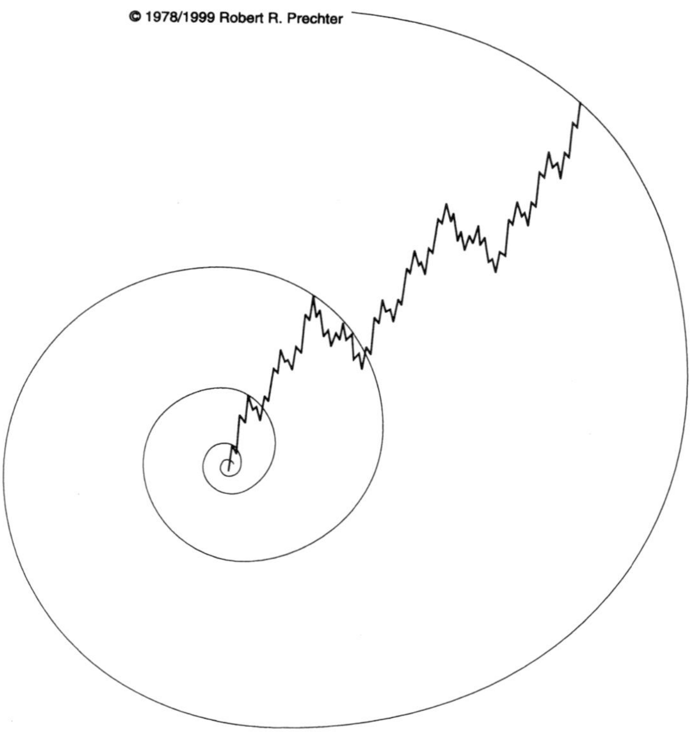

圖3-13

波浪複雜型態中的費波納奇結構

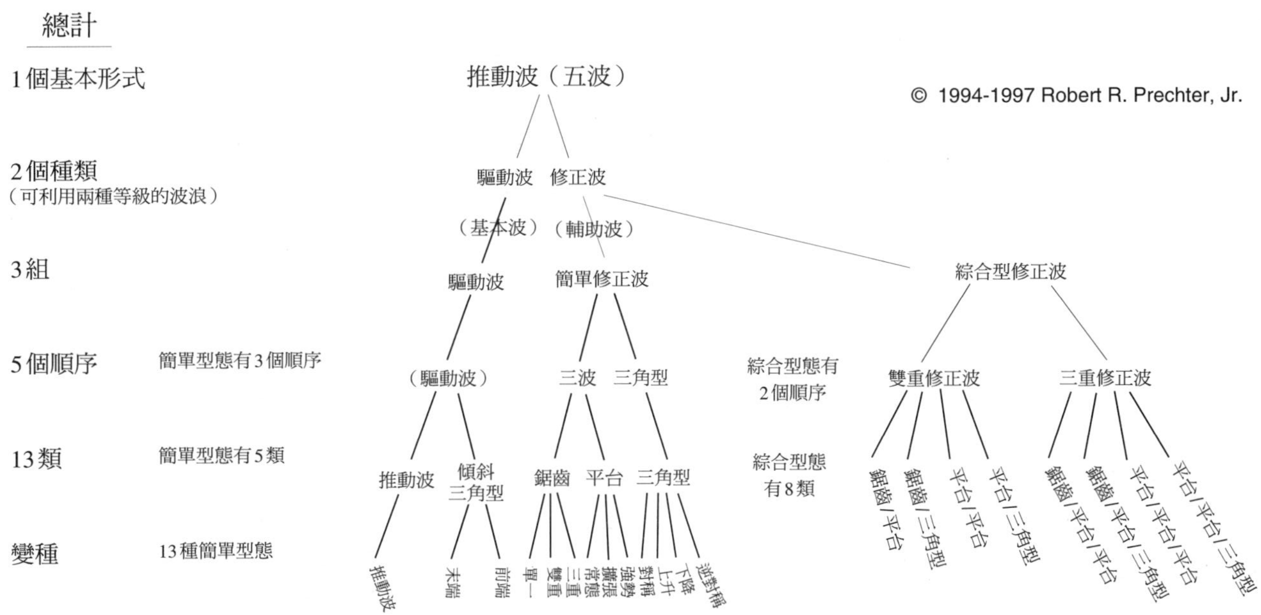

圖 3-14

以這兩種關鍵方法（費波納奇比例與螺旋），人類生產企業的社會價值會反映出其他成長形式，這些形式在自然界中俯拾皆是。因此，我們可以下結論：這些形式全都依循著同一個法則。

波浪理論結構中的費波納奇數學

艾略特的波浪形式，其結構複雜度有秩序可循，會顯示出費波納奇數列。艾略特的波浪有1個基本形式：五波；種類有**2**種：驅動波（其下可再細分為主波，以數字標示），以及修正波（其下可再細分為輔助波，以字母標示）；簡單的波浪型態有**3**個順序：五波、三波以及三角型（兼有五波與三波的特性）；簡單的波浪型態可分為**5**種：推動波、傾斜三角型、鋸齒型、平台型以及三角型；簡單的波浪型態有**13**個變種：推動波、末端傾斜、前端傾斜、鋸齒型、雙鋸齒、三鋸齒、常態平台、擴張平台、強勢平台、收斂三角型、下降三角型、上升三角型以及擴張三角型。

修正波的種類有二——簡單型與綜合型，於是連同修正波本身共有**3**類；綜合型修正波有**2**種（雙重修正以及三重修正），所以合計共有**5**種。因為每一種綜合型當中只能有一個三角型，也只能有一個鋸齒，所以綜合型修正波有**8**種組合：鋸齒／平台、鋸齒／三角型、平台／平台、平台／三角型、鋸齒／平台／平台、鋸齒／平台／三角型、平台／平台／平台、平台／平台／三角型，所以共有**13**種。簡單型態與綜合型態合計共有**21**種。

圖3-14的樹狀圖就是在描繪這種複雜度。不論推動波是否含有傾斜三角型，不論綜合修正波中的三角型是哪一類，這些組合排列互換，或是波浪中發生不甚重要的波動，像是產生擴延或是交替，都還是會使波浪進展持續下去。

這個有秩序可循的過程可能有設計雕琢的痕跡，我們可以在每一種可接受的分類方法中構想出一些可能的變動。不過，用一個與費波納奇相關的原理來反映費波納奇比例，這件事本身就值得好好思考。

ϕ 與累加成長（*Phi* and Additive Growth）

接下來幾個章節裡，我們將會說明股市波動深受黃金比例的影響，就連費波納奇數字都常常出現在股市的統計數字中，這絕非偶然。不過，我們還是必須了解，儘管費波納奇數字在波浪理論的大概念裡確實具有理論上的重要性，但是這類成長型態的最重要關鍵是費波納奇比例。雖然文獻中很少提到，但是費波納奇比例是從這種累加的數列所導出的，不論是由哪兩個數字開頭。費波納奇數列是這類數列中最基本的累加數列，因為它是由1開始（請參閱圖3-15），而1是數學成長的起始點。不過，我們或許也可以以任何兩個隨機挑選的數字開頭，像是17和352，然後把這兩個數字相加來

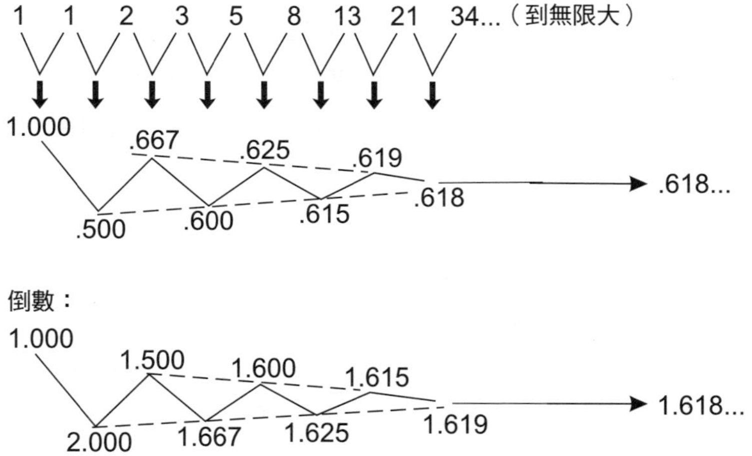

圖 3-15

形成第三個數字，以這樣的方式持續產生其他的數字。這樣的數列繼續發展下去，兩個相鄰數字的比例就一定會很快地趨近於 ϕ，這樣的關係在出現第八個數字時就會很明顯（請參閱圖3-16）。因

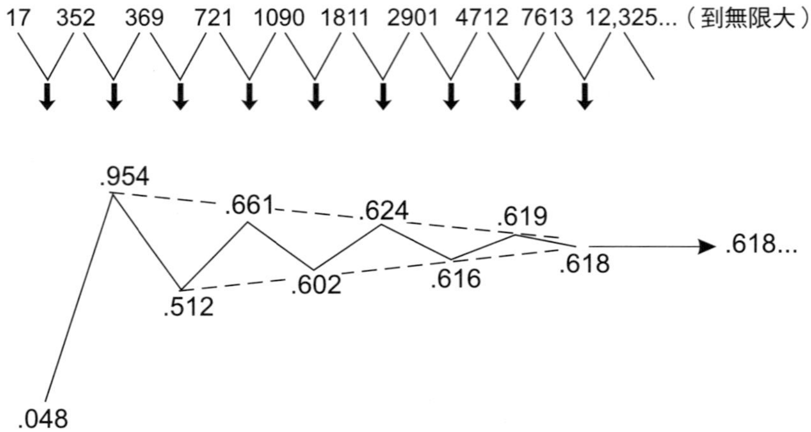

圖 3-16

此，組成費波納奇數列的特定數字雖然能顯示出股市中理想的波浪進展，但是，費波納奇比例才是幾何級數——級數中任兩項的和等於下一項——的基本法則。所以，費波納奇比例深深左右了資料序列中各項的關係，而這些序列又深深影響到自然界的成長與衰敗、擴張與收斂、進展與退縮。

廣義來說，波浪理論提出了一項觀念：形塑生物與星系的是同一個法則，而這個法則是人類集體精神與活動所固有的。由於股票市場是全世界最能一絲不苟反映出人類集體心理的狀況，它的資料完美地記錄了人類的心理狀態以及趨向，記錄了人類生產企業自我評估的波動，使前進與後退的特定型態都得以顯現出來。波浪理論主張，人類的進展（股票市場是其中一個具決定性的評估）並非以直線前進，並非隨機出現，也並非週期性發生的，而是以「三步前進，兩步後退」的方式行進，這種方式是大自然偏愛的方式。更無可辯駁的是，因為人類的活動與費波納奇數列及螺旋形的進展形式有所關聯，所以宇宙的成長通則顯然是沒有例外的。在我們看來，波浪理論與其他自然現象之間的相似處太重大了，不能揚棄掉。就機率的平衡來看，我們已經達成結論：有一項理論（隨處可見）將社會上的事物塑造成形。而且我們也了解到，當愛因斯坦說：「上帝不和宇宙擲骰子」時，他很清楚地知道自己在說什麼。股票市場也不例外，因為大眾的集體行為不可否認是與一個法則有所關聯，而這個法則是可以被研究出來而且被定義的。這個理論的最簡短表達方式就是一個簡單的數學說法：1.618比例。

詩人馬克思・厄門（Marx Ehrmann）所著的《想望》（*Desiderata*）曾寫道：「你是宇宙之子，不亞於樹木與星辰；你有權在此。不論你明白與否，宇宙無疑正以其所當為的方式開展。」生命有秩序可循？是的。股市有秩序可循？顯然是的。

第二篇

波浪理論的應用

1939年，《金融世界》（*Financial World*）雜誌刊登了十二篇題為「波浪理論」的文章，作者是R. N.艾略特，最早所刊登的發行序中，以下列文字介紹這幾篇文章：

> 過去七、八年間，財經雜誌的出版者，以及投資顧問領域的公司，幾乎都被一堆所謂的「方法」給淹沒，支持者都聲稱這些「方法」可以極為精準地預測股市的變動。其中有一些方法似乎真的管用，可以持續一陣子，但其他的方法馬上就看得出毫無價值可言，《金融世界》雜誌一律都以存疑的眼光來看待所有這些方法。不過，在對艾略特先生的波浪理論進行調查研究之後，《金融世界》雜誌開始相信，這個主題的一系列文章可能會引起讀者的興趣，也會對讀者有所啟發。波浪理論是否足以成為預測股市的一項可用工具？我們把這個問題留給每個讀者自行去判斷，不過我們相信，波浪理論至少已經證明是一項有用的檢驗工具，可以檢驗一些以經濟因素為基礎的結果。
>
> ——《金融世界》雜誌編輯群

在本書的第二部分中，我們把編輯所提到的程序顛倒過來，主張經濟因素頂多可能只是一項輔助工具，用來檢驗完全以波浪理論為基礎的股市預測。

第四章
比例分析與費波納奇時間數列

比例分析（Ratio Analysis）

比例分析是一個評估方法，用來評估波段與波段之間在時間與波動幅度方面的比例關係。我們察覺出，在五波上升、三波下降的股市波動循環中，存在著黃金比例的關係。一段多頭走勢完成後，接下來的修正波在時間與波動幅度上都會是前面上升波浪的五分之三，這麼單純的情況並不常發生，不過，符合黃金比例關係的股市基本走勢一定會出現，而且有助於每個波段形成正確的面貌。

研究股市波浪波動幅度之間的關係，常常都會獲得驚人的發現，因此艾略特波浪的實踐者深深著迷於波動幅度的重要性。儘管費波納奇時間比例比較不常見，但是，多年來畫平均指數走勢圖的經驗讓作者們相信，幾乎每個波段的波動幅度（不是用算術來計算，就是用比例來衡量），都與相鄰的、間隔的、內含的波段波動幅度產生比例關係，這個比例就是費波納奇數字之間的比例之一。我們會努力提出一些證據來證明。

羅伯特・利亞（Robert Rhea）這位道氏理論大師的作品，首度反映出股市的時間與波動幅度比例。1934年，利亞在他的著作《道瓊平均指數的故事》（*The Story of the Averages*）一書中，彙整出一份完整的股市資料摘要，涵蓋了道氏理論（Dow Theory）的九個多頭市場及九個空頭市場，從1896年到1932年，橫跨三十六年的時間。他用以下的話語來說明為何他覺得有必要提出這份資料，儘管並沒有立即的效用顯現出來：

> 不論（這份檢視道瓊平均指數的資料）是否對金融歷史有實質的貢獻，我可以確定的是，這份統計資料將會節省其他學

生好幾個月的時間……因此，把我們收集到的所有統計資料都記錄下來似乎是比較好的，而不只是記錄那些看起來有用的部分……這本書裡的所有數據大概都沒有什麼價值，無法用來預估未來股市可能變動的程度，儘管如此，若是作為道瓊平均指數的一般性研究，這份論述仍然是值得深究的。

其中一項觀察如下：

上列的統計表格（只參考道瓊工業平均指數的部分）顯示出，在這份資料所涵蓋的13,115個交易日當中，出現了九個多頭市場以及九個空頭市場。多頭市場進行了8,143天，而其餘的4,972天則是空頭市場。從這兩個數據可以看出一項關係：空頭市場進行的時間是多頭市場進行時間的61.1%。

以及最後一項觀察：

第一欄所顯示的是每個多頭（或者空頭）市場所有主要變動的總和，這樣的數據顯然比多頭市場中最高與最低數字之間的差距來得重要。舉例來說，第二章所討論的多頭市場是從29.64點開始，然後在76.04點結束，而高低點之間的差距（或者稱為「淨進展」）是46.40點。現在，這個進展呈現在四個主要的擺盪上，分別是：14.44點、17.33點、18.97點，以及24.48點。這幾個進展的總和是75.22點，也就是第一欄所列出的。如果進展總和（75.22點）除以「淨進展」（46.40點），得出的結果是1.621，也就是第一欄所列的比例。假設有兩個交易員在市場操作中永遠不會出錯，其中一個在多頭市場的低點買進股票，而且一直持有到市場高點才賣出。我們把這個交易員的獲利稱為100。現在，假設另一個交易員在谷底買進股票，而在每一波主要震盪的高點賣出，而且又在回檔的谷底買進同一支股票，那麼，與前一位交易員的獲利100相比，這一位交易員的獲利會是162.1。因此，第二波回檔的幅度是「淨

進展」的<u>62.1%</u>。〔底線為作者所加〕

所以，羅伯特・利亞在1934年發現了——但是他自己並不知道——費波納奇比例，也發現費波納奇比例在時間與波動幅度方面與多頭、空頭市場的關聯。幸好他覺得這些資料儘管沒有立即的實際用處，但是將它呈現出來自然有其價值，而且未來可能會有用。同樣的，我們覺得這個比例大有學問，而且我們所做的介紹儘管只是觸及皮毛而已，還是可能有助於未來的分析師找出答案來回答我們連想都還沒想到的問題。

比例分析已經顯示出許多精確的價格關係，通常出現在各個波浪之間。這樣的關係可分為兩大類：回檔與乘數。

回檔（Retracements）

有時候，修正波會以「費波納奇比例」的幅度來對前一個驅動波做回檔，如圖4-1所示，劇烈的修正回檔往往會是前一個驅動波的61.8%或是50%，尤其如果這個回檔是推動波的2波、較大鋸齒的B波，或者是多重鋸齒的X波。側邊修正波通常會對前一個驅動波回檔38.2%，尤其如果回檔是4波的時候，如圖4-2所示。

回檔的幅度有各種大小，圖4-1及4-2所表示的比例僅僅是一

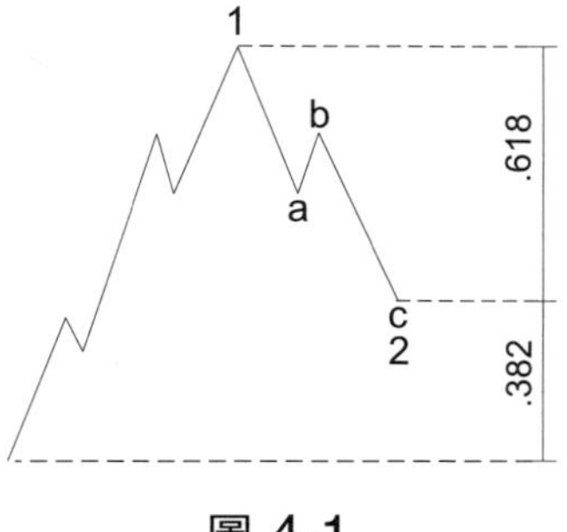

圖 4-1

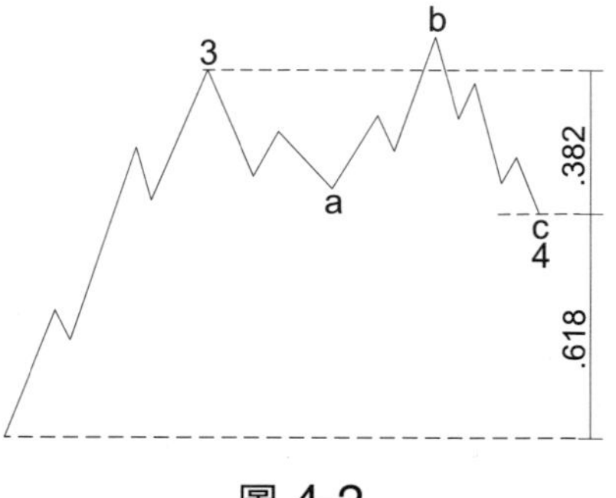

圖 4-2

些可能性，可惜的是，因為衡量回檔幅度很容易，所以大部分分析師會過於注重回檔的比例。然而，比較精確而且可以信賴的反而是交替波之間的關係，或者是往同一個方向開展的波浪的長度，我們將在下一節加以解釋。

驅動波的乘數

在第二章中曾提到，如果第三波是擴延波的話，第一波和第五波往往會趨近於均等或具有0.618的比例關係，如圖4-3所描述。事實上，這三個推動波之間往往會具有費波納奇的數學關係，不管是均等、1.618、或者是2.618的比例關係（1.618的倒數是0.618，2.618的倒數是0.382）。推動波之間的這幾個關係，通常要用百分比來表示，例如，從1932年到1937年的I波，上漲了371.6%，而從1942到1966年的III波上漲971.7%——也就是I波上漲幅度的2.618倍。通常得對價格取半對數才能顯示出這種關係，當然，在比較小的層級上，用算術尺規和百分比表示基本上都可以得到同樣

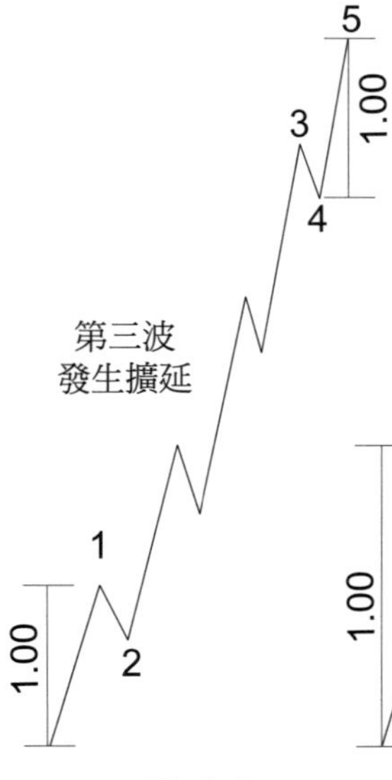

圖 4-3

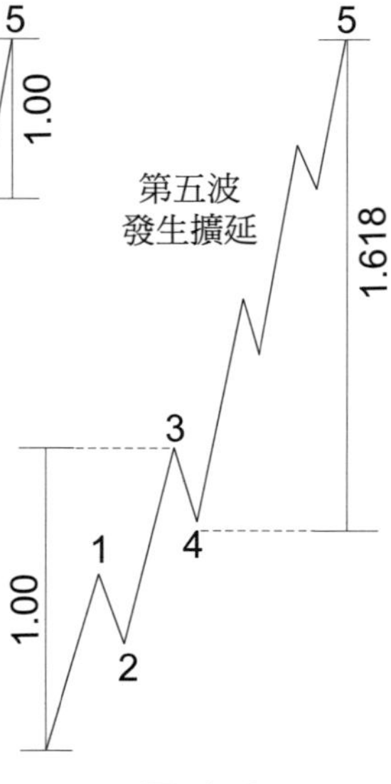

圖 4-4

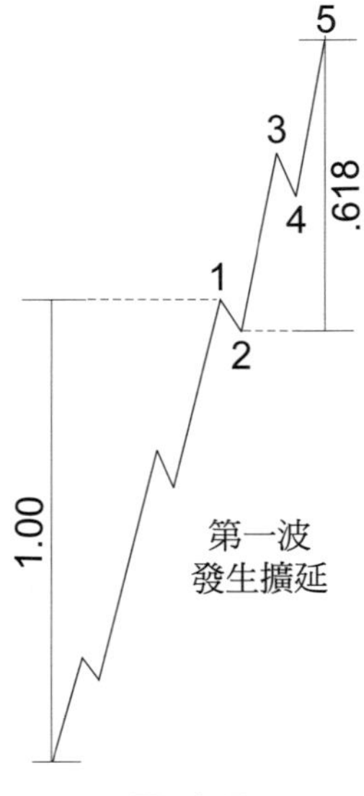

圖 4-5

的結果，所以，用點數來表示推動波的變動，就可以得到這樣的乘數關係。

另一種典型的發展是：5波的長度會與1波到3波的長度之間，維持費波納奇比例關係，如圖4-4所示，圖4-4顯示的是如果5波發生擴延的情況。如果第五波沒有發生擴延，第五波與第一到第三波的比例則為0.382比0.618。如果1波很罕見地發生了擴延，那麼2波自然可以合理地作為一個分界點，將第一波與第二到第五波之間分隔成黃金比例的關係，如圖4-5所示。

我們將已經觀察到的情況做一個歸納如下：除非1波是擴延波，否則通常將推動波分隔為黃金比例的是4波。如果5波沒有發生擴延，則第四波到第五波的長度為整個驅動波長度的0.382，如圖4-6所示；如果5波發生擴延，第四波到第五波的長度就變成整個驅動波長度的0.618，如圖4-7所示，圖6-8及6-9所顯示的是實際發生的例子。這個準則有時候會有點模糊，因為作為分隔點的第四波，其確切的價格點常會有變化，它可以是第四波的開始、結束，或者是反轉趨勢的極端價格點，所以在不同的情況下，5波的結束點就會因而產生兩到三種不一樣的價格目標。這個準則解釋了為何第五波之後的回檔價格目標通常可從兩個地方看出來：前面第

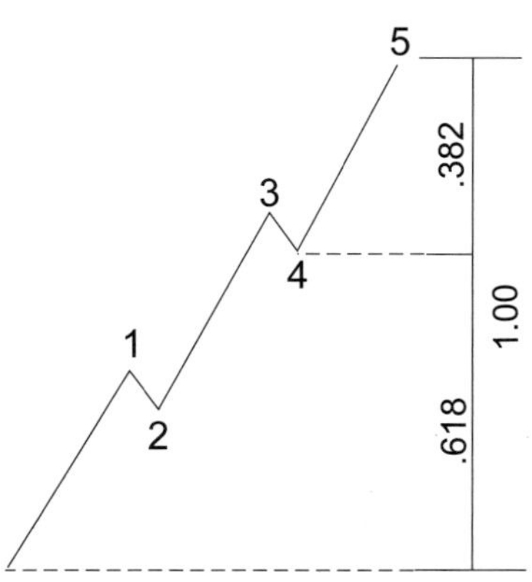

圖 4-6

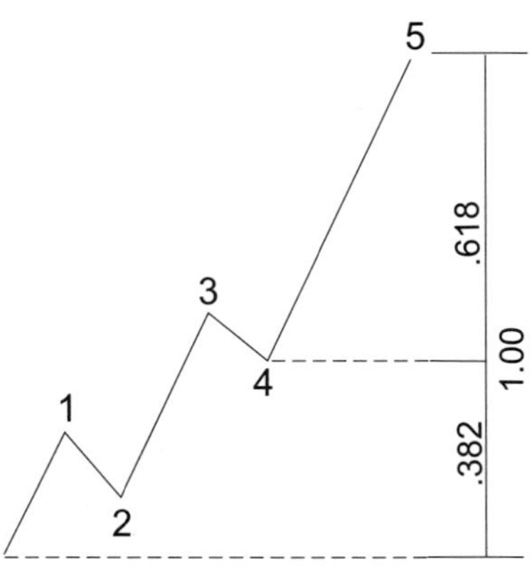

圖 4-7

四波的結束點以及0.382的修正幅度。

修正波的乘數

在一個鋸齒型當中，C波的長度通常與A波相等，如圖4-8所示，不過，C波也經常是A波長度的1.618倍或0.618倍，在雙鋸齒型態中，第二個鋸齒也通常會與第一個鋸齒出現這樣的關係，如圖4-9所示。

在常態平台修正中，A, B, C三波當然是幾乎相等，如圖4-10所示。在擴張平台修正中，C波通常是A波長度的1.618倍，有時C波的結束點會超越A波結束點，向下修正到A波長度的0.618倍

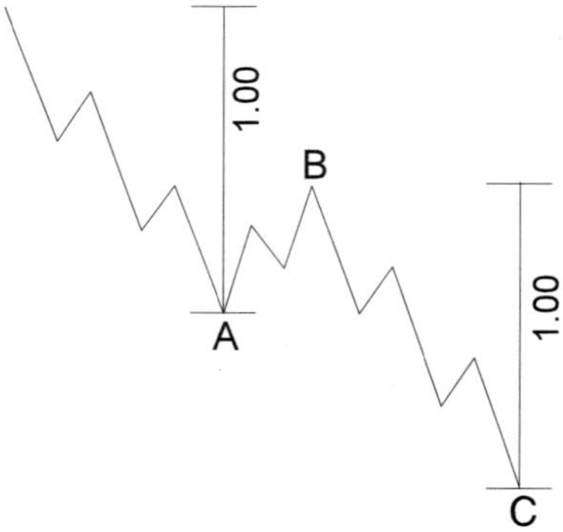

圖 4-8

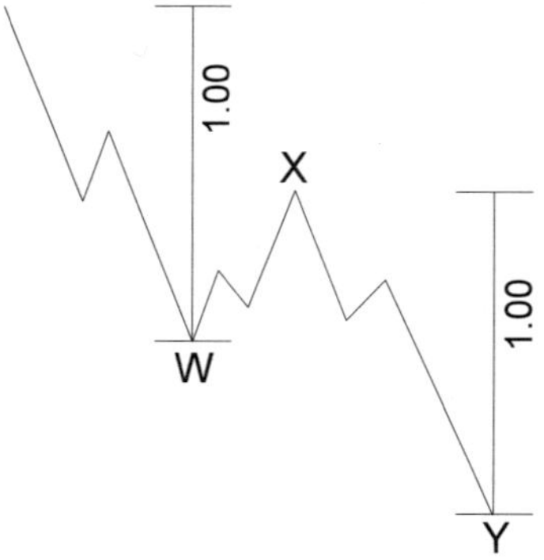

圖 4-9

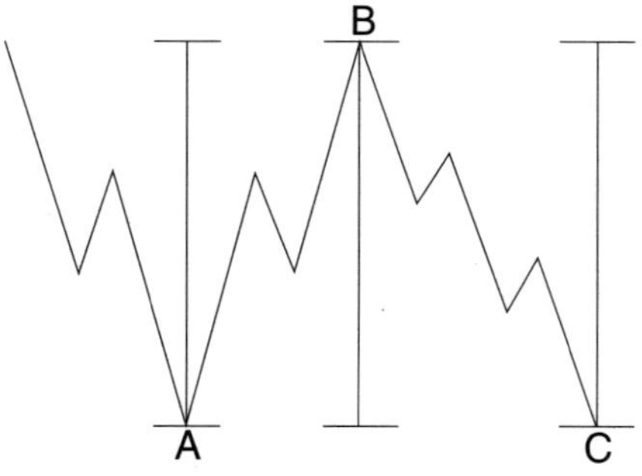

圖 4-10

之處，這些可能性都描述在圖4-11中。在一些罕見的情形中，C波是A波長度的2.618倍。在擴張平台修正中，B波的長度通常是A波長度的1.236倍或1.382倍。

在三角型中，我們發現，交替波當中至少有兩個會彼此形成0.618的比例，也就是說，在一個收斂、上升或下降的三角型中，e波＝0.618×c波，c波＝0.618×a波，或者d波＝0.618×b波，如圖4-12所示。在擴張三角型中，這個乘數關係是1.618，在一些罕見的情形中，相鄰的波會出現這樣的比例關係。

在雙重或三重修正波中，一個型態的淨波動長度與另一個型態通常維持均等的關係，或者維持0.618的比例關係，特別當其中一

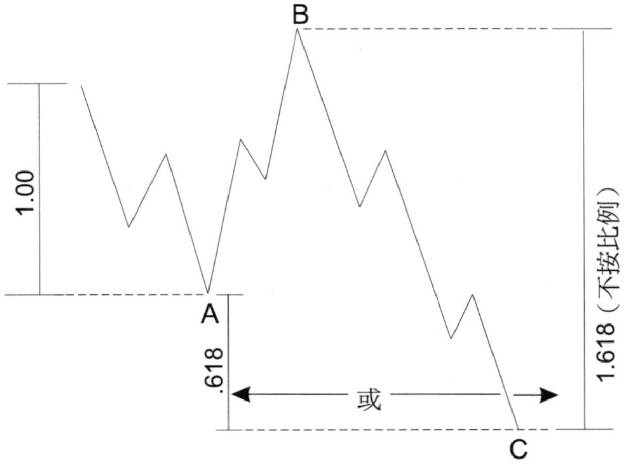

圖 4-11

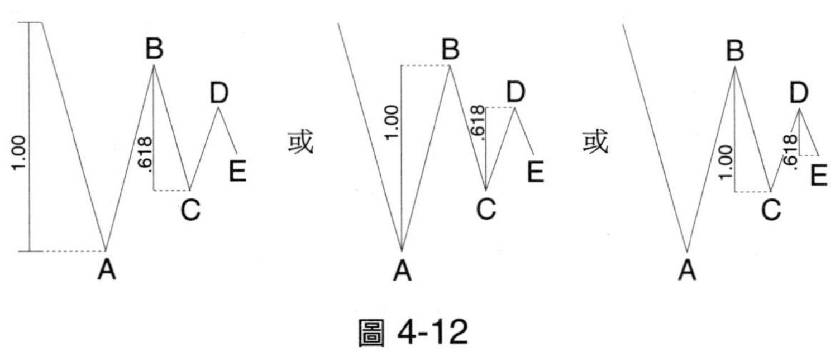

圖 4-12

個是三角型型態的時候。

最後，4波的價格走勢通常會與2波維持均等或者費波納奇比例關係。就和推動波一樣，這個比例關係通常會以百分比的型態出現。

比例分析的應用

在利亞的著作出現幾年之後，艾略特自己是第一個了解比例分析的應用性的人。他指出，1921年到1926年的道瓊工業指數的價格變動點數（包含第一波到第三波），是1926年到1928年（第五波）變動點數的61.8%（根據艾略特的說法，1928年是整個多頭市場的正統頂點。）這樣的關係再一次出現在1932年到1937年的五波型態中（請參考圖2-11及2-12）。

漢米爾頓・波頓在1957年對《銀行信用分析師》（*Bank Credit Analyst*）所做的艾略特波浪補述（Elliott Wave Supplement）中，根據典型的波浪走勢預估，提出了他對價格的預測：

> 如果市場又持續沿著正統線向上漲一年左右，這樣的動能會一直持續累積，將會使得基本波V很可能變得非常超乎理性，使得道瓊指數在濃厚的投機氣氛之下於1960年代初攀升到1000點或甚至更高。

接著，《艾略特波浪理論——一份嚴謹的評價》（*The Elliott Wave Principle—A Critical Appraisal*）一書中，波頓思索艾略特所提出的例子，他表示：

> 如果1949年至今的市場走勢遵循這個公式，那麼從1949年到1956年的市場進展（361點）應該就會在道瓊指數達到999點時結束，也就是1957年的低點416點加上583點（361點的161.8%）。另外一種可能的結束點則是777點，也就是從416點再往上加361點。

後來，當波頓寫作1964年艾略特波浪理論補述時，他做了以下的結論：

> 我們現在已經超過了777點的水準，看來道瓊平均指數1000點很可能是我們下一個目標。

1966年的市場走勢證明，以上的敘述是股市有史以來最準確的預測。在2月9日下午三點，道瓊分時指數達到了995.82的高點（當天的「理論高點」〔intraday high〕是1001.11點，「理論高點」就是把每支股票當日最高價格加總起來）。早在六年之前，波頓就以僅僅3.18點的差距，準確地預測出道瓊指數的高點，誤差不到千分之三。

儘管有這麼驚人的先兆可供預測，波頓認為（我們也這麼認為），在進行比例關係分析之前必須先做波浪形式的分析。的確，在進行比例分析之前，一定要先了解、應用艾略特計算、標示波段的方法，以便決定從哪一點來作為衡量比例分析的點。根據正統型態的結束點來對長度之間的比例進行分析是可靠的，而根據非正統的價格極端點來分析，一般來說並不可靠。

作者自己使用比例分析也通常會得到滿意的結果，佛洛斯特（A. J. Frost）成功地在1962年10月預測到「古巴飛彈危機」的低點，並打電報將這個結論傳給人在希臘的波頓，佛洛斯特因而深信自己有能力預測到股市的轉折點。接著在1970年，在針對《銀行信用分析師》（*The Bank Credit Analyst*）所做的一篇補述中，他判斷正在進行的空頭市場循環修正波低點，大概會落在1966年低點以下，為1966年下跌幅度的0.618倍，也就是572點。四年後，1974年12月的道瓊分時指數確實下探到572.20的低點，從此反轉展開1975年到1976年的多頭走勢。

比例分析同樣對較小層級的波浪也有價值。1976年夏天，在美林證券（Merrill Lynch）公佈的一份報告中，羅伯特・布雷希特（Robert Prechter）看出當時正在進行的第四波是一個罕見的擴張三角型型態，並且在10月運用1.618的比例，判斷出八個月來回檔走勢的最低點應該會落在道瓊指數922點。五週之後，在11月11日早上11點，實際的低點出現在920.63點，隨後開啟了持續到年底的第五波走勢。

在1977年10月，羅伯特・布雷希特預先在五個月前就計算出「744點或者略低一點」的價格，是1978年可能出現的低點。在1978年3月1日早上11點，道瓊指數準確地落在740.30點，在達到低點的兩週後所公佈的一份追蹤報告再次確認740點水準的重要性，報告中寫道：

> 從1977年到1978年的修正波，以道瓊指數來看，740這個價格位置正好是1974年到1976年的多頭市場整個行情的0.618倍。從數學上來看，我們可以這樣表示：1022－（1022－572）×0.618＝744（或者使用12月31日的正統高點1005來算：1005－（1005－572）×0.618＝737）。其次，從1977年到1978年的修正波來看，740點也正好是前一個從1975年7月到10月的修正波下跌幅度的2.618倍，所以1005－（885－784）×2.618＝742。第三，從下跌波段的目標區來看，我們發現，如果C波的低點在746點的話，整個C波的長度正好是A波下跌幅度的2.618倍，即使在1977年4月所發表的波浪理論研究報告顯示，740點很可能是一個反轉點。在這個時點上，正確地計算波浪是很重要的，整個市場似乎趨向於平穩，在循環層級的多頭市場之下，最後一個可接受的費波納奇市場目標在3月1日落在740.30點，用艾略特的話來說，在這個時候的市場，一定會「達到或是突破」。

我們複製了那篇報導中的三幅走勢圖，如圖4-13（我們增加了一些記號來加以說明）、4-14、4-15所示。這些圖描述了從基本波到微波的整個波形一直到最近的低點，740.30點似乎是循環波層級的V波當中的基本波層級②波的確定低點。

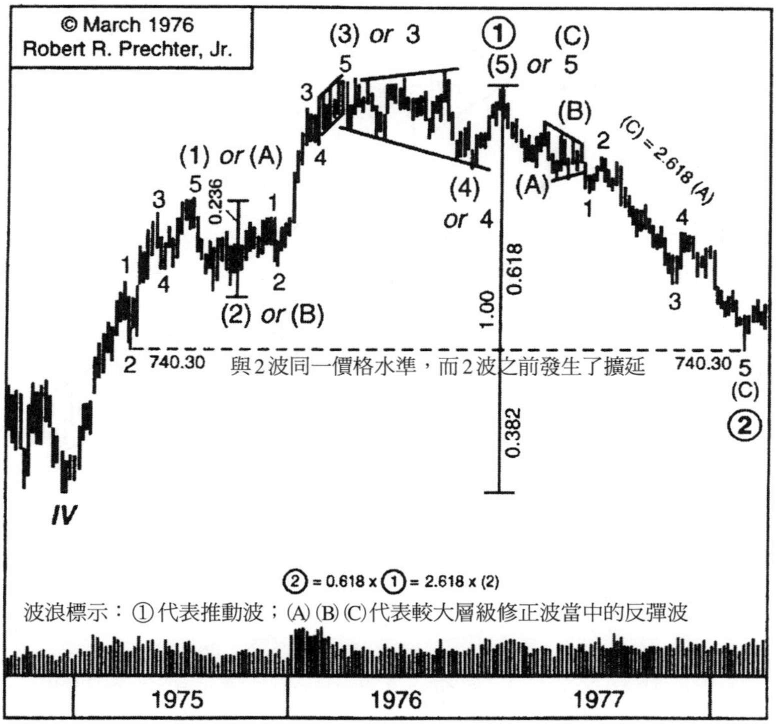
© March 1976
Robert R. Prechter, Jr.
(3) or 3
① (C)
(5) or 5
(1) or (A)
(2) or (B)
(4) or 4
(B)
(A)
(C) = 2.618 (A)
0.236
0.618
1.00
0.382
740.30
與2波同一價格水準，而2波之前發生了擴延
740.30
(C)
②
IV
② = 0.618 x ① = 2.618 x (2)
波浪標示：①代表推動波；(A)(B)(C)代表較大層級修正波當中的反彈波
1975
1976
1977

圖 4-13

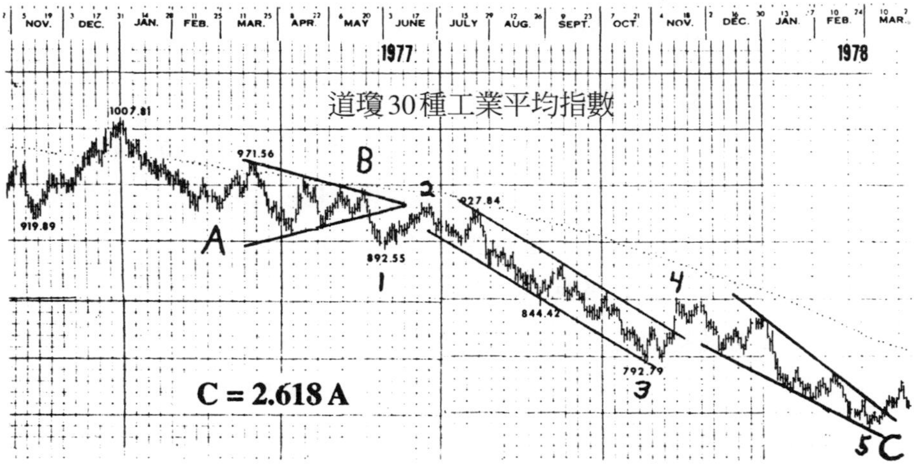
NOV. DEC. JAN. FEB. MAR. APR. MAY JUNE JULY AUG. SEPT. OCT. NOV. DEC. JAN. FEB. MAR.
1977
1978
道瓊30種工業平均指數
1007.81
971.56
919.89
892.55
927.84
844.42
792.79
A
B
C = 2.618 A
5 C

圖 4-14

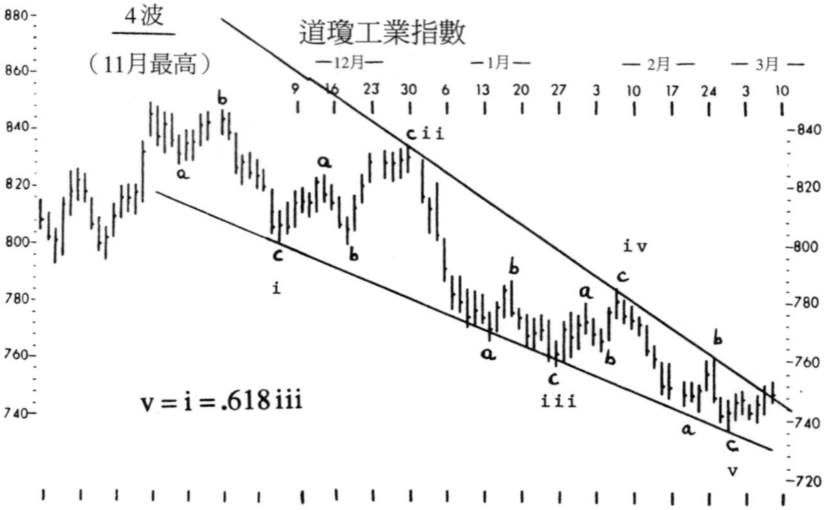

圖 4-15

在過去的行情中，740也證明是一個非常重要的價格位置，很有可能是因為1974年的低點572.20點正好與1966年的高點995.82點相差約423.60點，而740.30點正好與1976年的正統頂點1004.65點相差261.80點。這兩段高低點的差距正好形成費波納奇比例。布雷希特先生對740點這個價位有更進一步的討論：

> 740點在過去行情中證明非常重要，這絕非偶然。在1961年的行情中，道瓊指數的「當日理論」高點達到了741.30點，伴隨著出現歷史上最高的本益比（P/E ratio）。在1966年的空頭市場行情中，道瓊指數的「當日理論」低點為735.74點，代表了循環層級IV波的第一個下降波的結束點（735.74點正好是整個循環層級的IV波下降幅度的61.8%）。在1963、1970、1974及1975年的行情中，只要是突破740點，通常都會伴隨著極大的市場波動。在1978年的行情中，740點正好是一個長期趨勢線的支撐點。而且，波浪理論規定，任何市場行

情修正波的低點，一定會落在次一層級的前一個第四波低點上。然而，在一個五波序列中，如果第一波為擴延波的話，後面接著發生的修正波低點常常會落在這五波的第二波低點上。根據這個準則，發生在3月1日的740.30點這個最近的低點，將會是整個行情的結束點。我們檢視《華爾街日報》行情表上的分時走勢圖發現，在1975年3月25日，道瓊工業指數的低點在740.30點，正好是第二波拉回的結束點。（請看圖4-13）

除了比較傳統的艾略特預測方式，布雷希特先生開始使用價格和時間來表示的波浪因素做數學上的研究，其中他發現，驅動波關係可以用整數乘數來表示，而修正波可以用費波納奇比例的乘數來表示。這個分析方式在最近給美林證券的研究報告中有討論到。

對某些人來說，這看起來好像是我們在自吹自擂。不過，坦白說，我們希望我們應用艾略特波浪理論的分析而獲得的成功經驗，可以激勵其他分析人員也使用這樣的方式來分析，並且同樣也獲得成功。就我們所知，只有波浪理論能如此準確地對未來做出預測。當然，我們也曾經歷過失敗，儘管如此，我們認為，波浪理論的任何缺點在以往的討論中都被誇大了，而且即使對市場走勢的預期沒有成真，波浪理論還是會不斷地警告分析師，讓分析師可以對下一波可能的走勢畫出圖形，並藉著客觀看待行情的走勢來避免投資上的損失。

我們發現預先決定價格目標是有所幫助的，如果行情真的在那個價位水準反轉，而且我們所計算的波浪是可以接受的，那麼我們所做的預測就更加重要。如果市場的走勢未如預期，而且有可能穿越這個目標的時候，你仍然可以保持高度警戒來預測下一個目標。通常下一個目標區還很遙遠，所以這樣的資訊就變得非常有價值，此外，目標價位都是根據最有可能的波浪計算而得出的，因此如果市場行情未達到預測點或者超過預測點太多，就得及時對之前的「最優計算」（preferred count）做修正，並研究什麼是對下一波行情最好的解釋。這個方式有助於早一步做好準備來因應險惡的突來變化。把所有合理的波浪解釋牢記在心，如此一來，在使用比例分析判斷現在進行哪一波的時候，就可以獲得額外的線索。

波浪之間的乘數關係

波浪理論把一段行情分成許多層級來做分析，也就是說，一段行情同時會有許多不同的層級正在運作，這點一定要牢記在心。因此，隨便挑一個時刻來看，一定會發現，隨著各種不同層級波浪的開展，整個市場充斥著各種費波納奇比例關係。我們可以得到這樣的結論：在分析一段行情時，越有可能在不同層級上創造出好幾個費波納奇比例關係，就越有可能是未來行情的轉折點。

舉例來說，在基本波層級上，② 波的回檔修正幅度是 ① 波的 0.618 倍，而這個修正的目標價位從中形波層級的修正波來看，正好是 (A) 波的 1.618 倍，而這個 (C) 波的目標點又正好是小型波層級的 5 波，5 波也正好是 1 波的一倍。這時你就可以信心滿滿地預測說自己所計算的這個目標價格會是一個轉折點，圖 4-16 說明了這個例子。

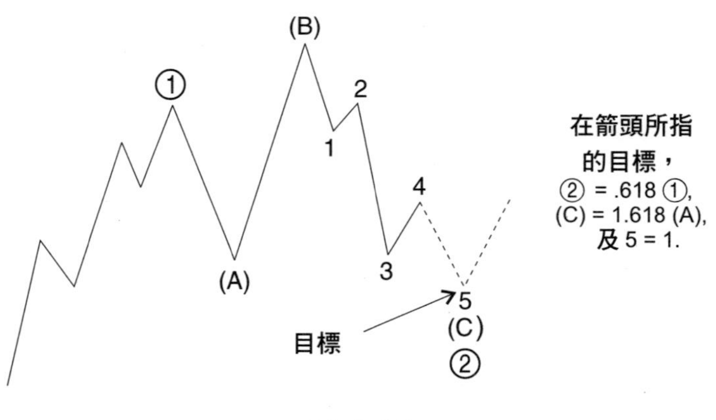

圖 4-16

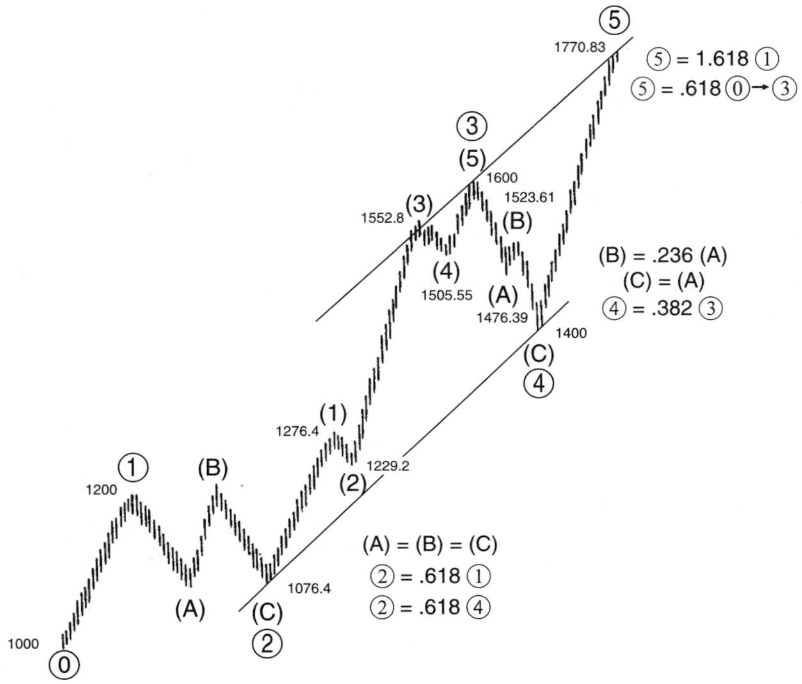

圖 4-17

圖 4-17 是一個虛擬的理想化艾略特波浪圖形，行情的結束點在平行趨勢線軌道上。這個圖是一個非常好的例子，可以用來解釋如何將比例關係應用於行情的分析上，圖形中解釋了以下八種可能的波浪之間的關係：

② = 0.618 × ①

④ = 0.382 × ③

⑤ = 1.618 × ①

⑤ = 0.618 × ⓪ → ③

② = 0.618 × ④

在 ② 波中，(A) = (B) = (C)

在 ④ 波中，(A) = (C)

在 ④ 波中，(B) = 0.236 × (A)

如果可以把完整的比例分析成功地融入整個基本分析方式當中，用波浪理論來預測未來行情，就會變得比較具有科學性。不過，波浪理論仍然只是一個預測未來行情可能走勢的方法，無法告訴你一個確切的結果。主宰生命與成長的自然法則雖然是永不改變的，但是對許多特定的結果仍然允許許多的可能性存在，市場行情的走勢也不例外。歸納之前的分析，我們可以說，在比較過去行情中各個波段的價格區間之後，我們發現，費波納奇比例是一個重要的決定因素，可以決定波浪行情將在何時結束，而且這個點通常非常準確。這個結果雖然讓人很興奮，但是我們並不驚訝，舉例來說，從1974年12月到1975年7月的反彈行情中，市場反彈的幅度大概是前一波從1973年到1974年的空頭跌幅的61.8%，而在1976年到1978年的下跌行情中，市場回跌的比例大約是前一波從1974年12月到1976年9月的上升行情的61.8%。雖然不斷有證據顯示，0.618這個比例極為重要，但我們還是要強調，我們的分析必須仰賴對波浪形式的正確判斷，比例分析只能用來驗證或質疑我們對走勢判斷的正確與否。波頓對使用比例分析的投資人有如下的建議：「越簡單越好。」比例分析目前仍處於起步的階段，所以未來的研究可能還會有更多的進展。我們希望那些努力研究比例分析的人，能夠加入更有價值的資料來使艾略特的分析方式更趨於完整。

費波納奇時間數列（Fibonacci Time Sequences）

沒有一個可靠的方式可以光是使用時間這個因素來預測行情。艾略特說時間因素通常會「遵循波浪的型態」，這一點可從趨勢軌道中看得最清楚。然而我們常常會觀察到，一段行情所持續的時間與跟它發生的時間點之間本身就反映出費波納奇比例的關係。探索各個時間單位的費波納奇數字，顯然是超越數字占卜學的運作，非常精準地符合波浪的持續時間。這樣的結果可幫助分析人員判斷可能的轉折時點，尤其如果這樣的轉折時點是跟目標價格或者波浪的計算互相吻合的時候。

在《自然法則》一書中，艾略特列舉出在市場幾個重要的轉折點之間所出現的費波納奇時間間距，我們看以下幾個例子，這些例子都出現了費波納奇數字：

1921－1929	8年
1921, 7月－1928, 11月	89個月
1929, 9月－1932, 7月	34個月
1932, 7月－1933, 7月	13個月
1933, 7月－1934, 7月	13個月
1934, 7月－1937, 3月	34個月
1932, 7月－1937, 3月	5年（55個月）
1937, 3月－1938, 3月	13個月
1937, 3月－1942, 4月	5年
1929－1942	13年

在1973年的11月21日的《道氏理論書信》（*Dow Theory Letters*）一書中，李察・羅素（Richard Russell）提出了以下幾個關於費波納奇數列在時間週期上的例子：

1907恐慌性低點－1962恐慌性低點	55年
1949主要谷底－1962恐慌性低點	13年
1921經濟衰退低點－1942經濟衰退低點	21年
1960, 1月高點－1962, 10月谷底	34個月

華德・懷特（Walter E. White）在1968年對波浪理論的專題研究當中，做了以下的結論：「下一波重要的行情低點可能會出現在1970年。」為了證實自己的論點，他提出了下列費波納奇數列的關係：1949＋21＝1970；1957＋13＝1970；1962＋8＝1970；1965＋5＝1970。在1970年5月，整個市場在三十年來最大的回檔中達到了低點，當然，這樣的結果並非全然是巧合。

最後一個大循環波1928年的高點（很可能是正統高點）以及1929年的高點（名義上的高點），同樣也產生了驚人的費波納奇數列：

1929	＋	3	＝	1932	空頭市場谷底
1929	＋	5	＝	1934	修正波底部
1929	＋	8	＝	1937	多頭市場頂點
1929	＋	13	＝	1942	空頭市場谷底
1928	＋	21	＝	1949	空頭市場谷底
1928	＋	34	＝	1962	大崩盤谷底
1928	＋	55	＝	1983	可能的大循環波頂點

一個類似的數列，已經在目前的大循環波的第三個循環波的1965年高點（可能的正統高點）以及1966年高點（名義上的高點）展開：

1965	＋	1	＝	1966	名義上的高點
1965	＋	2	＝	1967	回跌的低點
1965	＋	3	＝	1968	次級市場的噴出行情高點
1965	＋	5	＝	1970	大崩盤的低點
1966	＋	8	＝	1974	空頭市場的谷底
1966	＋	13	＝	1979	9.2年與4.5年週期的低點
1966	＋	21	＝	1987	可能的大循環波低點

因此，我們預知了道瓊工業指數轉折點在未來這幾年會出現的一些有趣的可能情況，這些可能的情況會在第八章中進一步探討。

在把費波納奇時間週期套用在市場型態的時候，波頓指出：「時間的排列似乎有無限多種可能」，他還說：時間「週期會產生出頂點到谷底、頂點到頂點、谷底到谷底、谷底到頂點的發展。」儘管他的說法有所保留，他還是在1960年出版的同一本書裡成功地指出，根據費波納奇數列，1962年或1963年可能會出現一個重要的轉折點。如今我們已經知道了，1962年的確出現了一個險惡的空頭市場，也出現了基本波④波的低點，而在這個波之前是一個為時近四年、幾乎不曾中斷的漲勢。

除了這種類型的時間數列分析之外，由利亞所發現的多頭與空頭之間的時間關係，也證明對預測很有幫助。布雷希特為美林證券公司寫書時，曾在1978年3月指出：「到4月17日這一天為止，A-B-C這個下跌波段耗時1931個交易時數，也就是(1)波、(2)波及(3)波這三個上升波段3124個交易時數的0.618倍。」結果，4月14日，星期五，指數從疲軟的走勢反轉向上突破，在4月17日，星期一，破紀錄地爆出高達6350萬股的大成交量（請參閱圖1-18）。這樣的時間預測並不是預測低點，而是推測市場的空頭心理壓力解除的確切日子。

班納理論（Benner's Theory）

班納（Samuel T. Benner）是一個鐵工廠廠主，一直到南北戰爭之後所發生的1873年經濟恐慌讓他傾家蕩產為止。在那之後，他轉而在俄亥俄州種植小麥，並且在閒暇時開始從事價格波動的統計學研究，試圖解開（如果可能的話）商業活動中一再出現的漲跌現象之謎。在1875年，班納寫了一本書，書名為《未來價格漲跌的商業預言》（*Business Prophecies of the Future Ups and Downs in Prices*），書中所提出的預言，主要是根據生鐵價格的循環以及一再出現的經濟恐慌循環。班納的預言事後證明在好幾年當中一直都是驚人地準確，而且身為統計學家與預言家的他，也為自己建立了一個令人稱羨的地位。即使是今日，班納的圖表仍然對研究循環的人具有吸引力，而且偶爾也會看到被刊登發行，只是有時並沒有把這位原創者的名字標註出來。

班納指出，商場上的高點往往會遵循著8-9-10的年度重複模式，如果把這個模式應用於1902年起的道瓊平均工業指數七十五年以來的高點，就會得到下面的結果。這些日期並不是根據班納早先的預言而做的預測，而是事後運用8-9-10年的重複模式而做出的預測。

年	時間間隔	市場高點
1902		1902, 4月24日
1910	8	1910, 1月2日
1919	9	1919, 11月3日
1929	10	1929, 9月3日
1937	8	1937, 3月10日
1946	9	1946, 5月29日
1956	10	1956, 4月6日
1964	8	1965, 2月4日
1973	9	1973, 1月11日

關於經濟低點，班納提出兩組時間系列，顯示經濟衰退（壞時機）與大蕭條（恐慌期）往往會交替出現（這並不令人意外，因為我們已經知道艾略特的交替法則）。在評論恐慌期時，班納發現，1819、1837、1857和1873年是恐慌年，於是他在原來的「恐慌」圖表裡把這些年份標示出來，結果反映出一個重複的16-18-20模式，這些反覆出現的情況呈現出不規則週期。雖然他把20-18-16套用於衰退期，但是次級市場的低點卻似乎與主要的恐慌低點一樣，遵循著16-18-20模式。若是把16-18-20應用於交替出現的股市低點，我們可以得到一個很精準的一致性，如同圖4-18的班納－費波納奇循環表所示，這個圖表最早刊登於《銀行信用分析師》（*Bank Credit Analyst*）的1967年補述。

請注意，與目前時間週期圖形類似的最近一次，是發生在1920年代，與康卓提耶夫（Kondratieff）圖（第七章將會討論）平行，也與最近的一個艾略特循環波層級的第五波平行。

根據班納這個高低點重複時間的想法所發展成的公式，符合本世紀大部分的股市轉折點。姑且不論這個模式是否一定會反映出未來的高點，但是，畢竟這是一個固定的循環，不是艾略特波浪理

班納——費波納奇循環圖，1902-1987

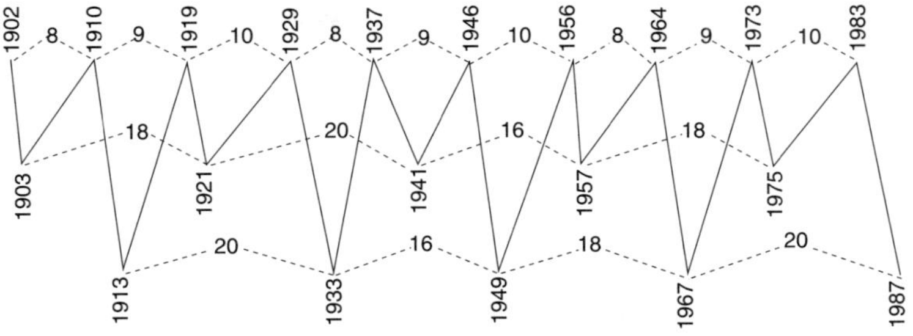

波頂：8-9-10，不斷重複下去。波谷：16-18-20，不斷重複下去。
大波谷：16-18-20，不斷重複下去。

圖 4-18

論。儘管如此，在我們探求它符合現實情況的原因時，我們發現班納的理論很合理地近似費波納奇數列，8-9-10 這個重複序列可以衍生出費波納奇數字，一直到 377 這個數字為止，期間的誤差僅僅±1，如下所列：

8-9-10序列		累積小計	費波納奇數字	差距
8	＝	8	8	0
＋ 9				
＋10				
＋ 8	＝	35	34	＋1
＋ 9				
＋10	＝	54	55	－1
...＋ 8	＝	89	89	0
...＋ 8	＝	143	144	－1
...＋ 9	＝	233	233	0
...＋10	＝	378	377	＋1

我們的結論是，班納理論屬於費波納奇數列的範疇，不過班納理論所根據的是高低點的不同時間週期，而不是固定的重複週期。如果我們從來都沒用過這個方法，我們也許就不會提到它，但是，

過去的經驗已經證明了，這個方法如果與艾略特波浪一起使用，會是很有幫助的。佛洛斯特在1964年底應用班納的概念做出一個不可思議的預測（在當時來看是不可思議的）：接下來的十年中，股價基本上一定是橫向波動，在1973年達到高點，到時道瓊指數大約會是1000點，而且在1974年底或1975年初，指數在500到600點之間會達到一個低點。在下一頁中，我們刊出佛洛斯特寫給波頓的一封信，圖4-19就是佛洛斯特隨信所附的圖表，還有附註說明。這封信書寫的日期是1964年12月10日，代表了又一項艾略特波浪的預測最後證明是事實，而不是憑空幻想。

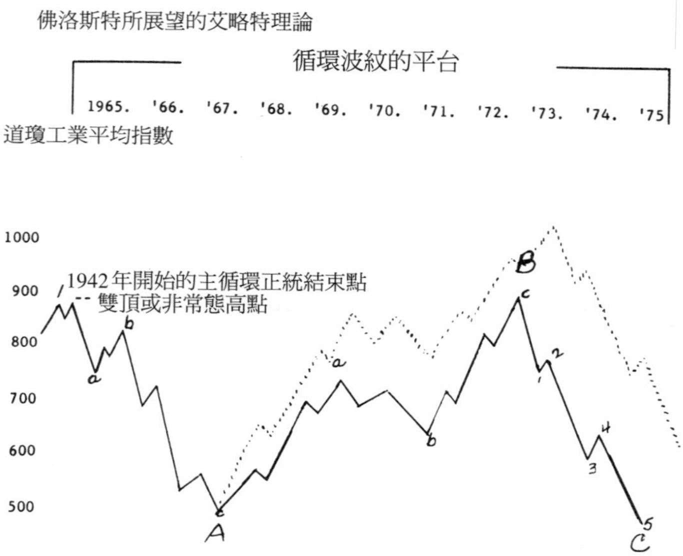

附註：

a) 根據艾略特的交替準則，接下來的三個基本波會形成一個循環波（主週期）的平台修正。1929到1942年是上一個主要的空頭走勢，看起來是向上的鋸齒型。
b) 大量資金注入的刺激，可能會使得上圖向上且向前傾斜，就像虛線所示。
c) 1942年開始的循環波層級中，從1949年6月到1960年1月是擴延的3波（戰後的多頭行情），這一波段絕不應該會出現任何大幅度的破壞。因此，下跌的底限應該不會離500點太遠。
d) 班納的固定週期已經應用於主要的高低點——註明A、B、C之後。

圖 4-19

1964年12月10日

A. H. 波頓先生
波頓春布雷公司
1245雪布魯克西街
蒙特婁25，魁北克

親愛的哈米：

現在我們都安於目前的經濟擴張，而且越來越脆弱，不太禁得起投資情緒的變化，因此，把水晶球擦亮，並且做一些實地的評估，看來是比較審慎的方法。在評估市場走勢的時候，除非市場氣氛非常不明朗，否則我是非常信任你的銀行信用評等方法。我忘不了1962年，我覺得所有的基本工具大多平淡無奇，然而艾略特法則卻不一樣，儘管實際應用艾略特理論是很困難的，不過它仍然有其特殊的優點。因此，我一直密切注意艾略特波浪理論，而且我從中觀察到的現象，引發了我的憂慮。我發現，目前的股市很脆弱，而且從1942年開始的主循環就快結束了。

……我要提出我如何因應這個效應，我們現在正處於危險的處境，而審慎的投資策略（如果可以用高雅的字來表達不高雅的行為的話）可能是飛奔到最近的證券公司，然後把一切都拋到九霄雲外。

從1942年開始的這一波長長的漲勢的第三波，也就是1949年6月到1960年1月這一段，是基本波的一個擴延……那麼，從1942年開始的整個循環波或許已經達到正統高點了，而即將出現的大概會是一個「雙頂」且長長的一個循環波平台修正。

……依照艾略特的交替法則來看，接下來的三個基本波應該會形成一個相當持久的平台修正。讓我們拭目以待看看是否會發生這樣的情況，這是很有趣的一件事。在此之前，我不介意公開發表不同的意見，像一個只用艾略特和班納理論的艾略特理論專家一樣，做一個長達十年的預測。除了像艾略特這樣的人之外，沒有任何自重的分析師會做這樣的事，不過，之所以這麼做，也是因為受到這個獨一無二理論的啟發。

祝福你

A. J. 佛洛斯特

儘管我們已經能夠把比例分析整理好，如同本章前半部所說明的，但是顯然還有很多方式可以從股市中看出費波納奇比例。這裡所提出的一些方法都只是胡蘿蔔，用來刺激那些未來的分析師的胃口，並且使他們步上正軌。接下來的部分章節將會進一步探討比例分析的運用，並全盤地了解其複雜性、準確性與可用性。鑰匙顯然就在那裡了，剩下的就要看它能開啟多少扇門了。

第五章
長期波浪與新式綜合波

1977年9月，《富比世》(*Forbes*) 雜誌刊登了一篇有趣的文章討論通貨膨脹的複雜理論，文章標題為〈漢堡的大矛盾？〉("The Great Hamburger Paradox")，作者大衛・沃許 (David Warsh) 在文章中問道：「真正影響漢堡價格的因素是什麼？為何價格飆漲一百多年之久，然後趨於穩定？」他引述牛津大學的教授菲爾普思・布朗 (E. H. Phelps Brown) 以及希拉・霍普金斯 (Sheila V. Hopkins) 的話：

> 一百多年來，價格似乎遵循著一個全能的法則，這個法則一旦改變，就會有另一個新法則取而代之。在某個天命之下，一場可以使價格上漲到新高點的戰爭，卻在另一個天命之下無法扭轉漲勢。我們已經知道是什麼因素使得一個時代會留下這樣的痕跡？而且這些因素既然能在歷經這樣的震動之後還持續如此之久，為何又會消退得如此之快且徹底呢？

布朗和霍普金斯說價格似乎是「遵循著一個全能的法則」，艾略特也是如此認為。這個所謂的「全能法則」，就是黃金比例中所發現的和諧關係，而黃金比例是自然法則的根本，也構成人類身體、心理及情緒構造的一部分。沃許先生也相當精準地觀察到，人類的進步似乎總是在突然的顛簸與震動中進行的，而不是如同牛頓物理學所講的，以平順的鐘錶規律在運作。對於沃許先生的結論，我們深表贊同，但我們要進一步指出，這些震動並不只出現於某個轉變或某個年代，而是發生在人類對數螺旋進展中的每一個層級，從微形波或甚至更小，一直到超大循環波或更大的波。為了要延伸這個觀念，我們提出：這些震動本身也是鐘錶規律運動的一部分。一只錶或許看似運轉平順，但它的進展是由一個定時機械裝置的間歇抽動所控制，不論是機械錶或是石英錶。人類的對數螺旋進展很可能也是以同樣的方式來推動，只不過震動並不是出自時間週期，而是出自重複的形式。

如果你認為這個論述太「瘋狂」，請想一想，我們現在所談論的並不是一股外在的力量，而是內生的力量。如果因為波浪理論是決定論（deterministic）就否定它，那麼就無法回答本書所陳述的社會模式是「如何」形成，以及「為何」形成。我們想要提出的是：人類有一股自然的心理動力，這股動力會衍生出社會行為的模式，就像市場行為所顯現的一樣，最重要的是要了解我們所說的這種模式基本上是社會性的（social），而不是個人的（individual）。每個個人都有自由意志，而且確實可以學會辨識社會行為的這些典型模式，然後運用這些知識來為自己謀利。與社會大眾反向而行是不容易的，要違反自己的自然趨勢也是不容易的，但若加以訓練並輔以經驗，一旦可以清楚地洞察市場行為的真義，自然就可以反多數人之道而行。不用說，它與人們所認為的正好相反，不論人們是受到基本教義派提出的隨意假設、經濟學家所斷定的機械模式、或學術界提出的「隨機漫步理論」（random walk）所影響（譯註：隨機漫步理論，或稱隨機走勢假設（Random Walk Hypothesis），與圖表派強調歷史走勢不斷循環的看法正好相反。此理論強調，市場買家及賣家在資料公開下同樣精明，彼此交易的價格確切反映了股票實質的價格，而股價的變動是隨機性的。既然無跡可循，股價不會有系統地變動，那麼即使以擲飛鏢方法選股，所得回報率亦有機會較整體大市表現為佳。），又或者也認同陰謀論者所提出的看法：市場都是「瑞士銀行那些小精靈」（Gnomes of Zurich）在操縱。

我們假設一般投資人對自己死後的投資情形是不會有什麼興趣的，也不會關心曾曾曾曾祖父時代的投資環境。光是應付當前每天投資戰場的情況就已經夠困難了，無法理會遙遠的未來或已逝的過去與我們之間的關係。不過，我們應該慢慢評估長期波浪，因為：過去的發展會深深影響到未來，而且，適用於長期波動的法則也同

道瓊工業平均指數分時走勢圖，1962年

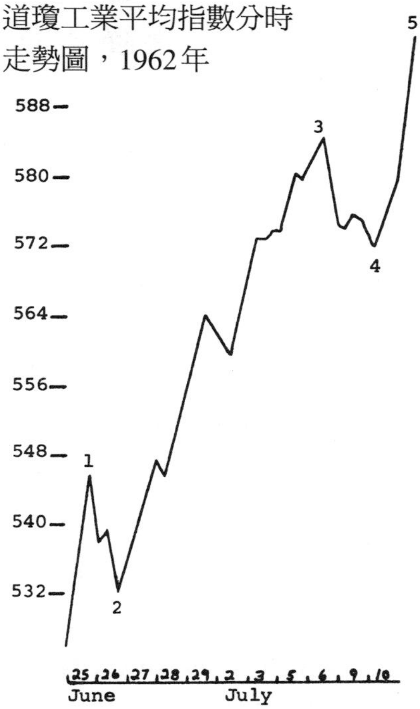

圖 5-1

標準普爾指數年線圖

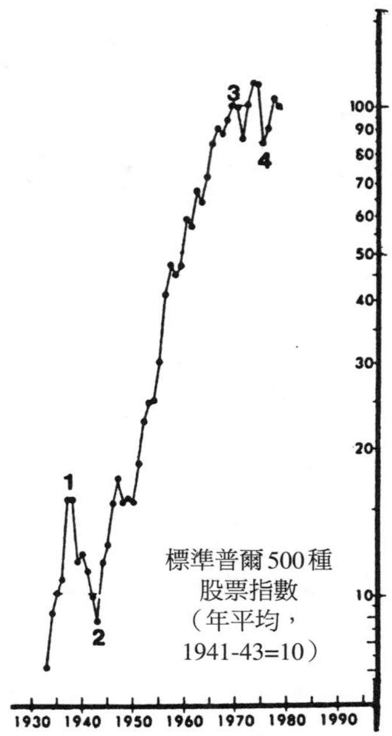

圖 5-2

樣適用於短期波動，並且會產生出相同的股市行為模式。

換句話說，所有層級的股市型態都是相同的。小波浪中所顯示的波動型態（以每小時的走勢變化畫出），也會出現在大波浪中（以每年的走勢變化畫出）。舉例來說，圖5-1與5-2所顯示的兩張圖表，其中一張顯示的是道瓊指數從1962年6月25日到7月10日這十天當中的分時走勢圖，另外一張則是根據標準普爾500指數（S&P 500 Index）從1932到1978的每年變化所畫出（由*The Media General Financial Weekly*提供）。這兩張圖表呈現出類似的波動型態，儘管兩者所涵蓋的時間範圍相差甚大，為1比1500。圖5-2的長期波浪至今仍在開展中，從1974年低點開始的V波尚未完全走完，到目前為止所形成的V波與5-1的分時走勢圖正好互相平行。不管在哪一個層級，這個形式是不變的。

在本章裡，我們將要從所謂的「千年波」一直到今天的循環波多頭市場中，勾勒出在這一路「顛簸晃盪」行進中，當前所處的位置在哪裡。而且，我們將會看到，由於目前千年波的位置以及在最後的綜合波動圖形中「五波」的分層進行，這十年可能是世界歷史最令人興奮的時間，足以寫就、研究艾略特波浪理論。

一、從黑暗時代開始的千年波

要取得資料來研究過去兩百年來的價格趨勢，並不是特別困難，但是要透徹了解更早之前的趨勢與情況，就得仰賴比較沒那麼精確的統計資料。這份長期價格索引是由菲爾普思・布朗教授以及希拉・霍普金斯所編纂，而且由大衛・沃許加以增補，這份索引是建立於一個簡單的基礎之上──「人類需求的購物籃」（market basket of human needs），涵蓋時間從西元950年到1954年。

將布朗及霍普金斯所繪的價格曲線連接上1789年以來的工業股價，我們就可以得到一個過去一千年的長期價格圖形。圖5-3所顯示的是從黑暗時代到1789年大略的價格變動。從1789年開始的第五波，我們特別以直線延伸來表示股價走勢，接下來的內容中將會再進一步分析。很怪異的是，這個圖形雖然只是非常粗略地描繪出價格走勢，但卻形成艾略特五波型態。

與這個大範圍的價格歷史變動同時發生的是：好幾個世紀以來商業與工業擴張的大時期。羅馬的文化強盛時期可能正好是前一個千年波達到高點的時候，不過羅馬最後還是在476年滅亡。接下來的五百年，也就是接下來千年波層級的空頭市場，知識的探索幾乎停頓。商業革命（950-1350）最後終於開啟了一個擴延的超大循環波的第一波，而1350年到1520年的平穩價格則是一段修正波，「修正」前面商業革命的進展。

接下來的價格上漲時期，正好發生了資本主義革命（1520-1640），也適逢英國歷史上最偉大時期──伊莉莎白一世時代。伊

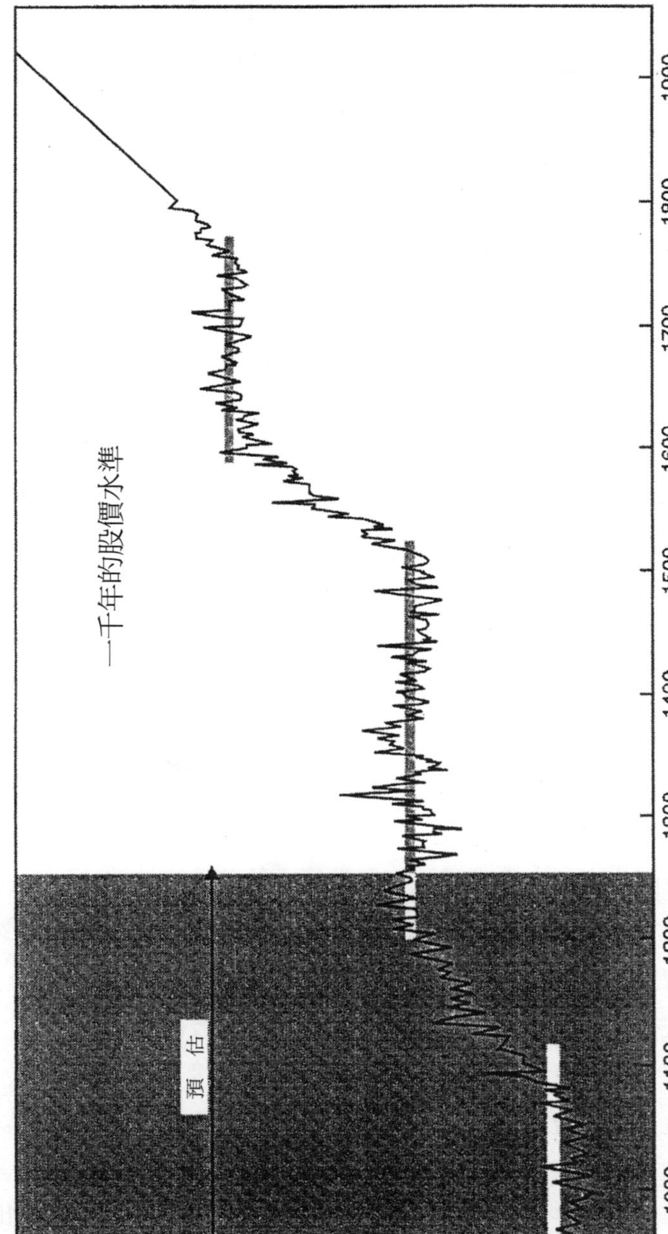
一千年的股價水準
預 估
4000
1000
200
50
1000
1100
1200
1300
1400
1500
1600
1700
1800
1900

圖 5-3

莉莎白一世（1533-1603）登基成為英國女王時，正是英國結束英法戰爭而國力耗盡時，當時的英國既窮困又陷於絕望之中，但是直到伊莉莎白一世逝世之前，英國都一直頑抗歐洲各個強權，不斷擴張帝國，成為當時世界上最興盛的國家。這個年代正值大文豪莎士比亞（Shakespeare）、德國宗教改革領袖馬丁路德（Martin Luther）、英國航海家德雷克（Drake）以及英國探險家羅利（Raleigh）的年代，不折不扣是世界史上光榮的時代。在這個充滿光輝與奢華的年代中，商業不斷擴張，價格持續上漲。到了1650年，價格達到顛峰，開始趨於平穩而形成長達一世紀的超大循環波。

千年波裡的下一個超大循環波進展，似乎是在1760年左右因商品價格而開始，而不是1770到1790年因為股市而開始，我們把這段時間標示為「1789」，而股市資料就是由此開始。不過，就如同葛楚德・雪克（Gertrude Shirk）所做的一份研究（刊登於1977年4月／5月號的《循環》雜誌）所顯示，商品價格的走勢往往會比同樣的股價走勢先發生十年左右。由此觀之，這兩個衡量指標確實極為吻合。這個超大循環波發生的時期，正好是發生工業革命而造成產量暴增，而且在此同時也出現了一個世界強權——美國。

根據艾略特的邏輯，從1789年至今的這股超大循環波，它的前面與後面一定都會出現其他正在進行中的艾略特波浪，而且在時間與振幅上也會出現典型的關係。如果這個邏輯沒錯的話，那麼這個千年波幾乎已經是走完全程了——除非這個千年波正在擴延——而且會被後面三個超大循環波（兩波向下，一波向上）給修正，而這三個超大循環修正波所持續的時間可能會是接下來的五百年。很難想像世界經濟會發生這麼久的低成長，但也不會因此而排除以下的可能性：科技將會緩和原本假設會發生的嚴峻狀況。波浪理論是或然率與層級的法則，並不能確切預測出實際的情況。儘管如此，當前這一波大循環波(V)的終結，應該會造成一些經濟與社會震撼，因而進入另一個衰退與絕望的年代。畢竟，如果最後推翻掉腐敗羅馬的確實是野蠻人的話，我們是不是可以這麼說：現今的野蠻人缺乏適當的方法，也沒有類似的目的來進行顛覆？

二、1789年至今的超大循環波

這個長波具有五波的正確面貌，也就是與主要走勢同向的三波，以及與走勢反向的兩波，還包含一個擴延的第三波，這個第三波正反映出美國有史以來最有活力、進展最大的時期。在圖 5-4 中，大循環波的次級波標示為 (I)、(II)、(III)、(IV)，而 (V) 波目前正在進行中。

想一想，我們現在所探討的市場，是以前那個有運河公司、駁船還用馬拉、統計學相當貧乏的那個年代，而令人驚訝的是，「排除掉通貨膨脹因素」所得到的工業股價記錄——由葛楚德·雪克為《循環》雜誌所記錄——卻形成一個這麼清楚的艾略特型態。尤其驚人的是這兩條趨勢軌道，下面的那條價格支撐線是由循環波與大循環波的幾個重要低點連結而成的，而上面的價格壓力線則是由幾個前進波的高點連結而成。1983 年很可能會出現一個高點，會碰觸到價格壓力線，落在我們所設定的目標區間——2500 點到 3000 點——前提是躉售物價指數沒有劇烈的實質變化。

如果假設 1789 年是大循環波的開始，(I) 波很明顯就是一個「五」波。(II) 波是一個平台修正，所以我們可以依照交替法則而明確地預測出（IV）波不是鋸齒型就是三角型*。(III) 波是一個擴延波，而且可以輕易地把其中所含的五個次級波細分出來，包括在第四波位置出現特有的擴張三角型。1929 年到 1932 年的（IV）波，結束的位置落在次一層級的第四波價格區間之內。

從圖 5-5 的 (IV) 波中，可以更細部地來看大循環波層級裡的

---

*圖 5-4 顯示 (IV) 波是一個鋸齒型。雖然從實際的價格來看是一個鋸齒，但是若以加入通貨膨脹因素之後的價格來看，其實是一個三角型，請見附錄。

美國股市年線圖，1789至1977年（以固定美元為基準）

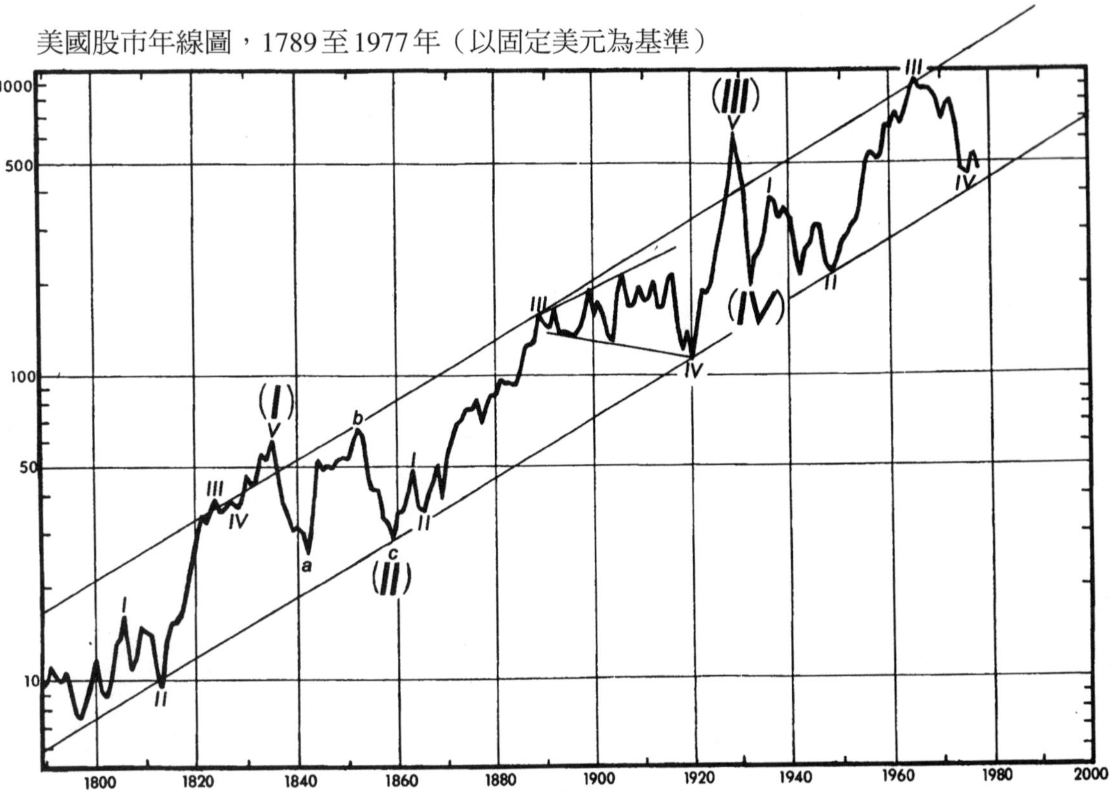

圖 5-4

那個鋸齒波，這個鋸齒波是美國史上最具毀滅性的市場大崩盤。從日線圖來看，我們可以從這個大崩盤裡的a波的第三次級波看到華爾街在1929年10月29日這天著名的大崩跌。然後a波之後的b波發生向上拉回，幅度大約是a波的50%，這就是李察・羅素（Richard Russell）所說的「著名的1930年上升修正波」，在這段期間，就連羅伯特・利亞（Robert Rhea）也因為受到止跌回升的情緒影響而回補空頭部位。c波最後跌到了41.22點，跌了253點，跌幅是a波長度的1.382倍，是從a波開始的三年後（3是費波納奇數字），跌掉了股價的89%（89也是費波納奇數字）。

我們要再度重申，艾略特認為1928年是(III)波的正統頂點，而把1929年的頂點視為非常態頂點。我們和查爾斯・柯林斯（Charles J. Collins）一樣，都發現這個說法有缺陷，我們都認為1929年很可能才是正統高點。首先，1929年到1932年的下跌是非常典型的5-3-5鋸齒型下跌。其次，若要讓(III)波在1928年達到頂點，(IV)波的形狀勢必不會是3-3-5擴張平台修正波的「正確面貌」。在這樣的解釋之下，c波與較小的a波及b波大大不成比例，而且令人難以接受地結束在遠低於a波低點的位置。另外，b波的力道也出現了問題，它一直維持在向上的軌道之內，然後像第五波常發生的情況一樣，穿越價格壓力趨勢線。(IV)波的比例分析不僅支持我們的正統頂點說，也支持艾略特的非常態頂點說，因為，根據艾略特的分析，c波是a波（從1928年11月到1929年11月）淨跌幅度的2.618倍。而根據我們的分析，c波是a波（從1929年9月到1929年11月）淨跌幅度的1.382倍（0.382是2.618的倒數）。

這個超大循環波的(V)波目前還在進行當中，而且走勢也一如我們的預期，因為(III)波是一個擴延波，所以在時間與幅度比例上，(V)波應該會大略等於(I)波。(I)波大約花了五十年才結束，所以(V)波也應當如此才是。在排除掉通貨膨脹因素所畫出的圖表中，(I)波的高度大約等於(V)波的高度，這表示在上揚的比例方面具有「相等性」，就連它們的面貌也沒什麼兩樣。以下我們會進一步分析超大循環波的（V）波。

三、從1932年開始的大循環波

大循環波層級的（V）波自從1932年開始就一直在進行，直到目前還在開展之中（請參閱圖5-5）。如果要根據波浪理論來選出十全十美的波形的話，這道長波就是頭號候選波浪。以下是大循環波的次級波——循環波——的解析：

I波：1932-1937——依艾略特的法則來看，這一波可清楚看出五波的行進。這一波向上修正了從1928年與1930年高點下跌的市場，而且反彈幅度是前一波下跌幅度的0.618倍，而且其中的擴延第五波所行走的距離，是第一波至第三波距離的1.618倍。

II波：1937-1942——在II波裡，次級波Ⓐ波是一個五波，而Ⓒ波也是一個五波，所以整個形狀是個鋸齒型。大部分的跌勢都發生在Ⓐ波，因此，這整個修正波的結構強而有力，遠超過我們一般的預期，所以Ⓒ波的低點略低於這個修正波原來的最低點。因為持續的通貨緊縮把本益比水準拉到甚至比1932年還低，所以才造成Ⓒ波的跌勢。

III波：1942-1965（或1966）——這一波是一個擴延波，在這波當中，道瓊指數在二十四年中上漲了將近1000%。以下是這一波的主要特徵：

1) ④波是一個平台修正，與②波的鋸齒形成交替現象。

2) ③波是最長的基本波，也是一個擴延波。

3) ④波修正的幅度幾乎達到前一個次一層級的第四波頂點，而且遠遠高於①波的頂點。

4) 次級波①波與⑤波的上揚比例呈現費波納奇比例關係（這兩波分別上揚129%與80%，而80＝129×0.618），兩個非擴延波之間常常會有這樣的關係。

IV波：1965（或1966）-1974——在圖5-5當中，IV波的谷底

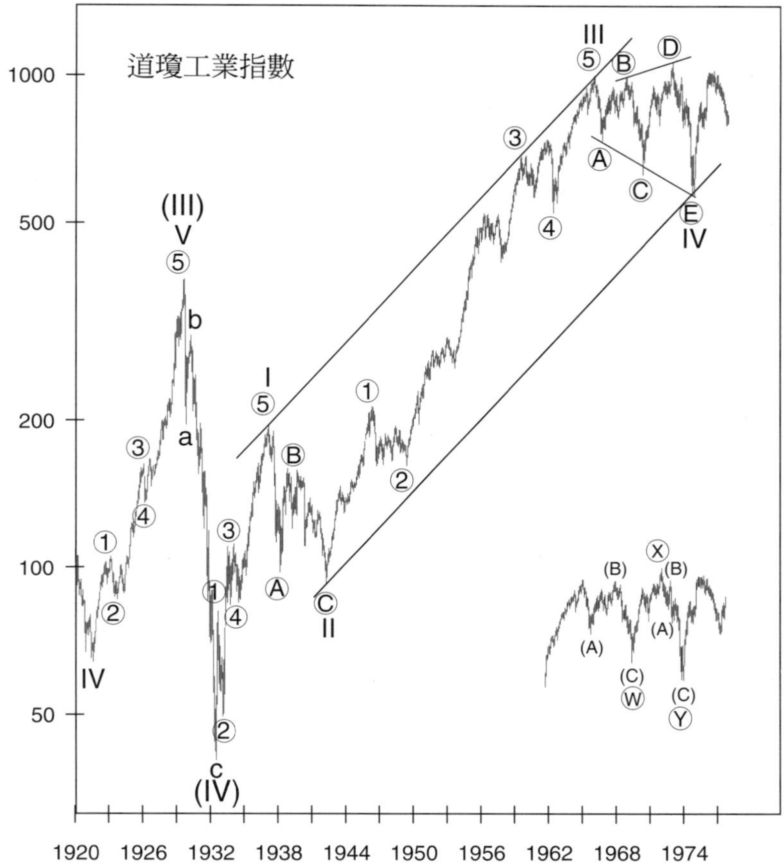

圖 5-5

落在④波的價格區間裡（這是很正常的現象），並且遠遠高於I波的頂點。兩種可能的解讀是：一、一個從1965年2月開始的五波式擴張三角型。二、一個從1966年1月開始的雙重三波。這兩種計數法都是可行的，不過，三角型的解釋法可能就代表會出現比較低的目標，V波的上揚長度大約會等於三角型最寬部分的長度，然而，艾略特理論中，沒有其他證據可以顯示有一個這樣的弱勢波正在形成當中。有些艾略特理論家試圖把1973年1月到1974年12月的最後這波跌勢看成是一個五波，因而把循環波IV波標示為一個

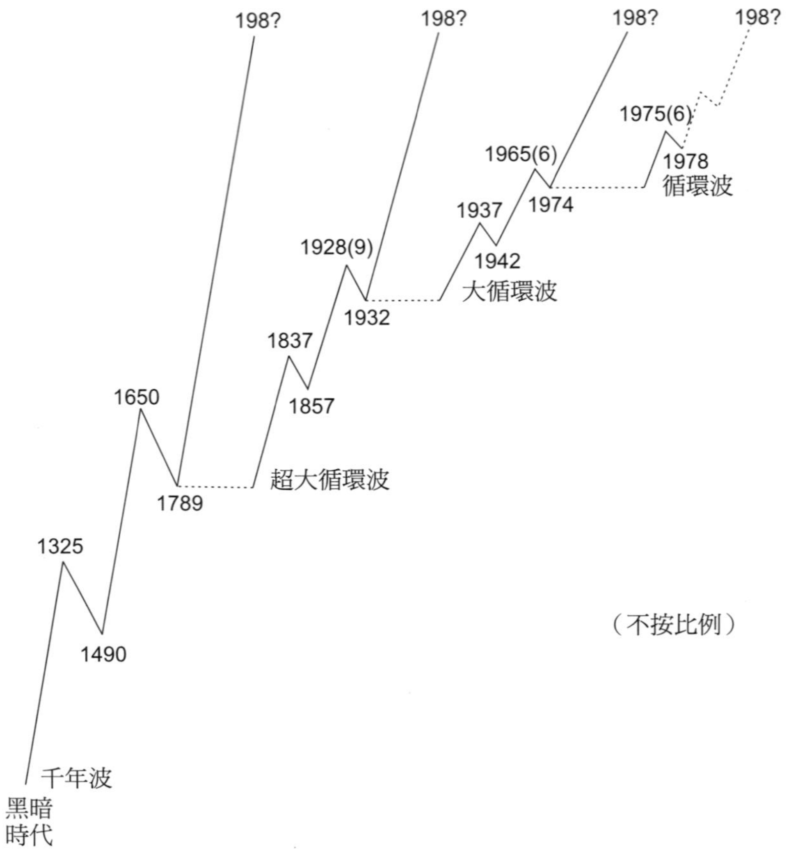

圖 5-6

大平台修正波。我們在技術上反對這樣的五波計數法，主要是因為如此一來，這個所假設的第三次級波就太短了，會造成第四波與第一波重疊的情形，因而違反艾略特的兩個基本定律。這道波顯然是A-B-C下跌走勢。

V 波：1974-？——循環波層級下的這一波仍然在進行中，在這個時刻，兩個基本波很可能都已經完成了，市場正處於第三基本波當中，之後應該會出現一個突破，達到一個前所未有的高點。我們會在最後一章更詳細說明我們對當前市場的分析與預估。

因此，依照艾略特的說法，目前的多頭市場是始於1932年的

(V) 波的第五波，而 (V) 波又屬於開始於1789年這個較大層級的第五波，而這個較大層級的第五波可能還屬於開始於黑暗時代這個層級的第五波。圖5-6的綜合圖中有所說明*。

回顧黑暗時代以來的西洋史，幾乎是一段從不間斷的人類進展史，這段過程可能如同我們所提出的一樣，可以稱之為千年波。歐洲與北美的文明興起、以及在此之前希臘城邦的興起與羅馬帝國的擴展、以及再往前埃及長達千年之久的社會進展，這些都可以視為文化層級的波（Cutural degree），區隔每一道波的是長達數個世紀的文化停滯與衰退。你或許會認為，千年層級的這五個波雖然涵蓋了整個有文字記載的歷史，但可能也只是更大層級的「紀元波」（Epochal degree）裡的一個波而已，而且社會大災難世紀的某個時期（或許包括核子或生化戰爭吧？）終會使人類在五千年後出現最大的社會退化。

當然，螺旋形波浪理論也提及了這一點，在「紀元波」層級之上還有更大層級的波浪。在智人（Homo sapiens）這個物種發展的時期，可能甚至屬於更高層級的波浪。也許智人本身只是人類發展過程中的一個階段，而人類的發展也只是地球生命進展這個更大層級發展中的一個階段而已。假如地球這個星球到目前為止已經存在了一年，那麼，從海洋開始出現的生物大約是在五個星期前形成，而人類大約是在六個小時前才開始行走於地球上，不及生物歷史的百分之一。依照這種算法，羅馬統治西方世界的時間總共才五秒鐘，而千年波也實在算不上是什麼大層級。

*《潮汐波浪的頂峰》(*At the Crest of the Tidal Wave*，1995）一書中列出了這張圖的另一種變化，圖中有一個始自黑暗時代、正在發展中的擴延波，因此多多少少緩和了這裡所提出的看法，從那張圖可得到一個結論：即將出現的回檔很有可能「只」屬於超大循環波層級，而不是千年波層級。

第六章
股票與期貨商品

個別股票（Individual Stocks）

管理自己的投資是一門藝術，是一門如何買賣股票與有價證券來獲取最大收益的藝術。在投資世界中，何時買賣股票比挑什麼股票來買更加重要。挑選股票也不是不重要，不過跟買賣時機相較之下就顯得比較次要了。要在股票市場中成為贏家，不論是交易員或是投資人，都必須知道基本的行情走勢，並且持續隨著走勢來投資，而不是反向操作。對股票投資人來說，光是從基本面來判斷，很少能做出適當的決定。美國鋼鐵（U. S. Steel）在1929年達到一股260美元的高價，當時被認為是一個很好的投資標的，每股股利8美元，但是隨著華爾街大崩盤，這檔股票跌到一股只剩下22元，而且長達四年都沒有發放任何股利。股票市場通常不是多頭就是空頭，很少會是個搖錢樹。

股市指數代表的是大眾的集體心理現象，不論個別股票的價格是如何地波動，股市指數都會以艾略特的波浪形式開展。就像我們將說明的一樣，雖然波浪理論適用於個別股票，但是許多股票的波浪計算常常都太模糊了，所以並沒有很大的實用價值。換句話說，波浪理論可以告訴你某一個跑道的馬跑得快不快，但是無法告訴你哪一匹馬會贏得比賽。關於個別股票，與其硬是用艾略特的波浪計算來觀察股價的波動，不如用其他類型的股票分析方式，大概會更有幫助。

這是有其道理的。波浪理論寬鬆地容許個別投資人的態度與經濟狀況影響單一股票的走勢，或是影響一小撮股票的走勢，因為艾略特波浪理論就是反映每個投資人在決策過程中所持的態度與經濟狀況，而整體投資人的決策過程也是如此。從大盤的波浪型態來看，個別投資人或個別投資公司的個別投資情況會互相抵銷，剩下的就只是反映整個大盤走勢的大眾投資行為。換句話說，波浪理論反映的是整體人類的投資過程，而不是個人或個別公司的投資行為。公司會上市、下市，趨勢、時尚、文化、需求及慾望都會隨著人類的狀況而時起時落。因此，一般商業活動的進展會被波浪理論反映出來，但同時，每個個別的活動仍然保有自己的本質、自己的壽命，以及只與自己相關的一些力量。因此，每一家公司就像每個個人一樣，是整體市場的一部份，各自扮演自己的角色，而且最終總會回歸屬於自己的地方。

透過顯微鏡觀察一個小小的水滴，我們可能可以清楚地看到水滴有自己的大小、顏色、形狀、密度、鹹度以及細菌含量等等，但是如果小水滴是海洋的一部份，它自己的獨特性已不再重要，而是會隨著整個波浪與潮汐的力量而前進後退。紐約證券交易所（New York Stock Exchange）有超過兩千萬個「小水滴」握有股票，所以，紐約股市平均指數所反映的是世界上最大的群眾心理，這就不足為奇了。

雖然股市有這個重要特點，但是許多股票往往或多或少都會與大盤走勢趨於一致。平均來看，七成五的股票會隨著多頭市場上漲，而九成的股票會隨著空頭走勢下跌，不過，個別股票的價格波動通常會比大盤的波動幅度來得大。投資公司的封閉式股票以及大循環企業（cyclical corporations，這類公司所發行的股票會隨著商業週期而改變，例如鋼鐵業、水泥業、機械業、以及汽車業都是這類型的工業）的股票顯然比其他一般股票更貼近於大盤走勢，不過，新興成長股往往最能顯現出個別股票的艾略特波浪型態，這是因為投資人的強烈情緒左右了走勢。最好不要用艾略特理論去分析個別股票，除非這檔股票有非常清楚且不會錯誤的波浪型態在你眼前展開，而且接著最好要採取決定性的行動，不必管整體市場的波浪計算，要是將這樣的波浪型態置之不理，是會比付保險費還要危

美國鋼鐵公司

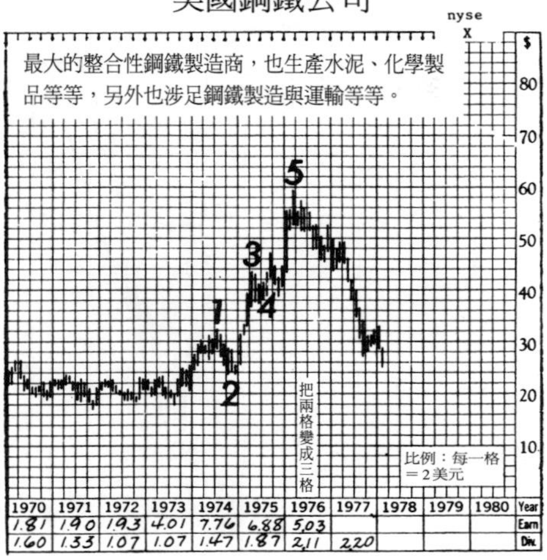

圖 6-1

梅杜沙公司

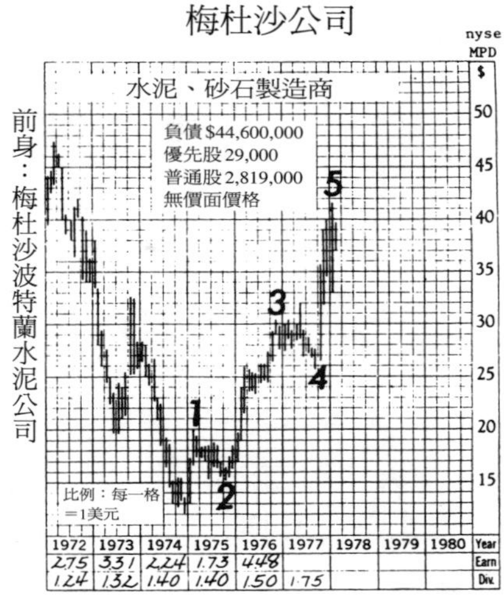

圖 6-2

道氏化學公司

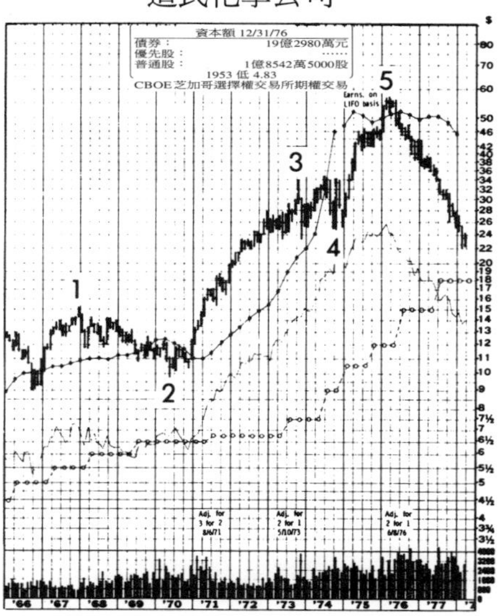

圖 6-3

伊士曼柯達公司

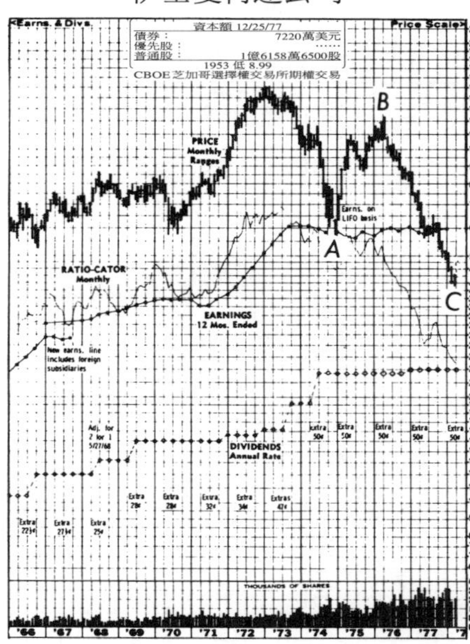

圖 6-4

坦迪公司

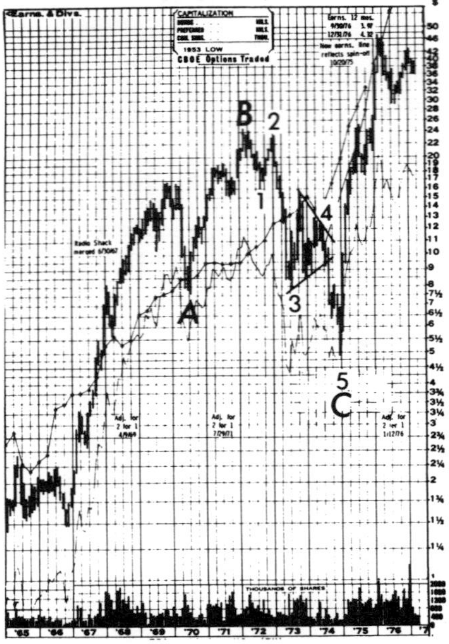

圖 6-5

休士頓石油礦物公司

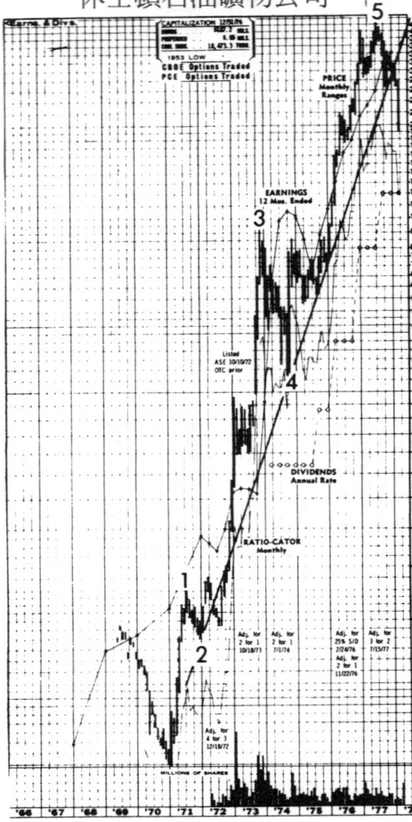

圖 6-6

克萊斯基連鎖店（也就是後來的凱瑪百貨）

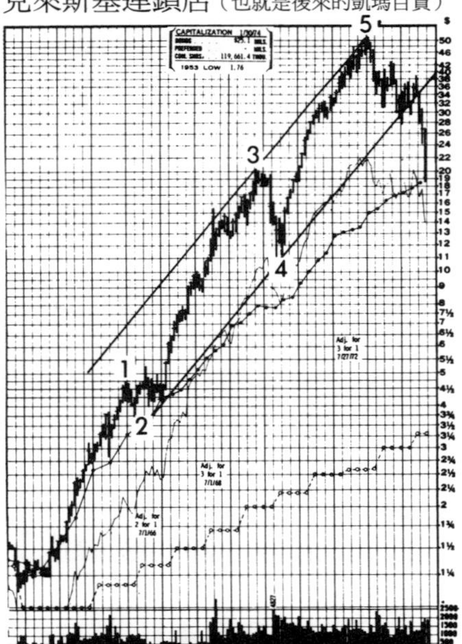

圖 6-7

險的。

雖然以上詳列了許多警告，但是在整個市場上仍有許多例子可以證明個別股票有時仍然會反映出波浪理論的情況，圖6-1至6-7所顯示的七檔個股，就顯現出三種波浪理論型態的狀況。第一，美國鋼鐵（U. S. Steel）、道氏化學（Dow Chemical）和梅杜沙公司（Medusa）的走勢圖顯示從空頭市場的低點反彈走了五波段的多頭行情。第二，伊士曼柯達（Eastman Kodak）以及坦迪公司（Tandy）以A-B-C三波段的空頭行情進入1978年。第三，凱瑪百貨（Kmart—就是以前的Kresge）與休士頓石油礦物公司（Houston Oil and Minerals）的走勢圖顯示出五波段長期的「成長」趨勢線，而且在滿足了艾略特的五波段之後，反轉跌破長期趨勢支撐線。

期貨商品（Commodities）

期貨商品和股票一樣有一些個別的特質。期貨商品和股票大盤走勢有一個不相同之處：期貨商品主要的多頭與空頭市場有時會彼此重疊。舉例來說，有時候一個完整的五波段多頭市場並沒有辦法讓期貨商品的價格創下新高，如同圖6-9所顯示的黃豆期貨走勢圖。因此，雖然在許多期貨商品走勢圖當中出現漂亮的大循環層級波浪，但是在某些例子中，可看得出的波浪層級似乎最多只到基本波或循環波，超過這些層級之後，波浪理論就不適用了。

另外，相對於股票市場，期貨商品市場所發生的擴延，最常出現在基本波或循環波多頭行情中的第五波，這樣的趨勢完全與波浪理論一致，也反映人類情緒的實際情況。在股票市場中，推動第五波前進的力量是「希望」，而在期貨商品市場中，推動第五波前進的力量是相對比較戲劇化的情緒——「害怕」，害怕通貨膨脹、害怕乾旱、害怕戰爭。在走勢圖上，「希望」和「害怕」看起來是不同的，所以期貨商品市場的「頂點」通常會看起來像是股票市場的

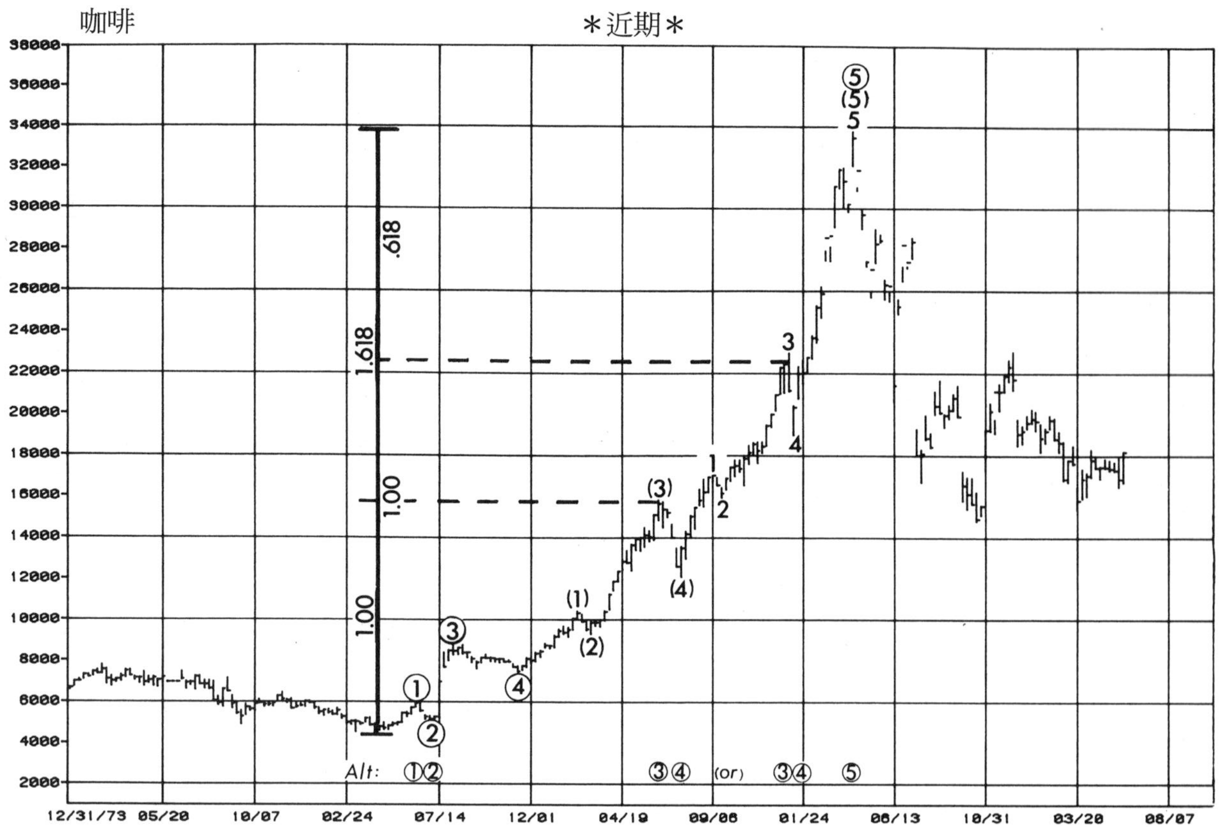
咖啡
近期
38000
36000
34000
32000
30000
28000
26000
24000
22000
20000
18000
16000
14000
12000
10000
8000
6000
4000
2000
12/31/73 05/20 10/07 02/24 07/14 12/01 04/19 09/06 01/24 06/13 10/31 03/20 08/07
.618
1.618
1.00
1.00
①
②
③
④
(1)
(2)
(3)
(4)
1
2
3
4
5
(5)
⑤
Alt: ①②
③④ (or) ③④ ⑤

圖 6-8

「谷底」。而且，期貨商品的多頭市場所發生的擴延波，通常會在第四波的三角型型態結束之後出現。因此，在股票市場中，三角型整理型態結束之後的行情通常是「又短又急」，但是在期貨商品市場大層級的多頭行情中，三角型整理型態之後通常會接著出現擴延式的漲勢，圖1-44的白銀走勢就是一個例子。

以擴延的橫向整理型態為基礎，由此做長期的突破走勢——這就會形成最佳的艾略特波浪型態，如同在1970年代不同時期的咖啡、黃豆、糖、黃金和白銀的情況。不幸的是，雖然從半對數走勢圖中可以看出艾略特趨勢軌道，但在期貨商品市場中，半對數走勢圖並不適用。

圖6-8顯示了咖啡從1975年中期到1977年中期這兩年所出現的價格暴漲情況，這個走勢無疑是一個「艾略特波浪型態」，即使小至小型波層級也是如此，利用比例分析，可以成功地預測出最高點的價格。在這個多頭行情中，從最低點到⑶波頂點的上漲長度，以及最低點到3波頂點的上漲長度，都各自將這個多頭行情切割成黃金比例。同樣也可以用走勢圖下方的波浪計算方式來計算這個行情走勢，那兩個頂點也可以如③波的頂點一樣地標示，同樣也可以滿足典型的比例分析準則。當整個趨勢型態達到第五波的頂點之後，顯然會出乎意外地突然發生一個殺傷力強大的空頭市場。

圖6-9顯示黃豆價格五年半的走勢。和咖啡的暴漲走勢一樣，1972年到1973年的黃豆走勢也是從底部快速地急劇揚升，目標價格區間也在此達到，把3波從底部到最高點的漲幅乘上1.618，幾乎正好等於從3波結束點到5波最高點的距離。在接下來的A-B-C型態空頭走勢中，展開了一個完美的鋸齒型態，而且在1976年1月達到最低點，這個修正波當中的B波幅度只比A波的0.618倍小一點。一個新的多頭市場在1976年到1977年來臨，這個多頭規模小於一般正常的多頭行情，因為第五波的高點略低於10.90元的目標價格。在這個例子中，3波的漲幅（3.20元）乘上1.618是5.20元，把5.20加上第四波的低點5.70，就得出10.90這個目標價格。

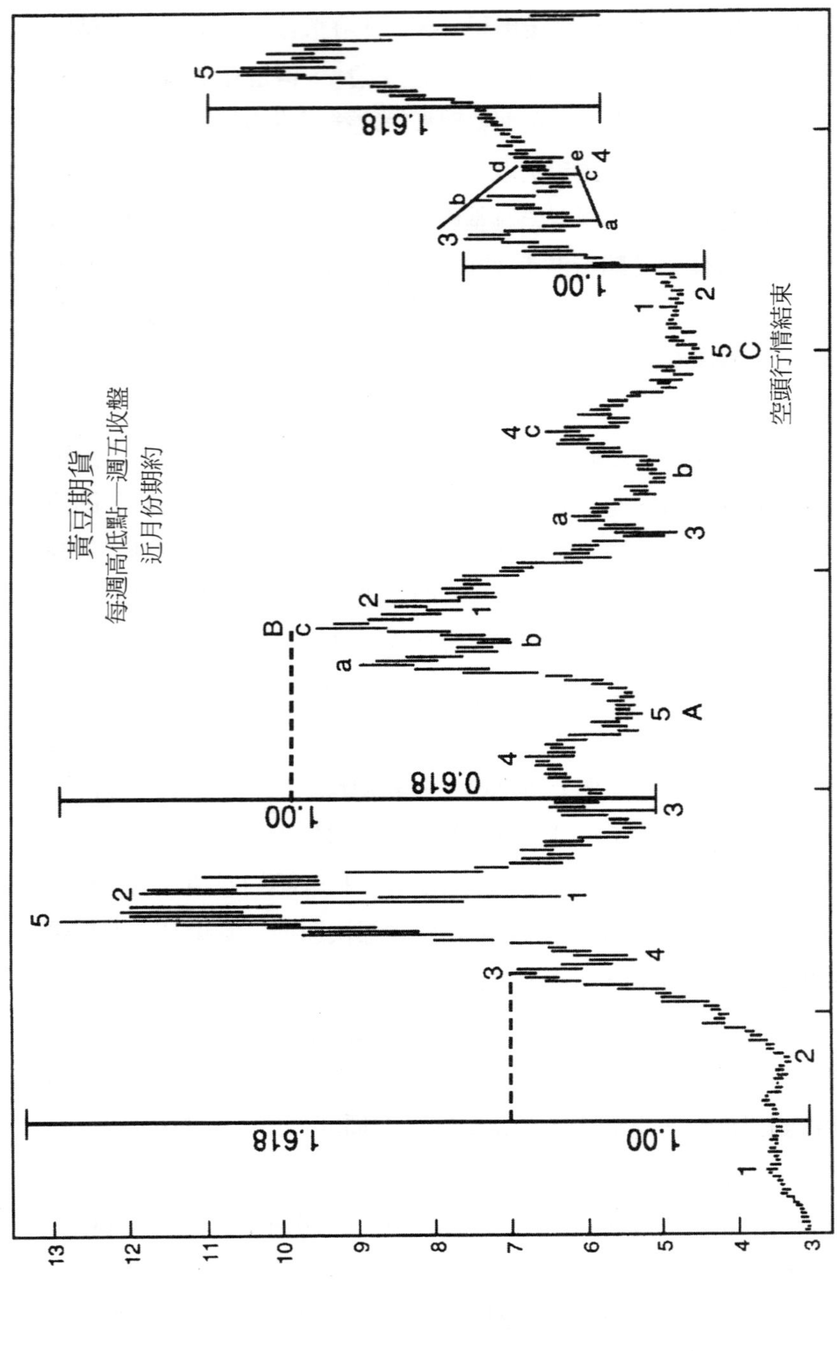

圖 6-9

這兩個多頭市場中，每一個市場計算波段目標長度的單位都是一樣的，都是以第三波的低點到高點的距離作為衡量的單位。這個距離是第五波長度的0.618倍，而這個第五波可以從第三波的頂點或是第四波的最低點算起，或者從第三波頂點跟第四波低點中間開始算起。換句話說，不論是哪一種情況，都是像我們在第四章所描述的：以第四波當中的某一個點來對整個波段行情做黃金分割。

圖6-10是芝加哥小麥期貨商品的週線高低點走勢圖。在達到6.45元的高點之後的四年中，價格呈現出艾略特A-B-C型態的修正波走勢，而且出現完美的內部波浪結構關係，其中B波是一個收斂式三角型，完全符合我們在第二章與第三章所討論的波形。這個波段走勢的五隻腳都完美地落在趨勢線上，不過這個收斂三角型出現一個不尋常的現象，三角型中的每個波段反映出黃金螺旋型，每一隻腳都與另一隻腳維持著費波納奇比例的關係（c = 0.618b; d = 0.618a; e = 0.618d）。一個典型的「假突破」發生在收斂三角型的尾端附近，不過造成這個突破的不是e波，而是C波當中的2波。除此之外，A波下跌的幅度大約等於B波當中的a波長度的1.618倍，也大約等於C波長度的1.618倍。

因此，期貨商品有一些特性可以反映出艾略特所發現的宇宙規律。我們似乎可以如此合理的預期：一個商品越有自己的個性，也就越不是人類所必需的，而這樣的商品就越不能反映出艾略特的型態。有一商品跟人類大眾的心理緊緊結合在一起，那就是——黃金。

黃金（Gold）

黃金在過去幾年的走勢往往與股票市場「背道而馳」。黃金價格從空頭變成多頭時，往往股票市場也正好處於即將從多頭變成空頭的轉折點，反之亦然。因此，艾略特理論對於黃金價格走勢的研究，也可以用來證明所預測的道瓊股市行情轉折點是否正確。

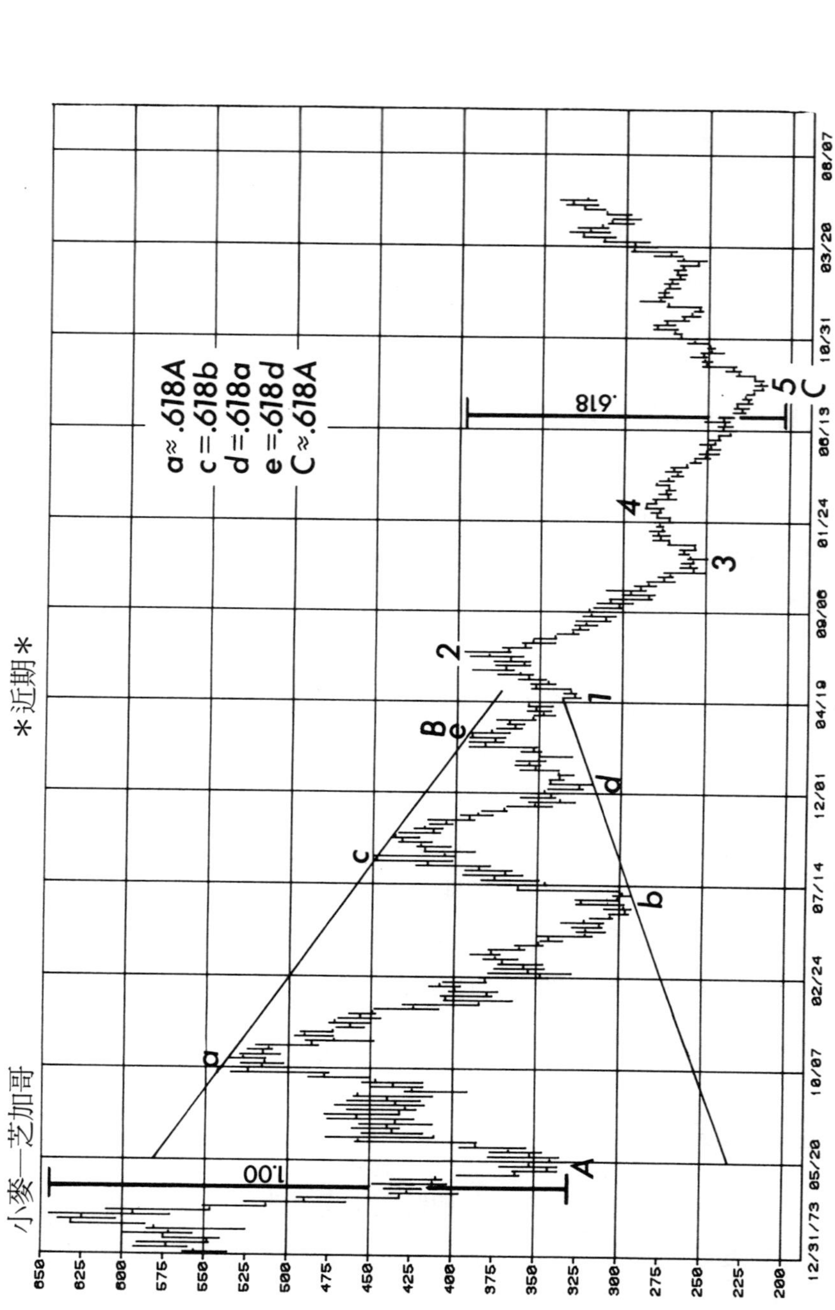
小麥—芝加哥
＊近期＊
a≈.618A
c=.618b
d≑.618a
e=.618d
C≈.618A
1.00
.618
A
B
C
a
b
c
d
e
1
2
3
4
5
12/31/73
05/20
10/07
02/24
07/14
12/01
04/19
09/06
01/24
06/13
10/31
03/20
08/07
650
625
600
575
550
525
500
475
450
425
400
375
350
325
300
275
250
225
200

圖 6-10

在 1972 年 4 月，美國政府將其維持很久的黃金固定價格提高，從每盎司 35 美元提高到每盎司 38 美元，而且在 1973 年 2 月再度提高到 42.22 美元。中央銀行基於貨幣兌換的理由而使用這個「公定」價格，再加上七〇年代早期非官方價格不斷上升，造成了所謂的「雙層」(two-tier) 制度。在 1973 年 11 月，由於自由市場的黃金供需之間必然產生的運作，使得公定價格制度與雙層制度雙雙廢止。

自由市場中的黃金價格從 1970 年 1 月每盎司 35 美元上漲到 1974 年 12 月 30 日「倫敦收盤價」的 197 美元，接著價格開始滑落，於 1976 年 8 月 31 日跌到 103.50 美元的低點，之所以會發生價格下跌的現象，從基本面的「理由」來解釋，是因為蘇聯、美國財政部以及國際貨幣基金 (IMF) 都在拋售黃金。不過在那之後，黃金價格又開始大幅回升。

美國財政部一直努力降低黃金在財政制度上所扮演的角色，而且大眾心理上也將黃金視為一個保值以及交換的媒介，但是儘管如此，黃金的價格走勢仍然呈現出一個清楚的艾略特型態。圖 6-11 是倫敦的黃金價格走勢圖，我們在圖上正確地標示出波浪層級，從圖中可以看到，黃金價格走勢一路揚升到 1974 年 4 月 3 日的高點 179.50 美元，呈現出一個完整的五波段行情。在 1970 年以前公定價格維持在每盎司 35 美元時，整個波浪的型態一直無法成形，不過也因此形成了一個必要的長期底部，由底部強力向上的這股突破行情走勢非常符合艾略特一個最清楚的波浪型態。

這個一飛沖天的五波段行情造就了一個近乎完美的波浪型態，第5波的結束點正好緊貼著上趨勢軌道線 (圖中並未畫出)。在這張圖中，期貨商品的典型費波納奇目標價格區間可以獲得驗證，從底部35美元上漲到 ③ 波高點的這 90 元漲幅，可以用來衡量出達到正統頂點的距離，也就是 90 美元 × 0.618 ＝ 55.62 美元，如果把 55.62 美元加上 ③ 波的頂點 125 美元，就會得出 180.62 美元的目標價格，這個價格就是正統高點的目標價格，而實際的行情走勢在 ⑤

倫敦金條

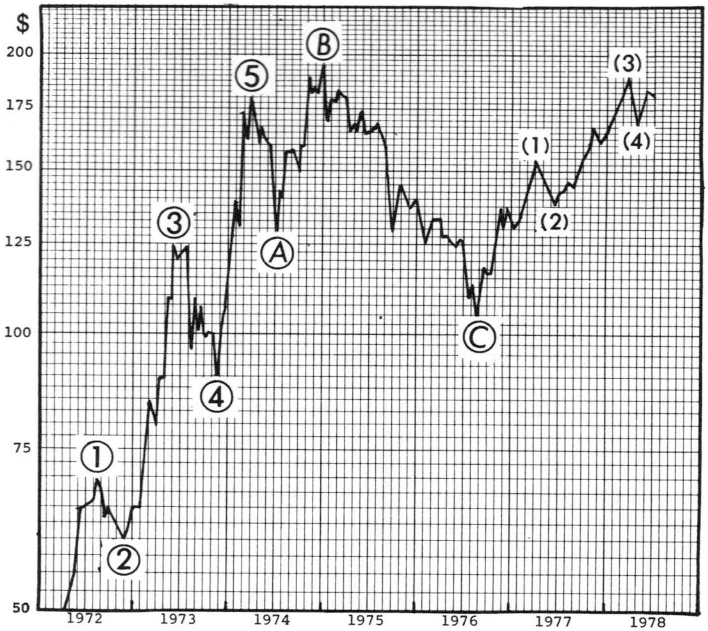

圖 6-11

波的高點落在179.50，確實相當接近180.62這個目標價。此外還有一件值得注意的事，179.50正好是底部價格（35美元）的5倍，而5也是一個費波納奇數字。

接著在1974年12月，歷經了 Ⓐ 波的修正之後，黃金價格攀升到每盎司將近200美元的新高，這一波行情是擴張平台修正的 Ⓑ 波所帶動，這個行情是沿著下趨勢軌道線向上爬，修正波當中的上升波段往往都是如此。就像所有「B」波一樣，這道上升波的騙人特質顯露無遺。首先，如同大家所知，新聞媒體對黃金的行情顯然是看漲的，因為美國人從1975年1月1日開始可以合法持有黃金。而表現上看似反常的 Ⓑ 波，卻在符合市場邏輯的情況下，於1974年的最後一天以最高價收盤。其次，包括北美與南非在內的金礦公司股價，都很明顯地表現不如預期，預先警示了對黃金市場多頭走勢的疑慮，因為假設中的多頭情況遲遲無法明確出現。

Ⓒ 波是一個毀滅性崩跌的波段，黃金股票會隨著此波嚴重地向下修正，使股價幾乎重回1970年開始上漲時的水準。關於黃金的價格，作者們曾經在1976年初期利用波浪理論把波浪之間的關係做了計算，根據計算，此波價格的低點應該在98美元，因為 Ⓐ 波下跌的幅度51美元乘上1.618，等於82美元，而如果從此波的正統高點180美元減掉82美元，就得出此波的低點目標是在98美元。這股修正波所出現的這個低點，正好落在前一個次一層級第四波的價格範圍區間之內，而且相當接近98美元的目標價，達到了1976年8月25日倫敦的黃金收盤價103.50美元，而8月正好是7月（道氏理論的股票價格高點）與9月（道瓊指數的高點）之間。

接下來的行情走勢到目前為止已經走完了艾略特波浪理論的四個波段，開始進入第五波，而第五波應該會將黃金價格推向歷史新高。圖6-12顯示出前三波的短期走勢圖，從1976年8月的底部一路攀升，圖中每一個波段都可以細分為五個推動波，而且每一個上升波段也都在半對數圖表上依循著艾略特趨勢軌道線而行進。這波

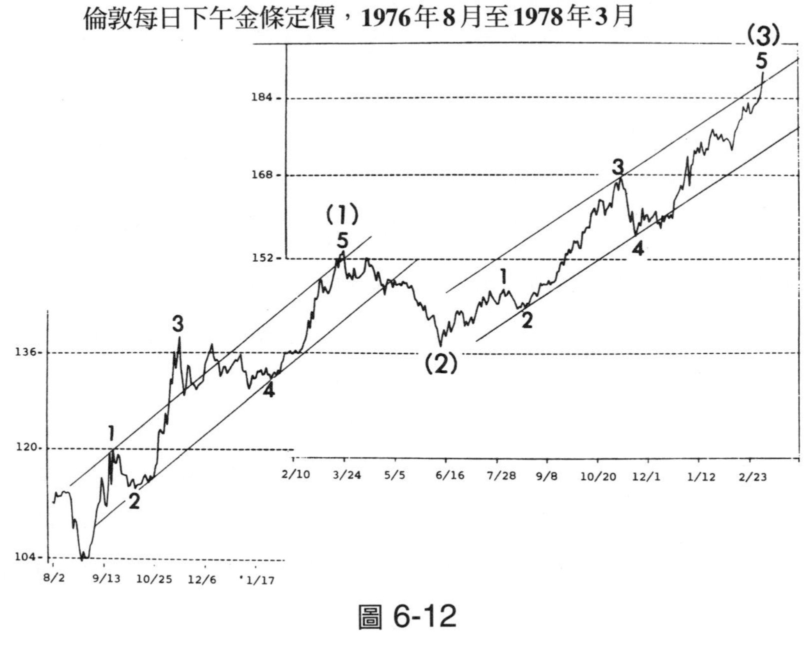

圖 6-12

揚升行情的幅度並不像之前第一個多頭揚升的角度那麼陡，因為之前那個多頭走勢是在多年的價格控制之後，一次總爆發的結果。當前這一波的揚升似乎很可能會反映出美元的貶值，因為就其他貨幣來說，金價並未接近歷史新高。

由於黃金價格在第四波的正常回檔之後仍然具有前一個第四波的價格水準，所以目前的波浪計數很可能是一個即將完成的五波序列，或是一個正在擴延的第三波。這樣的走勢暗示即將會出現超級通貨膨脹，股票市場與期貨商品市場會因而同時揚升，不過我們無法就此提出確切的看法。然而，Ⓐ - Ⓑ - Ⓒ 擴張平台修正波暗示下一個波段中將會出現一個大飆升，市場將會達到新高。不過，你應該記住，期貨商品自己會形成多頭市場，而且是不需要發展到更高波浪與更高層級的多頭市場。因此，不見得一定得假設黃金已經從35美元的低點進入一個強大的第三波。如果行情走勢一直遵循著艾略特的定律，從103.50元的低點開始向上形成一個很明確的五波段，就應該視之為一個臨時性的賣出訊號。但是不論如何，98元仍然應該是任何重大下跌行情的底部區。

從歷史的角度來看，黃金是穩定社會經濟的一個錨，而且有非常好的成效。黃金所能提供給世界的就是一個戒律，也許這就是為何許多政治人物要不孜不倦地努力輕忽它、指責它，並試圖讓它失去貨幣功能。不過，各國政府似乎總會設法持有一定的黃金存量來「以防萬一」。如今，黃金有如昔日的遺跡一樣，隱身國際金融的幕後，不過它仍然可以預示未來。一個有紀律的生活是具有生產力的生活，而且這樣的概念適用於各個層面的辛勤工作，從農地耕作到國際金融都是。

黃金傳統上是用來保值的，儘管黃金價格或許會有很長一段持穩的時間，不過持有黃金仍然是一種保險，除非這個世界的金融系統非常巧妙地經過重整——這樣的發展似乎不可避免，不管是經由設計或是經由自然的經濟力量而造成。不論如何，紙幣永遠無法取代黃金而成為保值的工具，這大概也是另一種自然法則。

第七章

股票市場的其他分析方法
及其與波浪理論之間的關係

道氏理論（Dow Theory）

根據查爾斯・道（Charles H. Dow）的理論，股市行情的主要趨勢是一個寬廣、吞沒一切的一個「潮汐」，這個潮汐會被「波浪」打斷，或者說是被次級的反作用力和反彈所打斷，而更小的波動就是波浪上面的「漣漪」，這種小波動基本上是不重要的，除非這種小波動形成一條線（所謂「線」，指的是側邊修正的結構，至少持續三個禮拜，而且價格波動在5%以內）。道氏理論的主要工具是運輸類股平均指數（前身是「鐵路平均指數」）以及工業股價平均指數，代表人物有威廉・彼得・漢彌爾頓（William Peter Hamilton）、羅伯特・利亞（Robert Rhea）、李察・羅素（Richard Russell）以及喬治・謝佛（E. George Schaefer），他們使道氏理論更加完備，但從未改變其基本原理。

一如查爾斯・道所觀察，把木樁打進海邊的沙裡，當海水潮起潮落時就會在木樁上標示出潮汐的方向，同樣的，行情走勢圖也是以這樣的原理來顯示價格移動的方向。這樣的經驗於是衍生出道氏理論的基本法則：由於兩個平均指數（運輸類股平均指數以及工業股價指數）都來自同一個海洋，所以其中一個指數的漲落變化必須和另一個指數一致，才算正確可靠。因此，如果只有一個平均指數在已確立的走勢中達到新高或新低，但另一個指數並沒有時，我們會說未來可能還會有新高點或新低點出現。

艾略特波浪理論與道氏理論有共通之處。如果市場是處於往前進的推動波當中，市場應該是「健全的」，這點可從波浪的幅度以

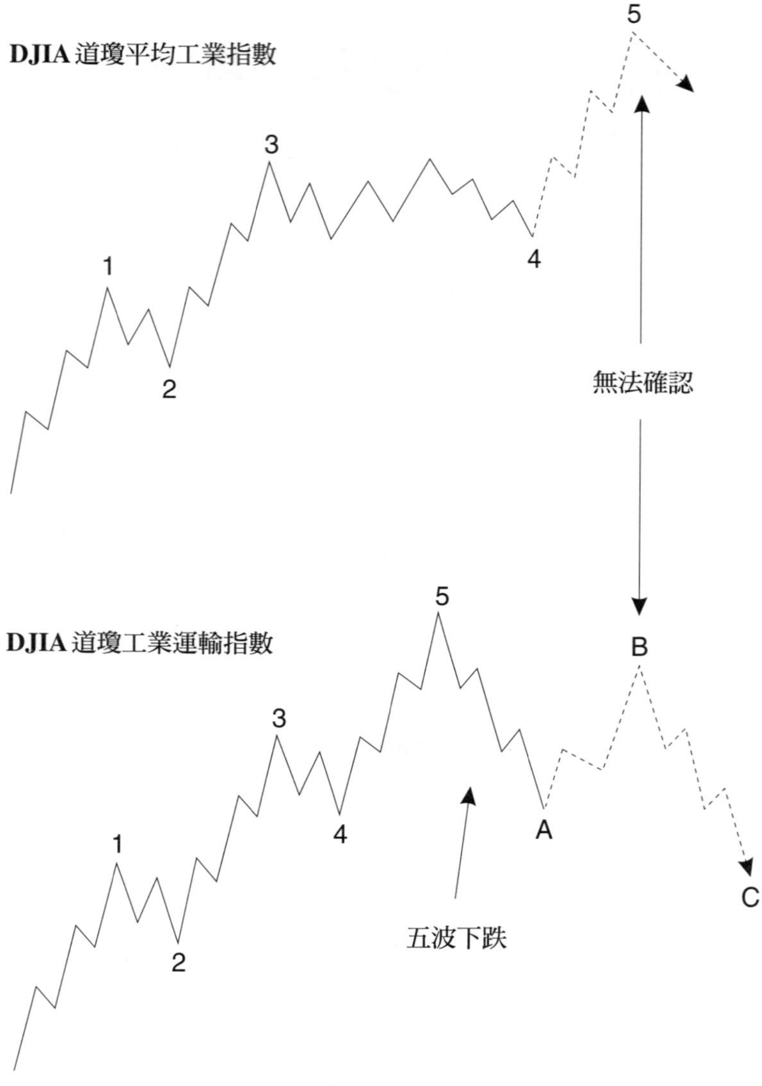

圖 7-1

及其他指數中獲得應證，而如果市場是處於修正波或最後波段時，「脫軌」或「無法確認」的情形就可能會發生。道氏的信徒也從市場的前進走勢中看出三個心理「階段」，而因為道氏理論與艾略特理論所描繪的都是實際的股市狀況，所以道氏理論者所說的這三個階段與艾略特所說的1、3、5推動波的特性（我們已經在第二章大致說明了這些特性）並無不同。

波浪理論證實了大部分的道氏理論，但是道氏理論當然並沒有證實波浪理論，因為艾略特的波動概念是有一個數學基礎，只需用一個平均指數來說明，而且是根據一個特定結構逐漸開展的。不過，這兩種理論都有實證的結果做依據，並且在理論上或實際執行上彼此相輔相成。舉例來說，艾略特的波浪計數常常可以使道氏理論家預先警覺到即將出現「無法確認」的情形。如圖7-1所示，如果道瓊工業指數已經完成四波主要走勢，並且走完了一部份的第五波，而道瓊運輸指數正處於鋸齒修正波的「B」波段反彈行情，那麼就必然會出現無法確認的情形。事實上，這種型態的發展已經不只一次幫了我們這幾位作者的忙。以1977年5月為例，當時的運輸指數正攀向新高，可是工業指數在1、2月時的那一波五波下跌早就清清楚楚地提出警訊：運輸指數中的任何反彈都注定會造成無法確認的狀況。

反過來說，如果出現了道氏理論中的無法確認狀況，常常也能提醒艾略特理論的分析師去檢視他的波浪計數，看看接下來是否會有個逆轉現象出現。因此，如果了解其中一種方法，就能在運用另外一種方法時產生輔助的效果。因為道氏理論是波浪理論的先驅，所以道氏理論的歷史意義以及多年來的表現，理應受到尊重。

「康卓提耶夫波浪」經濟循環（The “Kondratieff Wave” Economic Cycle）

中美洲的馬雅人以及古代的以色列人早就觀察得知：「大難與重生」會以五十年到六十年（平均五十四年）為一週期而循環。這種循環的現代版就是經濟與社會趨勢的「長期波動」，由蘇俄經濟學家尼寇萊・康卓提耶夫（Nikolai Kondratieff）在1920年代觀察得知。康卓提耶夫以可獲得的有限資料證實：現代資本主義國家的經濟循環往往是以「擴張與緊縮」為一週期，反覆出現，每一個循環為時約半個世紀多一點點。這些經濟循環的規模相當於波浪理論中的大循環波（如果出現擴延波，則偶爾會相當於循環波）。

圖7-2是《一般媒體金融週刊》（*The Media General Financial Weekly*）所提供，顯示出1780年代至2000年之間理想中的康氏循環概念以及這些循環與批發物價之間的關係。請注意，圖5-4的超大循環波中，（I）波的起始點到1842年（II）波裡的a波的最低點，大致形成一個康氏循環，發生擴延的（III）波則和（IV）波形成兩個康氏循環，而我們目前正在進行的循環波（V）也將會形成一個康氏循環。

康卓提耶夫指出，戰爭會造成物價上揚，而如果經濟受惠於這樣的物價上揚，通常就會發生「波谷」（trough）戰爭（也就是發生於循環谷底附近的戰爭），結果經濟就會復甦，物價會因而上揚。反過來說，如果經濟復甦進展良好，而且政府以通貨膨脹的手段來支付戰爭的費用，就會發生「波頂」（peak）戰爭，物價因此又會飛漲。經濟達到頂點之後會出現一個主要衰退期，接著會出現一個為時約十年的不膨脹「高原」期，此時就會漸漸回到比較穩定且繁榮的時期，這個階段結束之後，緊接著會出現好幾年的通貨緊縮以及嚴重的不景氣。

美國的第一個康氏循環始於獨立戰爭（Revolutionary War, 1775-1783）時的「波谷」，在1812年的第二次獨立戰爭中達到「波頂」，接下來的「高原」期是所謂的「好感時代」（Era of Good Feeling），接著就出現1830與1840年代的不景氣。就如詹姆士・舒曼（James Schuman）與大衛・羅森諾（David Rosenau）在他們所著的《康卓提耶夫波動》（*The Kondratieff Wave*）一書中所描述，第二與第三循環的開展，在經濟與社會層面都出現驚人的類似之處，第二循環的高原期是出現在南北戰爭之後的「重建」期，而第三循環的高原則恰逢第一次世界大戰之後「興旺的二〇年代」（Roaring Twenties）。高原期通常都會造就出良好的股票市場，尤

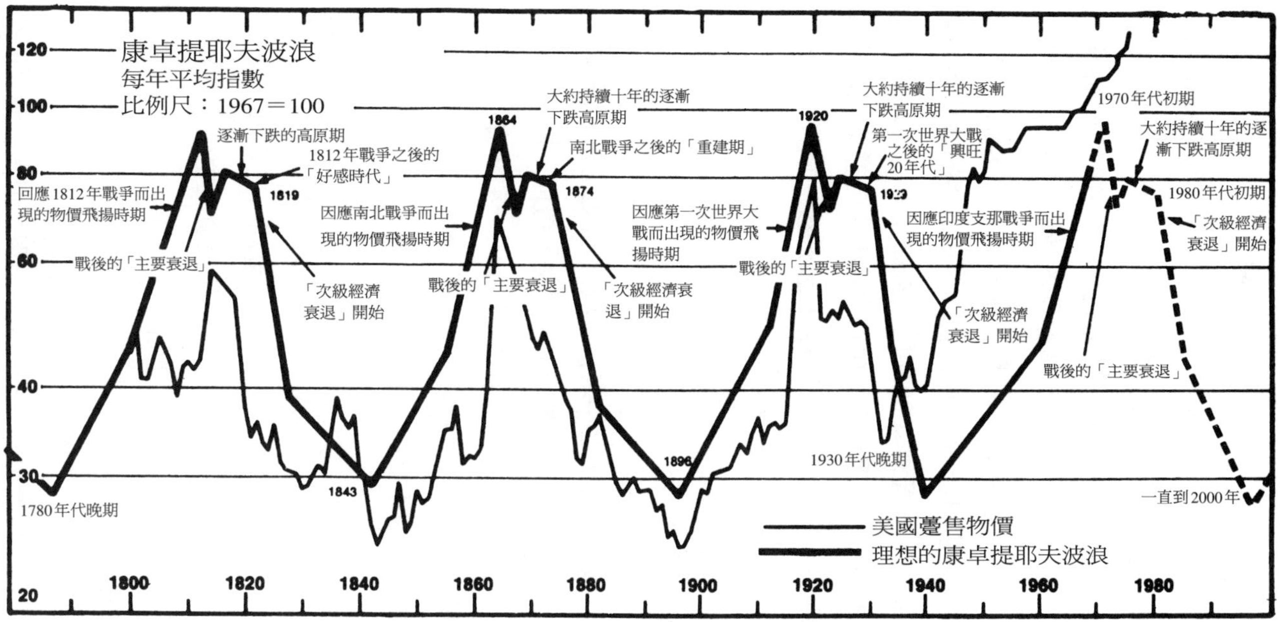

圖 7-2

*1983年4月16日那份特別報告（請參閱附錄中的圖A-8）看出，最後一波經濟緊縮結束於1949年，比這張圖所標示的時間要晚一點，所以所有預測都隨之往後順延。《波浪之頂端》（*At The Crest of the Tidal Wave*）一書的附錄B有這張圖表的修訂版。

其是1920年代的高原期，在那個年代，興旺的股市最後以大崩盤告終，接下來的「大蕭條」以及全面的通貨緊縮一直持續到1942年左右。

在我們所解釋的康氏循環裡，我們目前已經到達另一個高原，已經經歷過一個「波谷」戰爭（第二次世界大戰）、一個「波頂」戰爭（越戰），以及一個主要的經濟衰退（1974-1975）。伴隨這個高原期而來的，應該是一個相對比較繁榮的時代，股市也應該是一個強勁的多頭走勢。根據這個循環的一個解讀方式來看，經濟應該會在1980*年代中期崩盤，接著會出現三年或四年的嚴重不景氣以及長期的通貨緊縮，一直到2000年的「波谷」為止。這個假想情況完全符合我們的處境，而且可能會符合第五上升循環波以及接下來的大循環下跌波，如同我們在第五章以及最後一章將進一步討論的。

循環（Cycles）

股市的「循環」分析法近年來相當流行，因為投資人紛紛尋求一些工具來幫他們處理一個反覆無常的趨勢。這種分析方法非常有效，而且在分析師的巧手之下更是分析股市的一項法寶。不過，我們認為，「循環」分析法雖然能像其他技術分析工具一樣讓你在股市中賺到錢，但是它並不能反映出股市進展背後那個法則的真正菁華。

艾略特波浪理論結合了道氏理論及其他一兩種相關的方法之後，產生出一大批群眾相信「所有多頭市場都有三隻腳」，而同樣不幸的，循環理論最近也讓許多分析師和投資人堅信「四年一循環」。我們似乎有必要做一些適度的評論。首先，任何一個循環的發生，並不代表在循環的後半段就不可能出現新高點。循環的算法應該是從低點到低點，而不考慮中間的市場波動。其次，雖然在戰後時期（約三十年）可看出四年一循環的出現，但是在此之前卻只有零星、不規則的證據可以顯示它的存在，這表示在歷史上的任一時期，循環都會有緊縮、擴張、更動或消失的情形發生。

如果你已經可以很成功地使用循環分析法，波浪理論就可以有效地協助你預測循環長度的變化，那些變化看起來忽隱忽現，通常都不會有什麼警訊。舉例來說，你可以注意到，在現行的大循環波次級 II、III、IV 波裡，大多可以很清楚地看到四年的循環，但是在 1932 至 1937 年多頭市場的 I 波裡（以及在那段時間之前），四年的循環是模糊且扭曲的。如果你還記得，一個多頭的五波行進裡，兩個較短的往往會相當類似，因此我們可以推論說，目前的循環波 V 波應該會比五波中的任何一波都更像 I 波（1932-1937），因為 1942 年到 1966 年的 III 波是個擴延波，會有別於另外兩個推動波。因此，目前的 V 波就應該是一個週期較短的循環，結構也比較簡單，可能會使一般的四年一循環驟減為比較可能的三年半一循環。換句話說，在波浪之內，循環往往會在時間上趨於恆久不變。不過，當下一波開始時，分析師就應該注意循環週期的變化。目前，循環理論學家以四年和九年循環為基礎，預測 1978 年和 1979 年會發生大崩盤，但是因為我們不相信這種預測會實現，所以我們引用了下面一段話，出自查爾斯·柯林斯（Charles J. Collins）所寫的〈艾略特波浪理論——再評價〉（“Elliott’s Wave Principle－A Reappraisal”），由波頓春布雷公司（Bolton, Tremblay & Co.）於 1954 年出版：

> 在所有循環理論學家當中，只有艾略特（雖然他已於 1947 年逝世，但其他人都還活著）為循環理論提出一個基本背景，這個背景與戰後時期（至少到今日）實際發生的狀況相當一致。
>
> 根據正統的循環分析，1951 年至 1953 年的證券及期貨商品市場即將發生近乎大浩劫的情形，而且這個時期也將以不景氣為主。這個分析型態如果不如預期出現，大概才是好事一

椿，因為我們相當懷疑，歷經一個幾乎與1929至1932時期同樣具殺傷力的跌勢之後，自由世界是否還能倖存。

我們認為，分析師可能會無止盡地繼續試圖判定循環的固定週期，不論所獲得的成果是多麼微不足道。不過，波浪理論顯示，市場所反映的螺旋形性質多過於循環性質，自然的性質多過於機械的性質。

新聞（News）

雖然大多數的財經新聞都以當前發生的事來解釋股市的波動變化，但是新聞與股市之間很少有任何有價值的關聯。報紙大多過分誇大好消息與壞消息，而且這些消息通常都是經過選擇性地審查，以便提出看似有理的解釋來說明市場的波動。在《自然法則》一書中，艾略特對新聞價值的評論如下：

> 新聞頂多是對早就已經在運作的力量做遲來的認定而已，而且只有不了解走勢的人才會覺得新聞很令人驚訝。經驗老到且成功的交易員早就知道，不能仰賴任何人解讀股市相關新聞的能力。不可以把任何一則單一新聞或一連串的發展視為是任何持續走勢的基本原因，事實上，長期以來，同樣的事件會產生極為不同的影響，因為走勢的狀況是截然不同的，只要隨便研究一下道瓊工業平均指數四十五年來的紀錄，就可以證明這種說法是正確的。
>
> 在那個時期，一直都有國王被暗殺、有戰爭、有戰爭的謠言、有榮景、有恐慌、有破產、有「新紀元」、有「新政」，有「信用破產（trust busting）」，還有各式各樣歷史、情感的發展。然而，所有多頭市場都是以同樣的方式在運作，而所有空頭市場也同樣表現出類似的特性，這些特性會操控、衡量市場對各類新聞所做出的反應，也會操控整體走勢各個部分的程度

> 及比例。這些特性經過評估之後，可以用來預測市場的未來動向，不論新聞報導為何。
>
> 有時也會有像地震之類完全無法預料的事發生，儘管如此，不論發生了多麼出人意料的事，你似乎都可以安然地做出結論：任何這類事情都很快就被漠視了，而且事件發生之前的既定走勢也不會因此而轉向。你如果把新聞視為左右股市走勢的因素，那麼你乾脆去賭馬可能還會有更好的運氣，而不必仰賴自己得正確猜測出某一則大新聞的意義了。因此，「要看清楚樹林」，唯一的辦法就是，在四周的群樹中找一個高高在上的位置。

艾略特看出，形成股市中明顯型態的，並不是新聞，而是某種別的東西。一般來說，重要的邏輯分析式問題（analytical question）並不是新聞本身，而是股市在新聞中有多重要，或是看起來有多重要。在股市日益看好的時期，股市對一則新聞的反應通常有別於股市低迷的時候。要在歷史股價走勢圖中標示出艾略特波浪的進展是很容易的，但是要根據股市波動紀錄來挑出人類最戲劇性活動——戰爭——的發生，是不可能的，因此，隨著新聞而起伏的股市心理有時候是有用的，尤其如果股市的走勢與「正常」的預期相反時。

從我們的研究可以看出不僅新聞往往會落後於股市，而且新聞也會完完全全跟隨著股市的進展。在多頭走勢的第一波與第二波當中，報紙頭版都會報導一些容易造成恐懼與憂鬱的新聞。一般而言，基本面消息最糟的情況似乎都是在第二波市場達到谷底時，然後在第三波時基本面好轉，並在第四波前段短暫達到高點，在第五波中途基本面仍然是好的，而且表現出第五波的特性，不像第三波那麼具有動能（請參閱第二章「波浪個別的特性」）。當市場達到頂點時，基本面消息仍然一片大好，甚至還會更好，但是雖然如此，市場已經開始要反轉向下了。接著，在修正波段開始進行之後，不好的基本面消息開始再度增加，然後這種新聞（或者說是「基本面」）

就會從市場中開始釋出，反映在一兩個波段中。新聞事件與股市之間的平行進展，顯示出這兩者在人類事務上具有一致性，而且往往可以更加確認波浪理論就是人類經驗中不可或缺的一部分。

技術分析者以一個可理解的方式來解釋新聞與股市之間的時間差，他們辯稱，市場已經「預料到未來可能的狀況」，也就是說，實際上，市場已經預先在社會情況變化之前就做出正確的猜測。這個理論一開始很具有吸引力，因為從之前的經濟發展甚至社會政治事件來看，股市顯然在政經情況實際發生變化之前就察覺到了。不過，如果因此就認為投資人都是洞察力驚人，那就不太實際了。我們幾乎可以確定的是：事實上，人類的情緒狀態與趨勢（反映在股價上）會使得他們的行為最終影響到經濟統計數字與政治狀況，也就是說，會製造出「新聞」。總而言之，從預測這個目的來看，股市就是新聞。

隨機漫步理論（Random Walk Theory）

學術界的統計學者已經發展出「隨機漫步理論」，這套理論主張：股價是隨機波動，不會依循可預測的行為型態而波動。根據這個理論，股市分析是毫無意義的，因為研究股市的走勢、型態，或者研究個別股票固有的優缺點，都不會有什麼收穫。

不論業餘投資人在別的領域是多麼成功，他們通常會發現，要了解這個奇異的、「不合理的」、有時劇烈的、看起來隨機的股市走勢，是很難的。學術界的人都很聰明，但是他們當中有些人為了找個理由來解釋自己為何無法預測到股市走勢，就會堅持說預測股市是不可能的。有許多事實證明，預測股市並非不可能，而且這些事實並非全然都是純理論的。舉例來說，光是看看那些非常成功的專業交易員，就可駁斥隨機漫步理論，他們每一年都做出了上百件，甚至上千件的交易決策，還有那些股票投資經理人與分析師，他們在自己的職業生涯中努力航向事業的顛峰。從統計學上來看，這些人的優異表現證明，推動股市進展的這股力量，並非是隨機的，也不完全只是因為機率使然。市場有一個與生俱來的天性，而有些人察覺出這個天性，所以可以獲得成功。一個短線操作的人如果每星期做數十次買賣決定，而且每星期都能賺到錢，這種情形發生的機率，遠遠低於（在完全隨機的情況下）連續丟出五十次出現人頭的銅板。大衛・伯格米尼（David Bergamini）在《數學》（*Mathematics*）一書中說道：

> 每個人都曾經以丟銅板的方式來練習機率的理論。不管是賭正面還是賭反面，都是很公平的，因為正反兩面出現的機率各一半。沒有人會預期每丟兩次就會出現一次正面，但是如果丟的次數很多，所出現的結果往往就是正面一半、反面一半。如果想要連續五十次都出現人頭，可能必須動員一百萬人一分鐘丟十次，一個星期丟四十個小時，而且即使如此，每九個世紀才可能丟出一次連續五十次人頭。

圖2-16所描繪及討論的是在1978年3月1日的740低點之後，紐約證交所前八十九天的交易情形，從這張圖表就可以看出隨機漫步理論與現實的差距是多麼的大。從那張圖表以及圖5-5的大循環波走勢圖可以看出，紐約證交所並非毫無節奏、原因，就雜亂無章地漫步。一小時又一小時、日復一日、年復一年，道瓊指數的價格變化都會形成一連串的波浪，這些波浪都可以再組合成更大的型態，也可以細分為比較小的型態，所有這些型態都完全符合艾略特早在四十年前就提出的基本法則。因此，本書的讀者一定可以看出，艾略特的波浪理論隨時都在駁斥隨機漫步理論。

技術分析（Technical Analysis）

艾略特波浪理論不僅證明了圖表分析的效用，而且可以協助技術分析師找出最具實用意義的波形。與波浪理論一樣，技術分析

（如同羅伯特・艾德華〔Robert D. Edwards〕與約翰・馬冀〔John Magee〕在《股票走勢技術分析》〔*Technical Analysis of Stock Trends*〕一書中所描述）也看出「三角型」這種波形一般來說是走勢內部的現象。「楔形」的概念與艾略特的傾斜三角型相同，而且也有同樣的意義。旗子與三角旗分別是鋸齒與三角型，「長方形」通常就是雙重三波或三重三波。「雙頂」通常是由平台所造成的，而「雙底」則是未完成的第五波所造成。

在一般的艾略特頂部中可以辨識出著名的「一頭雙肩」型態（請參閱圖7-3），不過依照艾略特的理論，如果出現擴張平台修正，一頭雙肩或許就不會發展成功（請參閱圖7-4）。要注意的是，一頭雙肩通常會伴隨著出現成交量下滑的現象，這種情況完全與波浪理論不謀而合。圖7-3中，3波的成交量將會最大，5波會稍微減少一點，而B波通常會更小，如果B波屬於中型波層級或更低的層級。圖7-4的推動波會出現最大的成交量，B波通常次之，而C波的第四波會最小。

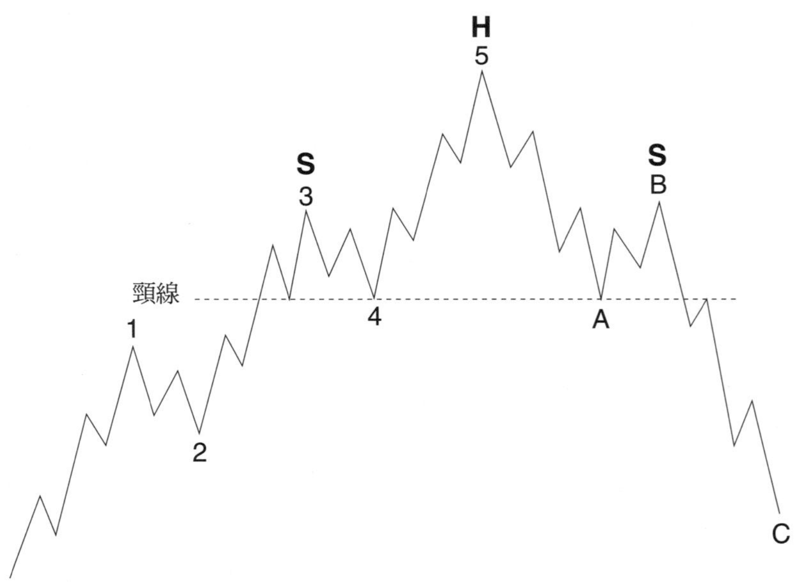

圖 7-3

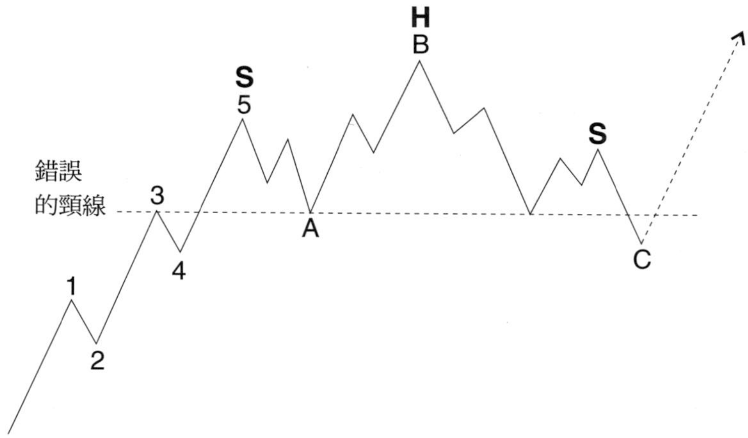

圖 7-4

在技術分析與艾略特的波浪理論中，趨勢線與趨勢軌道的作用是一樣的。在一般的波浪進展中，以及在空頭市場的範圍內（第四波如果過於短促，則後續將出現更大的跌勢），都可以明顯看出支撐與壓力的現象。高成交量以及大漲大跌都是即將發生「突破」的特徵，通常會發生於第三波，因為第三波的特性（請見第二章的討論）符合「突破」的需求。

儘管技術分析與艾略特理論有一致之處，但是多年來使用波浪理論之後的經驗告訴我們，把典型的技術分析應用於股市指數，會讓我們彷彿是在科技先進的時代還以石頭為工具，有自我設限的感覺。

技術分析所使用的工具「指標」通常極為有用，可以用來判斷、確認市場的動能或是每一種波浪背後所代表的群眾心理狀態。投資人心理的指標——像是追蹤記錄賣空（short selling）、選擇權買賣、市場意見調查等等的指標——會在C波、第二波和第五波的結束點達到最高（低）的水準。動能指標可以顯示在第五波以及擴張平台修正的B波中，市場力量（所謂市場力量，就是價格變動的速度、幅度、成交量）的消退，形成「動能分散」現象。由於個別指標的效用會因為市場結構的改變而隨著時間漸漸改變或消失，所以我們強烈建議，應該把這些指標用於輔助計算艾略特波浪，但是不能過於依賴這些指標而忽略了有明顯凶兆的波浪計數。的確，有時從波浪理論中的聯合準則中可以看出某種市場環境，在這樣的市場環境中，可以預測出某些市場指標一時的變化或失效。

「經濟分析」法（The "Economic Analysis" Approach）

機構基金經理人與顧問目前極為盛行的股市預測方法是：利用利率走勢、一般的戰後商業週期行為模式、通貨膨脹率以及其他一些衡量工具，來預測經濟的變化。在我們看來，不聆聽市場本身的訊息就想要測出市場的走勢，是註定會失敗的。甚至還不如說：用股市來預測經濟，會比用經濟來預測股市，來得更可靠一些。此外，從歷史的角度來看，我們強烈地感覺到，儘管各種經濟狀況可能會在某一個時期，以某些方式，與股票市場息息相關，但這樣的關係很容易在看似不注意的情況下就有所改變。舉例來說，經濟衰退有時會開始於空頭走勢的起點附近，而有時卻直到空頭走勢結束時才發生。另一種會發生變化的關係是通貨膨脹或通貨緊縮的發生，在某些情形下，這兩者其中之一發生時似乎是股市看漲時，而在其他情形下卻是股市看跌時。同樣的，由於擔心資金緊俏，許多基金經理人從 1978 年退出市場之後直到今日都未再進場，而在 1962 年大崩盤時，他們也正是因為欠缺這種恐懼，所以才會不斷地投入資金。利率走低，常常會接著出現多頭走勢，但是最糟糕的市場跌勢也會伴隨而來，像是 1929 到 1932 年的大崩盤。

雖然艾略特聲稱，在人類的各行各業裡，都可以顯露出波浪理論，比方說，就連申請專利的頻率這種事都看得到波浪理論的存在，但是，已故的漢米爾頓・波頓卻特別強調，可以用波浪理論回溯到 1919 年來看出金融的走勢變化。華德・懷特在他所寫的〈股市裡的艾略特波浪〉（"Elliott Waves in the Stock Market"）一文中也說，可以運用波浪分析來解讀金融數字的走向，就像以下這段摘錄所描述：

> 通貨膨脹率在最近幾年對股價造成很重大的影響。如果把消費者物價指數的百分比變化（從前一年的開始）畫成圖表，那麼從1965年到1974年底的通貨膨脹率看起來就像是一個1-2-3-4-5型態的艾略特波浪。前一個戰後商業循環之後的另一個通貨膨脹循環已經從1970年開始發展，而未來的循環發展仍然未知。不過，這些波浪很有用，可以暗示出轉折點，就像1974年底的轉折點一樣。

在許多不同的一系列經濟資料中，若要取決轉折點時，艾略特的波浪觀念很有用。舉例來說，從1966年到1974年大約八年左右，可動用的銀行預備金（net free banking reserves）——懷特說，「預備金走勢的轉折點往往會先於市場的轉折點」——基本上都是負數。1974年底的一個五波下跌的終止，暗示出一個主要的買點。

為了證明波浪分析在資金市場中也很效用，我們提出了圖7-5這個美國長期公債價格的波浪計數（利率8.375%，2000年到期）。即使是在這個短短的九個月價格型態中，我們也可以看出反映了艾略特的方法。圖表中有三個交替的例子，每個第二波與每個第四波都出現交替的現象，其中一個鋸齒，另一個就是平台。上趨勢線包含了所有的反彈。第五波是擴延波，而擴延波本身也落在趨勢軌道之內。以現階段的解讀來看，公債市場近一年來最佳的行情不久就要出現了。

因此，儘管金融現象可能是以很複雜的方式與股價產生關聯，根據我們的經驗，只要價格波動，就一定會產生艾略特的型態。很顯然地，影響投資人操作投資組合的那些因素，很可能也會影響銀行家、商人及政治人物。如果各個層面的原動力出現這麼多交錯的交互作用力時，你很難分辨出何者為因，何者為果。艾略特波浪可

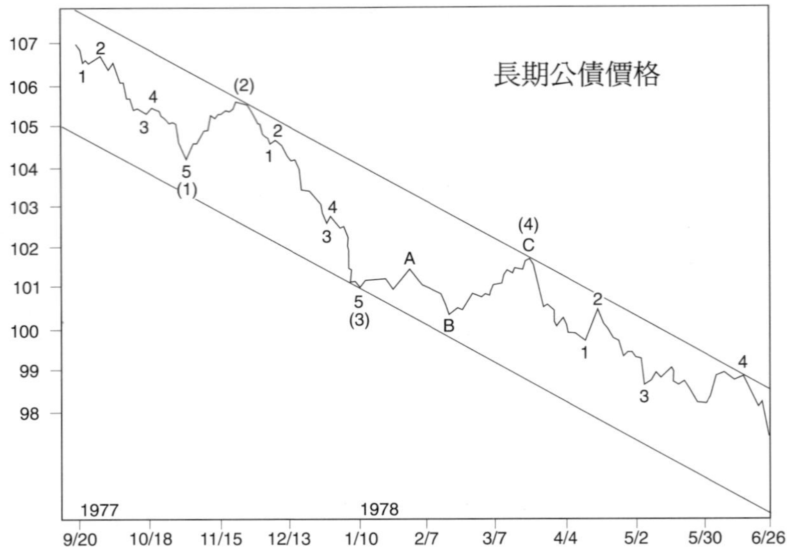

圖 7-5

以反映大眾的心理，而且影響力擴及人類行為的所有範疇。

外生力量（Exogenous Forces）

我們並不排斥這樣的想法：外生的力量可能引發出人類尚無法了解的某些循環與型態。舉例來說，有些分析師一直懷疑太陽黑子的頻率與股價之間存在著一種關聯，所根據的基礎是：磁性輻射的改變會對群眾心理造成影響，包括投資人。查爾斯・柯林斯在1965年刊出一篇名為〈太陽黑子活動對股市影響之探究〉（"An Inquiry into the Effect of Sunspot Activity on the Stock Market"）的論文，他在文中指出，自從1871年以來，如果太陽黑子的活動提升到某個程度以上，通常都會有嚴重的空頭市場接著出現。比較近期的還有波耳博士（Dr. R. Burr）的《生存藍圖》（*Blueprint for Survival*）一書，他提出報告說，他已經發現地球物理循環與植物的電能變化程度有驚人的關聯。有好幾項研究顯示，可以從大氣層受到離子與宇宙射線撞擊的變化來看出對人類行為所造成的影響。的確，有一些分析師利用行星的排列組合（行星的排列組合顯然會影響太陽黑子的活動），成功地預測出股市行情。1970年10月，《費波納奇季刊》（*The Fibonacci Quarterly*，由位於美國加州的聖塔克拉拉大學的「費波納奇學會」發行）刊出一篇由瑞德（B. A. Read）所寫的論文，他是美國陸軍通訊社的一位上尉。這篇文章標題為〈太陽系裡的費波納奇數列〉（“Fibonacci Series in the Solar System”），文中證實了，行星之間的距離以及周期呈現費波納奇關係。這種與費波納奇數列之間的密切關係意味著，股市行為模式以及影響地球生物的宇宙力量之間，或許不僅只有一種隨機的關聯而已。儘管如此，現階段我們可以假設：社會行為模式所呈現的艾略特型態，是導因於人類心理與情緒性格，以及他們在社會環境中所產生的行為趨勢，我們對這樣的假設就已經心滿意足了。如果人類的這些行為趨勢是由外生力量所引發，或是與外生力量密不可分，未來將會有別人去證明其中的關聯。

第八章
艾略特如是說

未來十年的股市趨勢

要對股市做長期預測是一件「不可能的」任務，也是相當危險的，不過如果只是為了要示範我們是如何運用波浪理論來分析股市走勢，我們還是決定要冒險一試。這個風險在於，就算我們的想法在未來幾年會隨著股市走勢而有所改變，但是本書中根據我們從1978年7月以來所獲得的知識而做成的分析，卻不會有所改變。我們只能希望讀者不會因為某一個相當大膽的預測剛好沒有實現，就斷然排拒波浪理論。好了，先把這些有所保留的話說在前頭之後，現在就讓我們直接進入主題做分析。

根據艾略特的說法，始於1932年的大循環波多頭走勢已經差不多走完了，市場目前正處於循環層級的多頭階段，這個層級依次由五個基本波組成，其中兩個基本波很可能已經發展完成。從這個長期的走勢圖來看，我們可以歸納出幾個結論。首先，在未來幾年內，股價應該不會像1969-70年或1973-74年一樣形成空頭走勢，至少一直到80年代早期或中期以前都可能不會如此；其次，在循環波的第五波時，「次級」股市應該會帶頭主導（但是不會較第三波時強烈）；最後，或許也是最重要的一點，這個循環波應該不會發展成穩定且持續很久的1942-66年類型的多頭市場，因為在任何層級的波浪結構中，一般來說只會有一波出現擴延。因此，既然1942年至1966年已經是一個擴延波，那麼目前的循環波多頭行情應該會是一個比較簡單、為時較短的結構，就像1932-37年和1921-29年的股市一樣。

由於道瓊平均指數一直到最近都持續在下滑，股市瀰漫著一片悲觀的氣氛，因而產生幾種扭曲的「艾略特」詮釋，在這些詮釋的發酵作用下，照理說應該僅僅是稍作修正的基本波第二波，卻出現了慘跌的現象。因為大家將艾略特理論扭曲解釋了，所以便有人預估近期的未來道瓊平均指數將在200點以下，對於這樣的分析，我們只能引用漢米爾頓・波頓對《銀行信用分析師》所做的1958年艾略特波浪理論補述中第12頁的陳述：

> 每當市場進入空頭階段，我們就會發現有人認為可以用「艾略特」來證明將會出現更低的股價。雖然對「艾略特理論」的解釋有相當大的彈性空間，但是仍然不能完全扭曲原義。換句話說，就像是業餘曲棍球隊對抗職業曲棍球隊一樣，你可以更動一些比賽規則，但是基本上還是得堅守原來的基本規則，否則很可能就變成是在創造一項新型的球賽。

依我們看，最可能的空頭走勢應該會是：循環波IV波尚未結束，而且最後的下跌波段還在進行中，即使如此，預計最多也只會下跌到道瓊平均指數520點，也就是1962年出現的④波的低點。不過根據圖5-5所畫出的軌道趨勢線，這種情況出現的可能性也是非常低。

基本上，目前似乎有兩種合理的解釋。第一，有些證據顯示可能會有一個大的傾斜三角型形成（請參閱圖8-1），這個三角型可能會完全由劇烈的上下振盪以及一再介入的跌勢所造成。自從1975年10月低點（784.16點）在1978年1月跌破以來，形成了可能是三波的基本波進展。這個傾斜三角型似乎很可能就是一個合理的循環波多頭行情，因為在傾斜三角型中，每一個趨勢波都是由三波所組成而不是五波所組成。就是因為這個始於1974年12月的循環波是大循環波的第五波，所以一個大傾斜三角型可能正在形成中。如果市場真的如此發展的話，我們最終的上漲目標區可能就得調降到1700點，因為傾斜三角型的結構基本上是很脆弱的。到目前為止，相對於市場的其他層面，道瓊平均指數不佳的表現似乎一直支

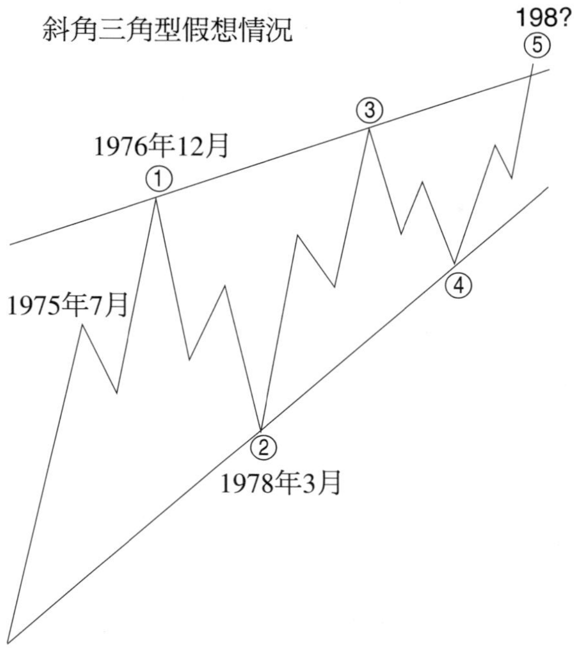

圖 8-1

持著這個論點。

除了傾斜三角型之外，另外一個最可能的解釋是：從1975年7月到1978年3月的所有波動是一個大的A-B-C擴張平台修正，類似於1959-62年的市場模式，請參閱圖8-2的圖解，從圖中也可看出可能會有一股相當強勁的飆漲隨之而來，如果這個解釋是正確的，那麼我們所設定的價格目標應該是可以達到的。

我們是根據一項基本原理來預測道瓊指數的股價，這個原理是：一個五波序列的三個推動波段中，往往會有兩個波段的長度是均等的，尤其如果第三波是擴延波的話。以目前的循環波來說，由於半對數（百分比）與I波（從1932年到1937年）相等，因此正統高點會接近2860點（確切地說是2724點，也就是獲利的371.6%），這是一個相當合理的目標，因為趨勢軌道線顯示高點可能會落在2500點到3000點的區間。如果你認為這些數字高得離

② 波的擴張平台修正波

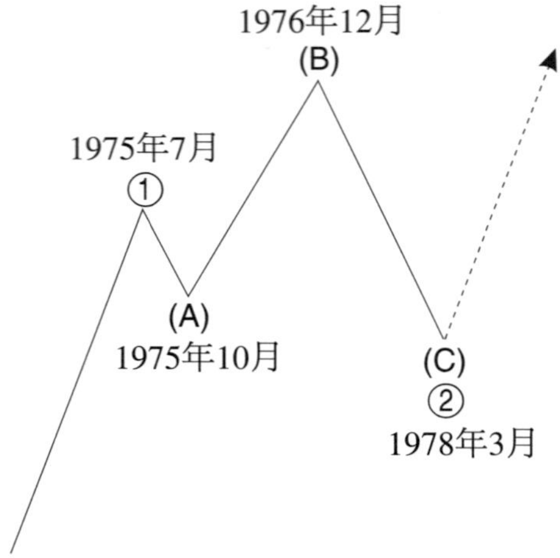

圖 8-2

譜，只要看看過去的股市資料就可知道這個比例波動並非不常見。

在1920年代的多頭市場（循環層級的最後第五波）之前，股市在100點以下「工作」了九年之久，而道瓊指數目前也已經結束在1000點以下長達13年的「工作」，這是一個相當有意思的比較。而且，根據艾略特的解釋，道瓊指數在1928年的正統頂點出現在296點，所以接下來的正統頂點預估也會出現在大約同樣的相對水準，儘管擴張平台修正波可能會暫時將指數拉抬至更高的價位。我們預估最後的結束點會接近大循環波的上趨勢軌道線，如果出現突破（throw-over）的現象，那麼隨之而來的回跌速度將會迅雷不及掩耳。

如果目前的市場真如圖8-2所解釋的一樣，那麼我們就可以畫出一個合理的1974到1987年市場行進圖，只要把1929-37年的走勢圖顛倒過來連接在1978年3月低點740的後面，就可以畫出如圖8-3的圖形。雖然這張走勢圖僅僅稍具輪廓，但是從圖中確實可以看出五個基本波的形狀，而且第五波發生擴延。同時也滿足了交替（alternation）的原則，因為②波是一個平台修正，而④波是一個

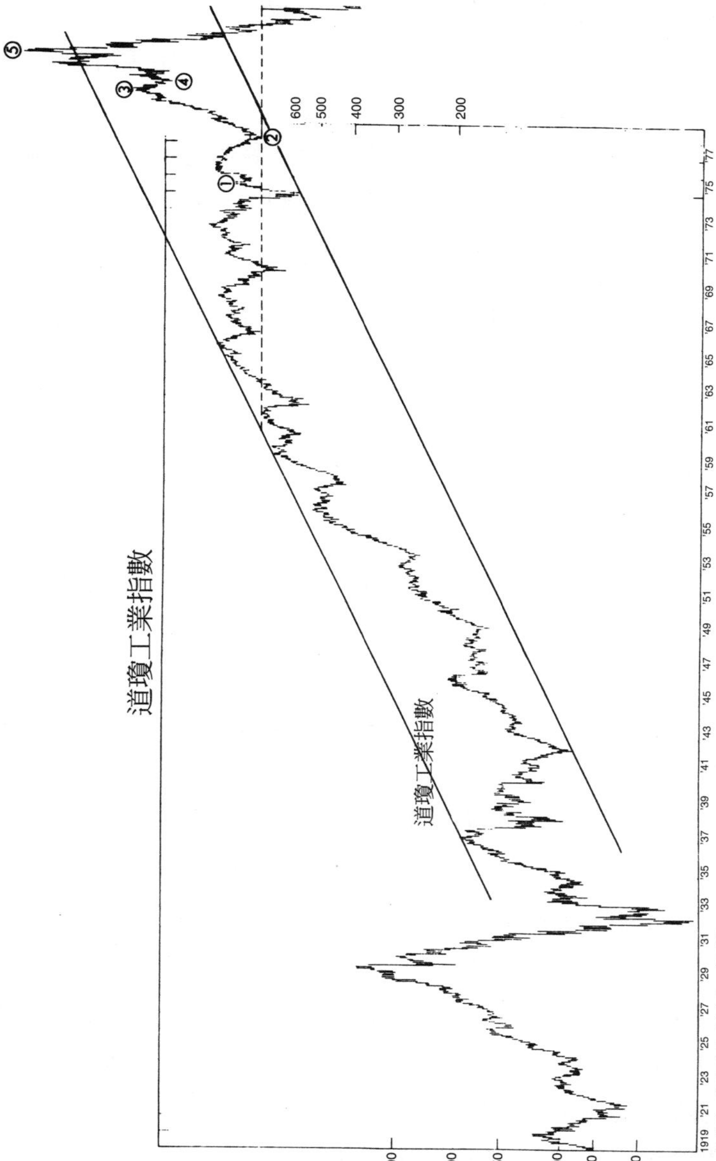

「銀行信用分析師」提供

圖 8-3

鋸齒。值得注意的是，預計會在1986年出現的反彈行情將會在740點這條虛線上停止（我們已經在第四章確立了740點這個價位的重要性）。因為1932年到1937年的循環波多頭行情持續了五年，而目前的多頭市場已經進行了三年，兩者相加是八年（I波長度的1.618倍），正好是目前這個循環波的長度。

談到時間因素，為了支持我們的結論，我們先就市場中幾個主要的轉折點來檢視費波納奇數列，就讓我們從1928-29年開始。

費波納奇時間表

轉折點	持續時間	高點	低點
		?	?
1928-29	55	1983-84	
1932	55		1987
1949	34	1983	
1953	34		1987
1962	21	1983	
1966	21		1987
1970	13	1983	
1974	13		1987
1974	8	1982	
1979	8		1987

第四章所列的反向的費波納奇時間表也同樣將這些年份看成是轉折點。

上述的公式只跟時間有關，而且所引起的問題也只是：1982-84年會是一個高點或谷底？1987年會是一個高點或谷底？不過，從前一個市場結構來看，可以預期1982-84年會是一個主要的高點區間，而1987年將會是一個主要的低點。因為第三波發生了擴延，所以在這個大循環波中，第一波和第五波都將會是最短的兩波。因為I波歷時五年之久（5是一個費波納奇數字），所以V波可能會持續八年之久（8是下一個費波納奇數字），一直持續到1982年結束。因為I波和II波都各持續了五年，所以如果IV波和V波也都各持續八年的話，波段結構上常常就會出現某種對稱的情形，而且，I、II、IV、V波的時間總長度也會大約等於擴延的III波的總長度。

我們還可以完全只根據算術的方式，推論出1982-84年區間是目前這一個大循環波可能的終點區。在趨勢軌道線之間（涵蓋目前的大循環波的價格波動在內）的走勢進展應該會在1983年左右，在2860點的價格目標附近碰觸到上趨勢平行軌道線。

從圖4-17這張班納-費波納奇循環圖表中，我們或許可以獲得其他的一些想法。那張圖表已經證明可以用來成功地預測1964年到1974年概括的股市波動情形。至少在目前，班納理論似乎佐證了我們對未來的結論，因為這個理論在此時顯然產生出1983年的高峰，以及1987年的谷底。不過，儘管我們預期這個推測趨勢在接下來的十年都能適用，但是就像其他循環公式一樣，它也將會在下一個下跌的大循環波當中慢慢失效。

就連尼寇萊・康卓提耶夫（Nikolai Kondratieff）所發現的五十四年經濟循環理論（第七章曾討論過），也認為1987年——1987年與1933年的大蕭條深淵相隔五十四年——會很合理地有段時期在市場谷底盤旋，特別如果目前的高原期能衍生出足夠的樂觀來讓股市在1987年之前出現一段強勁的行情。多數循環理論家都暗示，現在或1979年可能會發生一道「殺手波」，我們卻持相反的意見，原因之一是，一般投資人的心理似乎並沒有準備好接受失望所帶來的衝擊。最重要的幾次股市大崩盤都是因為投資者過於樂觀，高估股市情勢。但是目前完全沒有瀰漫這股氣氛，因為歷經八年猛烈的空頭市場之後，如今的投資人已經變得更加謹慎、保守、悲觀。不過當股市站上高點時，投資人這種防禦的態度也就不會那麼明顯了。

好吧，那接下來呢？難道我們又進入另一個1929年到1932年的混亂時期嗎？

1929年時，由於投資人相繼撤出股市，市場有如飛機遇到氣穴而驟降一般，急劇暴跌。一旦投資人失去理性，就算金融界領導人再怎麼努力也無法遏止這樣的恐慌。過去兩百年來曾經發生過的這類情況，通常都會接著出現三到四年經濟和股市的混亂情形。類似1929年的大蕭條時期已經有五十年沒再看過了，儘管我們希望這樣的情形永遠不要再發生，但是歷史卻不這麼認為。

事實上，股市的四個基本變化可能會在未來某個時間造成股市真正的恐慌。第一個變化是：機構投資人（法人）主宰市場的力量越來越大。如此一來，單一個人的情緒左右市場的能力就會更大，因為數百萬元或甚至數十億元都可能是由某一個人或某個小委員會所操控。第二個變化是：選擇權（option）市場的崛起。在這種市場中，當市場逼近頂點時，許多「小額投資者」將會握有他們的股份，在這樣的情形下，價值數十億元的紙上資產可能會在紐約證券交易所一日的交易中就消失殆盡。第三個變化是：長期獲利稅收的申報，從半年的持股時間延長到一年。這樣一來，那些為了避稅而堅持只做長期投資的人就更不能賣股票了。最後一個變化是：證券交易所通過法令，廢除紐約證券交易所中專營特定證券的經紀人角色，這將會迫使證券業專門從事仲介的角色。一些證券公司為了維持市場的流動性，就會因而必須承擔非常高的股票權益，一旦股市暴跌時，這些公司自然也就會損失慘重。

恐慌是情緒上的問題，而不是艾略特理論的問題，波浪理論只是幫助投資人警覺股市走勢的變化，不論是變好或變壞。與其試圖預測未來十年確實會發生什麼，倒不如想想自己要的到底是什麼。不論我們多麼努力地對未來做長期的預測，我們的推測仍然只是暫時的，除非等到第五基本波的第五中型波的第五小型波從1974年的低點開始進行，當這個「第五波中的第五波」快要結束時，艾略特波浪理論的分析家應該就能看出這波循環多頭走勢的結束位置。用波浪理論的各項原理分析股市走勢時，切記最重要的是波浪的計算，我們奉勸你要正確無誤地計算波浪，並且千萬不要預設立場就盲目前進。雖然我們在本書中列舉了不少證據來支持我們的預測，但是只要波浪顯示我們必須放棄先前的預測，我們一定會毫不遲疑地就去做。

然而，如果事實證明我們的預測是對的，目前的大循環層級的V波一旦結束，就會開始形成新的一個超大循環波。第一階段可能會在1987年左右結束，並且把股市從高點再度拉回到1000點左右的水準。最後，這波超大循環空頭走勢應該會走到預期的目標區內，也就是前一個大循環層級的第四波範圍之內，介於道瓊指數41點和381點之間。不過，儘管我們仍然懷疑頂點之後是否真的會立即出現恐慌，我們當然還是不能做出任何明確的預測。在A-B-C的波形中，A波通常會扮演主要推動的力量，但是C波卻更常出現暴跌的走勢。查爾斯・柯林斯（Charles J. Collins）道出他所害怕的最糟情況：

> 我的看法是：大循環層級的V波結束的同時，過去四、五十年來全世界金融的狂歡作樂以及凱因斯式的愚蠢大概也將面臨危機。而且既然V波也結束了超大循環波，那麼我們最好還是到避風港去避一避，直到風暴平息為止。

自然法則（Nature's Law）

為什麼人類一再地掀起暴風，然後再不斷地避難以免遭受暴風侵襲呢？安竹・狄更生・懷特（Andrew Dickinson White）在所著的《法國不兌現紙幣的通貨膨脹》（*Fiat Money Inflation in France*）一書中，詳細地檢視了過去某一個時期，在那段時期，「經驗屈服於理論，單純的生意經屈服於財經空談」。驚訝於這種現象的亨利・海茲利特（Henry Hazlitt），在這本書的引言中對人類一再重複的通貨膨脹試驗做了以下的省思：

> 或許其他幾個重大通貨膨脹事件的研究——像是1716年至1720年間約翰・勞（John Law）對法國的信用所做的試

驗；1775年和1780年間大陸幣（Continental currency，美國獨立戰爭時期由大陸會議所發行的貨幣）歷史的研究；美國南北戰爭時發行的美鈔研究；1923年達到高峰的德國通貨膨脹的研究——會有助於強化這個教訓的重要性。難道我們得從這份一再重複的駭人紀錄中再一次得出這個令人沮喪的結論：人類從歷史中學到的唯一一件事是人類並沒有從歷史中學到任何東西？或者我們仍然有足夠的時間、足夠的意識、足夠的勇氣，可以被這些可怕的過去經驗牽著走？

我們已經好好地思考了這個問題，而且得到了一個結論：人類有時會拒絕接受自然的其他法則——顯然這也是自然法則之一。如果這個假設錯誤，那麼可能永遠也不會發現艾略特波浪理論，因為它可能永遠也不存在。波浪理論之所以存在，一部分的原因是因為人類拒絕從歷史中學習，這是因為人類總是會被牽著鼻子走而去相信2加2能夠（而且確實是）等於5。人類也會被牽著鼻子走而相信自然法則並不存在（或者更常認為：「自然法則不適用於這個情況」），也相信要用掉的東西不需要先生產、被借走的東西也永遠不需要償還、允諾的東西就等同於實質的東西、紙就是黃金、不需要花費任何成本就可以有利潤、對恐懼視而不見或是一笑置之，就會讓理智所支撐的恐懼消失無形。

恐慌是因應事實而突然產生出的一種情緒化的集體認知，從恐慌谷底開始上升的情況也是如此。在這些時刻，理智會突然戰勝群眾心理，說：「事情的發展已經太過火了，目前這個情況不符合實際的狀況。」直到理智被漠視之後，接著就會再度出現非理性的集體情緒，而且反映在市場上。

在自然界的許多法則當中，目前的艾略特大循環波當中最容易被忽略的是：除了家庭或慈善機構之外，自然界的每個生物都是靠自己才存在的。大自然最美之處在於功能上的多樣性，每個生命元素都與其他生命元素糾結在一起，只要供養了自己，通常也就供養了他人。自然界中只有人類會認為自己有權要求鄰居支援他，其實這樣的權利並不存在。每一棵樹、每一朵花、每一隻鳥、每一隻兔子、每一匹狼從自然界所取的東西也是自己所提供的東西，他們不會從其他生物的努力中獲取任何東西，若是這樣做的話，就會大大降低其他生物的繁盛之美，也就會損及整個自然界的繁盛之美。人類歷史上最崇高的試驗之一就是美國式的人類自由，以及孕育這種自由所必需的條件──自由企業資本主義。這個觀念讓人類擁有自由，免受他人束縛──不論是封建地主、鄉紳、國王、主教、官員或是要求免費麵包與馬戲團表演的暴民。這項試驗的多變性、豐富性和美麗已經在歷史記載中引人注目，代表自然界一個最重要的法則，也是千年波最後的一大成就。

美國的開國之父們並沒有一時心血來潮挑選一個頂端戴著千里眼的金字塔作為美國的國璽圖案，他們採用的是代表宇宙真理的埃及象徵，來頌揚一個完美社會的結構，而這樣的社會是以人性的認知與自然法則的運行為基礎。過去一百年來，基於政治因素，開國之父們的話已經被扭曲，他們的本意也被曲解，以至於最後產生出迥異於當初的社會結構。美元（上面印有美國國璽）的貶值也正反映出美國社會和政治結構價值的滑落，這是很諷刺的一件事。事實上，在寫作本書的此刻，美元幣值與1913年聯邦準備金監察小組（Federal Reserve Board）成立時相較已大大不同，現在的一美元只等於當時的十二分錢。伴隨著貶值而來的，幾乎一定是文明水平的下降。

我們的朋友李察・羅素（Richard Russell）如此形容這個問題：

> 我堅定相信，如果每個人都能完完全全為自己**負責**，那麼這個世界的問題就會迎刃而解（地球將與天堂無異）。在與數百個人談話的過程中，我發現五十個人當中也找不出一個人能好好堅持自己、為自己的生命負責、做自己份內的事、承受自

己的痛苦（而不是把痛苦加諸在其他人身上）。這種不肯負責任的情形也同樣蔓延到金融界，如今，人們在每件事情上都堅持自己的權利——只要你和我付出代價就可以了。人們有工作權、上大學的權利、快樂的權利、一天吃三餐的權利，是誰答應讓每個人擁有這些權利？我信仰各式各樣的自由，只要自由不致淪為一種許可證，也不會造成傷害，但是美國人卻分不清自由和權利的界線在哪裡。

湯瑪斯·貝賓頓·麥考萊爵士（Lord Thomas Babington Macaulay，英國歷史學家兼政治家）早在一百多年前就正確地指出這個問題的根源所在，他於1857年5月23日寫給紐約的藍道爾（H. S. Randall）信中提到他的看法，信中部分內容摘錄如下：

> 我衷心地希望你獲得好的判決，但是我的理智與願望卻相互交戰著，使我不禁要預言可能會發生最糟的情況。很明顯地，你的政府永遠也無法控制痛苦、不滿的多數人民，因為對你們而言，多數即是政府，總是佔少數的富人得聽任多數的擺佈。未來一定會有這麼一天，到時紐約州裡一群早餐吃不飽、晚餐沒著落的民眾將會選出國會。你還需要懷疑他們會選出什麼樣的國會嗎？這一邊是一個政治家，在大力宣揚耐心、教人尊重既有的權利、嚴格奉行大眾的信仰；另一邊則是煽動人心的政客，大肆抨擊資本家和放高利貸者的專橫，質疑在數以千計的老實人連生活必需品都付之闕如的同時，為何有人可以喝著香檳美酒、搭乘馬車？
>
> 我真的很擔心你在我所描述的逆境中，會做出萬劫不復的事情來。我擔心你們會做出像那些在糧食歉收的年代把所有穀種吞下肚的人一樣的事，使得來年不僅是歉收，而是不折不扣的鬧饑荒。你的國家如果不是出現凱撒或是拿破崙之類的強人來操縱政府，就是會在二十世紀遭到野蠻人的掠奪及蹂躪，就像在第五世紀的羅馬帝國一樣，唯一不同的是，蹂躪羅馬帝國

的匈奴和汪達爾人是外來的入侵者，而掠奪你們的匈奴和汪達爾人則來自你們自己國內，是國家體制下的產物。

資本（穀種）是用來生產更多的資金以及收入，以確保下一代的福祉。一旦透過社會主義的政策來揮霍的話，資本就會沒了；人類可以把草莓做成果醬，但是永遠無法使草莓恢復原狀。

隨著時光的推移，為了要滿足某些個人和團體的需求，人類越來越會透過國家這部大機器開始搾取自己所創造的事物，人類不僅抵押自己現有的產品，也將下一代的產品抵押了，吞噬掉好幾代以來所累積的資本。

以不存在於自然法則中的所謂「權利」之名，人類硬要自己接受不具任何意義、卻會讓人付出一切的紙張，人類飛快地購買、消費，創造出世界歷史上最大的債務金字塔，同時不願承認這些債務終究還是得用某種形式來償還的事實。最低基本工資的規定使得無一技之長的人被拒於求職門外；學校的社會化，壓抑了多樣性與創造力；租賃控制政策，浪費了住宅；轉帳性支付的強取豪奪；以及扼殺經濟發展的市場規則，這些都是人類的政治企圖，目的是要消滅經濟和社會學上的固有法則，因而也消滅了自然法則。常見的後果還包括：建築崩塌、鐵路損壞、無所事事且未受教育的學生、資本投資減少、產量降低、通貨膨脹、不景氣、失業，以及最後瀰漫各地的憎恨與不安。像這樣的制度化政策會造成日趨嚴重的不穩定，而且會把一個認真勤懇的生產者國度變成另一個國度：民營企業充斥著沒耐心的投機者，國營企業充斥著不正直的掠奪者。

當「第五波中的第五波」結束時，我們毋須追究是什麼原因造成了這樣的局面。我們會再度被迫面臨現實問題，被榨取的生產者消失或被搾乾時，仍然在榨取他人的那些人也將因而失去援生系統，人類勢必要再耐心重新學習自然法則的定律。

就像波浪理論所提出的一樣，人類進化的趨勢是向上的。不過，這條進化的路線不是直線，而且永遠不會是直線，除非人性—

—人性也是自然法則之一——被抹滅了。隨便找一個考古學家問問，他知道的。

附　錄

1982至1983最新的長期預測*

《艾略特波浪理論》的推論是：道瓊工業指數空頭走勢的循環波IV波在1974年12月結束在572點，本書兩位作者將1978年3月的低點740標示為這一波新多頭走勢的基本波②波結束點。這兩個低點不管從每日或每小時的收盤價來看，都還未被跌破，這樣的波段標示至今仍然成立，只是基本波②波的低點應該是落在1980年3月。

以下的分析出自羅伯特・布雷希特的《艾略特波浪理論家》（*Elliott Wave Theorist*），詳細說明了他的即時結論：1982年的低點也可以被標示為循環層級的空頭市場IV波的終點。本文涵蓋了《艾略特波浪理論家》對1982年9月的戲劇性市場所做的分析，在做過通貨膨脹調整的道瓊指數達到下滑十六年半以來的低點之後刊出，文中指出了循環波V波「急速上漲」的起始點。

這道從1942年開始的大循環層級前進波所伴隨出現的通貨膨脹，使得現行美元（current dollar，也就是實際的美元幣值）和固定美元（constant dollar，也就是依通貨膨脹而調整過後的幣值）的股價指數首度出現美國歷史上迥然不同的走勢。實際美元的道瓊指數在1932年終結了一個鋸齒下跌波，因而走完了大循環層級的（IV）波，而固定美元的道瓊指數則形成一個收斂三角型的走勢，從1929到1949的（IV）波可看出。那樣的型態所隱含的意義具有極大殺傷力的重要性：固定美元的大循環層級的（V）波是一個推動力，一個「快速又短暫的」前進波，結束了一個比較大的走勢。《艾略特波浪理論》在1978年並沒有注意到這些型態所隱含的差異，一年後，《艾略特波浪理論家》搞懂了，這份1982年1月的

*這篇附錄首度出現於1983年4月的版本，已經被加以補充擴張，涵蓋這個多頭市場的第一年所有的長期註解。

報告後來提出了完整的說明，這篇附錄就是由此應運而生。

以下所引用的內容出自
羅伯特・布雷希特的《艾略特波浪理論家》，
刊出的日期如下所述。

1982年1月
1980年代的藍圖

有時候，要想對當前的情勢有一個宏觀的了解，就必須好好觀察過去所發生的情況。這份報告將會仔細審視長期走勢圖，以了解1980年代這十年即將發生什麼事。最具代表性的資料是回溯到兩百多年前的美國股價走勢圖，這也是此類可取得的資料中最長期的。這張附圖（圖A-1）於1978年首度出現在佛洛斯特及我的書《艾略特波浪理論》（請見圖5-4），不過接近末了的波浪計數已經修正過，以反映當前的認知。

在這張附圖中，1700年代晚期到1965年的這個波浪結構，現在已經可以毫無失誤地看得出是一個完整的五波型態。第三波很長，是典型的第三波特徵，第四波並沒有與第一波重疊，而且也滿足了交替的準則，因為（II）波是平台，而（IV）波是三角型。此外，第一波與第五波之間具有費波納奇比例（0.618）的關係，所以（V）波大約是（I）波的0.618倍。

有些分析師認為，「現行美元」的走勢圖（也就是實際美元的道瓊指數，圖5-5）到1966年為止顯現出一個完整的五波走勢。多年來我一直認為，這樣的波浪計數就算不無可能，也還是令人高度懷疑的。這樣的計算要能夠成立，就得同意艾略特的主張：一個三角型結構在1942年結束（在《艾略特的大作》〔*R. N. Elliott's Masterworks*〕中有詳細說明），而在已故的漢米爾頓・波頓於1960年發表的專文中《艾略特波浪理論——一份嚴謹的評價》（請

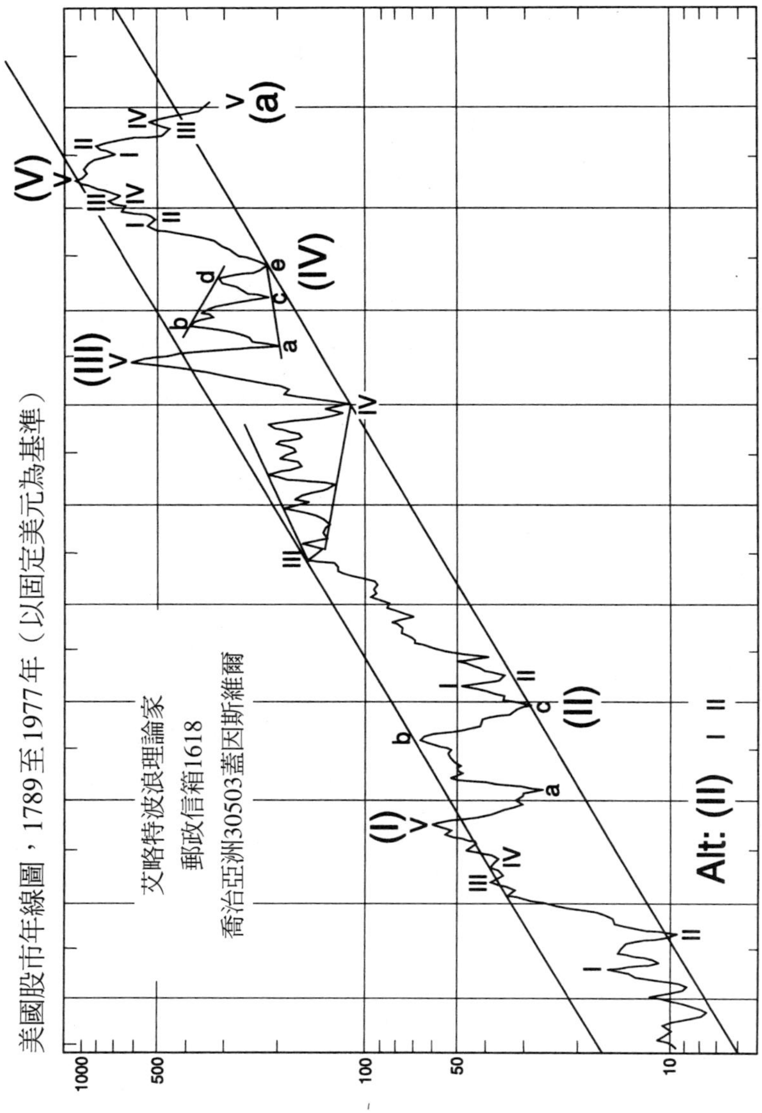
美國股市年線圖，1789至1977年（以固定美元為基準）
艾略特波浪理論家
郵政信箱1618
喬治亞洲30503蓋因斯維爾
1000
500
100
50
10
(I)
(II)
(III)
(IV)
(V)
(a)
Alt: (II)

圖 A-1

參閱《漢米爾頓・波頓的完整艾略特波浪著作》〔*The Complete Elliot Wave Writings of A. Hamilton Bolton*〕)，已經正確無誤地指出艾略特的這個計算方式是錯誤的。波頓所提出的另一個替代計算方式——從固定美元走勢圖中可以看出一個結束於1949年的三角型——這個計算方式在他提出時還有一些問題（也就是同意1932到1937是一個「三波」)，後續的證據證明這個解釋是不可行的。

從「側邊走勢」的角度來看，道瓊指數從1965年以來一直是處於「空頭市場」，不過其他所有的指數自從1974年以來都一直是多頭市場。艾略特大概是唯一一位看出側邊走勢是空頭市場的分析師。要找出證據來證明這個論點，就必須看看從1966年以來、經過通貨膨脹調整過的道瓊走勢圖，並且將走勢圖拿來與圖5-5這張同一時期的走勢圖相比。猖狂的通貨膨脹加上空頭走勢，就等於側邊波浪結構*。

更重要的是，從1965年高點開始的一個清楚的五波下滑艾略特型態，顯然已經走到最後階段。從短期來考慮，圖中可以看到現在的股票已經過度「超賣」(已經跌到長期支撐線以下)，而且相較於躉售物價指數，股價已達到歷史性的低價。因此，接下來的幾年中，實際美元的指數可能會出現一個反趨勢的三波（a-b-c）反彈走勢，而這個反彈走勢若以現行美元的指數來看，應該解讀成道瓊工業指數劇烈地「突破」到歷史新高。這樣的走勢會滿足以「名義美元」(nominal dollar）來看、1932年以來的道瓊波浪計算，只要能讓它完成從1974年以來的循環層級第五波。所以我們還需要道瓊工業指數出現一個更劇烈的新高點，給我們一個實際美元指數的第五波，以及一個固定美元指數的B波**。

---

*最後這三行句子出自1979年12月號的《艾略特波浪理論家》(*EWT*)。

**這份報告的後續部分為最終會出現的空頭市場勾勒了一個輪廓，這部分轉載於《潮汐波浪的頂峰》(*At the Crest of the Tidal Wave*）這本書的第三章。

1982年9月13日
長期波浪型態——即將決定

對一個波浪分析師來說，這是一個令人激動的關頭。1974年以來第一次，一些大得驚人的波浪型態可能已經完成，這些型態對未來五年到八年隱含了重要的意義。自從市場在1977年開始下跌以來，所有一直盤旋不去的問題應該在接下來的十五個禮拜中可以釐清。

艾略特波浪理論分析師有時候會因為所預測的指數非常高或非常低而受到責備，但是波浪分析的工作常常需要往後退一步，好好看一看整個大走勢，並且利用過去的型態來判斷走勢中所展開的大改變。循環波與大循環波的價格波動很大，而且確實是必須納入考慮的最重要結構。如果循環層級的市場走勢並沒有什麼變化，那麼只注意100點擺盪的人就可以做出非常好的預測，但是如果一個真正持續的走勢開始展開，這些人就會被拋在後頭，而密切觀察大走勢的人就可以跟上這個走勢。

佛洛斯特和我在1978年預測，道瓊股市從1932年開始的這道現行的大循環波最後將會達到2860。這個預測目標至今仍然有效，但是因為道瓊指數現在還位於四年前的價位，所以顯然達到這個目標的時間將會往後延，比我們原先預估的時間要晚。

過去五年來，我的書桌上擺滿了無數的長期波浪計算方式，每一種方式都試圖解釋1977年以來道瓊型態的混亂本質。其中大多數都提出「失敗的第五波」、「失敗的第三波」、不合標準的傾斜三角型、立即的噴出行情（通常是在接近市場高點時被提出）以及立即的崩盤行情（通常在接近市場結束時被提出）。這些波浪計算方式中，很少是遵循著波浪理論的定律，所以我並不全然相信。但是真正的答案仍然是個謎。要判讀修正波一向都是很困難的，而我基於市場特徵與型態的變化，依次交替標示出「最可能」或兩種中的另外那個解釋。此時此刻，我所做的這兩種交替標示法仍然是有效的，但是我對這兩種方法都感到不安。不過，還有第三種方法符合波浪理論的準則及定律，而且現在已經成為一個清晰可見的替代方法。

正在進行中的雙重三波修正波

這個波浪計算方法認為，從1966年開始的巨大循環修正波仍然在進行中，最後的低點（在大多頭市場開始之前）會落在道瓊指數563與554之間。不過，只有跌破766之後，這種情形才會發生，而至今尚未跌破766。

正在進行中的1系列與2系列

自從1974年以來的大部分時間，這個波浪計數（請見圖A-2）一直都是我的假設，儘管1974到1976年的波浪計數是不確定的，而且第二波這個嚴酷的修正波讓我深感煩惱，尤其是當我面對在這個解釋下的市場情況時。

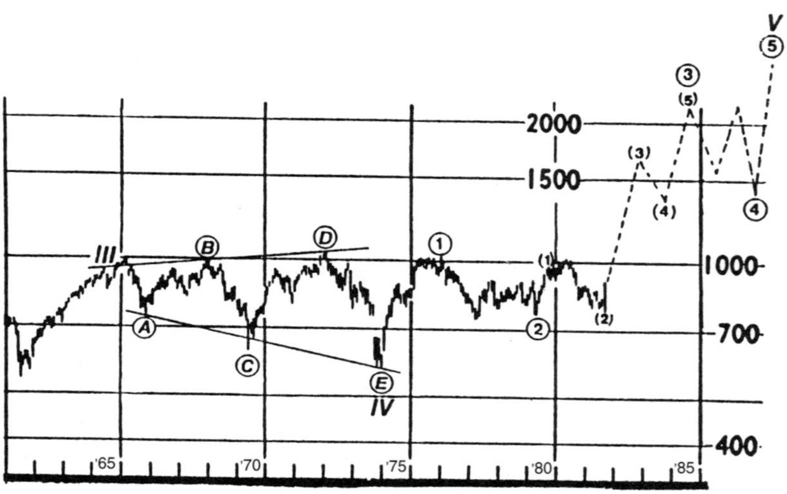

圖 A-2

這個波浪計算認為，從1966年開始的循環層級修正波在1974年結束，而且，循環層級的V波一開始就出現1975到1976年的大幅飆升。IV波的技術上名稱是擴張三角型。在V波當中，至今所出現的複雜次級波顯示可能會有一個非常長期的多頭市場，也許會持續另一個十年，其中會出現長的修正波段──(4)波與④波──來打斷這個多頭走勢。V波裡的③波將會出現一個清楚的擴延波，波段標示為(1)-(2)-(3)-(4)-(5)，其中的(1)波與(2)波已經走完。在理想的情況下，高點應該會落在2860，這個目標是先前在1978年所計算出來的。這個波浪計數的主要缺點是：按照均等的準則來看，它所假設的V波太長了。

優點

1）滿足波浪理論所有的定律。

2）佛洛斯特1970年的預測──IV波的最終低點會落在572──在這個波浪計數之下也成立。

3）為1975-1976年驚人的大幅飆升提出解釋。

4）為1982年8月的大幅飆升提出解釋。

5）使1942年開始的這個長期趨勢線幾乎完好無損。

6）符合每四年出現一個底部的觀念。

7）符合這個觀念：基本面看起來最黯淡的時候是在第二波谷底時，而不是在實際的市場低點。

8）符合這個觀念：康卓提耶夫波浪高原期有部分結束了，與1923年相似。

缺點

1）1974-1976大概最好看成是「三波」，而不是「五波」。

2）(2)波持續的時間是(1)波的六倍，使得這兩波大大不成比例。

3）1980年的反彈幅度不夠格稱得上是第一波，應該要算是一個強大的中型層級第三波。

4）整個V波持續的時間太長，V波應該是一個又短又簡單的波，類似於從1932到1937的I波，而不是一個複雜的波，類似於從1942到1966年的擴延III波（請參閱《艾略特波浪理論》，圖5-5）

結束於1982年8月的雙重三波修正波

依照這個波浪計數來看，IV波的技術名稱應該是「雙重三波」，而其中第二個「三波」是一個上升的三角型（請參閱圖A-3）。

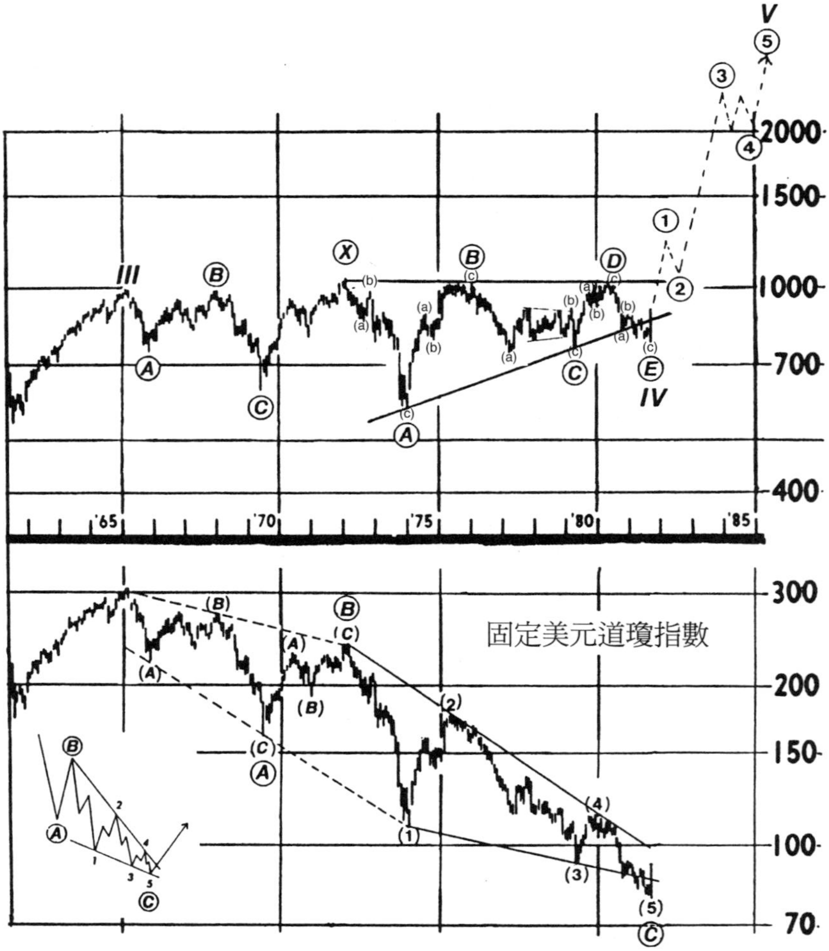

圖 A-3

這個波浪計數認為，從1966年開始的這個循環層級修正波，結束於上個月（也就是1982年8月）。從1942年開始的趨勢軌道線當中的下趨勢線，在這個型態結束時短暫地被跌破，這個情況與1949年類似，當時的側邊修正走勢短暫地跌破了主要的趨勢線，然後才開始展開一個長期的多頭市場。我應該提出來，長期趨勢線遭到短暫突破，被認為是第四波的一個偶發特徵，如《艾略特的大作》中所述。這個波浪計數的主要缺點是：這種結構下的雙重三波非常罕見（雖然百分之百可接受），所以在最近的歷史中沒有例子可循。

另外還出現了驚人的時間對稱。1932到1937年的多頭走勢持續了五年，然後接下來從1937年到1942年的空頭走勢修正也持續了五年；從1942到1946年的三年半多頭走勢，也被從1946年到1949年的三年半空頭走勢修正；從1949年到1966年這十六年半的多頭走勢，現在也被1966年到1982年這十六年半的空頭走勢修正。

固定美元（調整過通貨膨脹的）道瓊指數

如果市場已經達到循環波層級的低點，就同時也會在「固定美元的道瓊指數」出現一個令人滿意的波浪計數（「固定美元的道瓊指數」是以被消費者物價指數除過之後的道瓊指數來畫成的圖，以抵銷美元購買力的損失）。這個波浪是一個緩步向下的 Ⓐ-Ⓑ-Ⓒ，Ⓒ 波是一個傾斜三角型（請見圖A-3）。如同傾斜三角型常見的情況一樣，它的最後一波，也就是⑸波，在下趨勢線以下結束。

我在圖表的上半部加上擴張的趨勢線，以顯示出市場所形成的一個對稱菱形型態。這個菱形的每一個長邊的一半都為期九年又七個半月（5/65至12/74及1/73至8/82），而每一個短邊的一半都為期七年又七個半月（5/65至1/73及12/74至8/82）。這個型態的中心位置（1973年6月到7月）在190這個位置將價格分成兩半，也將時間分成兩半，各為八年。最後，從1966年1月開始的下跌長達十六年又七個月，正好與前一個從1949年6月到1966年1月的上漲波段同樣長度。

優點

1）滿足波浪理論的所有定律與準則。
2）使1942年開始的這個長期趨勢線幾乎完好無損。
3）在E波上出現的三角型邊界突破，是正常的現象。
4）一如原先所預料的，簡單多頭結構也可以成立。
5）符合固定美元道瓊指數的解釋，也符合其下趨勢線所對應出現的突破。
6）把1982年8月開始的這波突然且劇烈的反彈納入考量，因為三角型產生出「急拉」。
7）最後的谷底出現在經濟蕭條時期。
8）符合每四年出現一個底部的觀念。
9）符合這個觀念：康卓提耶夫波浪高原期剛剛開始，經濟穩定，股價高漲。與1921年晚期相似。
10）慶祝通貨膨脹時代的結束，或者會伴隨出現「穩定的通貨再膨脹」（stable reflation）。

缺點

1）這種結構下的雙重三波非常罕見（雖然百分之百可接受），所以在最近的歷史中沒有例子可循。
2）在一般媒體的認可之下，一個大谷底可能隱然成形。

展望

三角型預示了接下來會出現「急拉」或是反方向的快速移動，行走的距離大約等於這個三角型最寬部分的距離。從這個準則可看出，從道瓊指數777往上漲最少會漲495點（1067-572），也就是

1272。因為這個三角型的邊線延伸到1973年1月之下，所以這個「三角型的寬度」要再多加70點，因此急拉的力量就可能會達到1350。這個目標也只能算是第一個休止點而已，因為這個第五波的規模不僅會由這個三角型來決定，還得視整個IV波的型態而定，三角型只是IV波的一部分。因此，我們必須做以下的結論：從1982年8月開始的多頭市場最後會發揮它全部的潛能，達到起始點的五倍，使它的比例與1932-1937的市場相當，也就是會達到**3873**至**3885**的目標區間。這個目標應該不是在1987年達到，就是在1990年達到，因為第五波會屬於簡單的結構。關於這個目標，有一個有趣的觀察：這個目標與1920年代相似，當時市場在100點以下走了十七年的側邊修正之後（與最近在1000點以下的經驗雷同），幾乎是不休息地快速攀升到當日高點383.00。至於在這個第五波的情況，這樣的移動不只會完成循環波，還會完成大循環波的走勢。

〔近期的波浪結構〕

在〔8月17日〕的臨時報告（Interim Report）中，我提到，一個傾斜三角型可能會在8月12日星期五的低點結束，以下兩張當日走勢圖說明了這個波計數。從去年12月開始的傾斜三角型是c波裡的v波，而c波又屬於一個從1980年8月的高點（請見圖A-4）開始的大a-b-c波浪，或者屬於一個從1981年6月的高點（請見圖

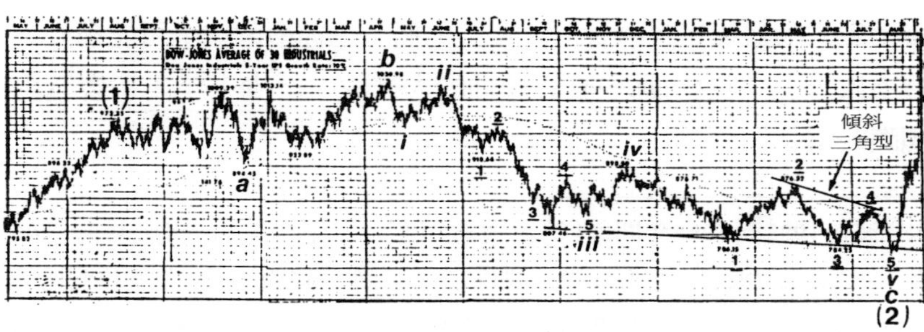

圖 A-4（適用於圖 A-2）

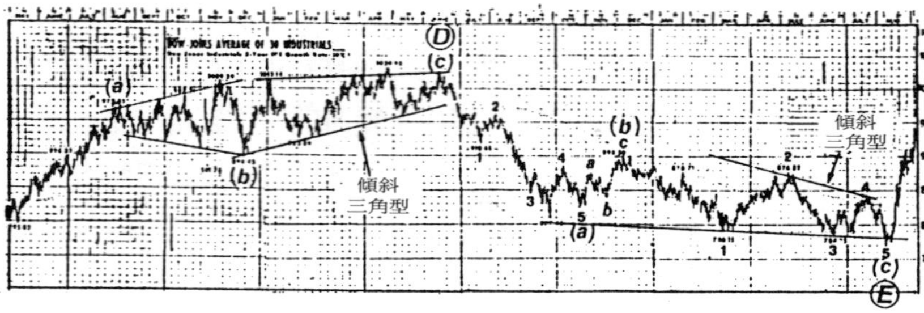

圖 A-5（適用於圖 A-3）

A-5）開始的大a-b-c波浪。從8月低點開始的這股暴增力量，支持了這個解釋。

1982年10月6日

這個多頭走勢應該是自從1960年代以來第一個「買進持有」（buy-and-hold）的行情。過去十六年來的經驗讓我們全都像交易員一樣頻繁地進出市場，而這個習慣將必須揚棄了。這個行情可能已經漲了200點，但是它還有2000多點要漲。道瓊指數最後應該會達到**3880**的目標，第一個目標區會先停在**1300**點*（因為三角型走完之後會產生一股急拉的推力，所以①波的頂點預估會落在1300點），第二個目標區會停在**2860**點*（從1974年的低點開始算起的目標點來看，③波預估會落在2860點），然後再往上攀升。

這個獲得確認的股市長期走勢隱含了很重大的意義，分別是：⑴道瓊指數下一個反趨勢波段不會出現新低點；⑵1983年不會出現大崩盤或是經濟衰退（雖然一個「迷你型危機」可能會立刻發展成形）；⑶對那些憂心忡忡的人來說，至少十年內不會發生國際戰事。

*①波在1983到1984年間達到1286.64的頂點（大約是當日平均指數的1300點）。《艾略特波浪理論家》後來把③波會達到2860的這個目標下修到比較精確的數字2724點（請參閱189頁括號中所做的說明）。③波在1987年達到2722.42的高點，⑤波則達到且遠遠超過布雷希特所預估的3880點。

1982年11月8日

從艾略特波浪分析的觀點來看，現在的股票市場是需要密切注意的。研究了過去兩百年來的市場走勢，能夠很準確地知道現在所處的波浪位置，是一件很令人寬慰的事。圖A-6是「證券分析公司」（Securities Research Company）的年度變動走勢圖，請注意，道瓊平均指數的II波與IV波很精確地表現出交替這個準則，因為II波是一個短而劇烈的鋸齒，而IV波是一個長的側邊組合。就像道瓊指數1966到1982年這個不尋常的結構一樣，這是一個完美的艾略特波形，顯示出不管有時要判讀波浪型態是多麼地困難，最後總是會出現一個經典的波形。

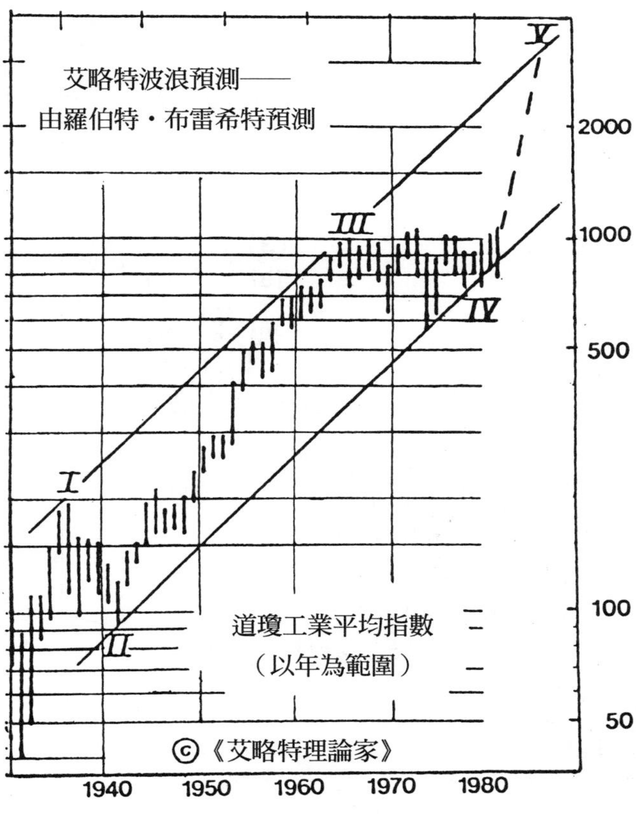

圖 A-6

別搞錯了，接下來幾年將會獲利豐厚，遠遠超過你所想像。當獲利是豐厚的時候，要確定你自己能掌握住。回頭看看1924年的情況，在這五年當中好好計劃來賺取財富，然後在接下來肯定會出現的壞年頭裡，要準備好把這筆財富牢牢地鎖住。

1982年11月29日
一張圖表達了千言萬語

下面走勢圖中的箭頭（請看圖A-7）說明了在當前這波多頭走勢中，我所預測的道瓊位置。如果現在有一位艾略特分析師告訴你現在的道瓊指數位於V波裡的①波裡的(2)波，你可以完全了解他

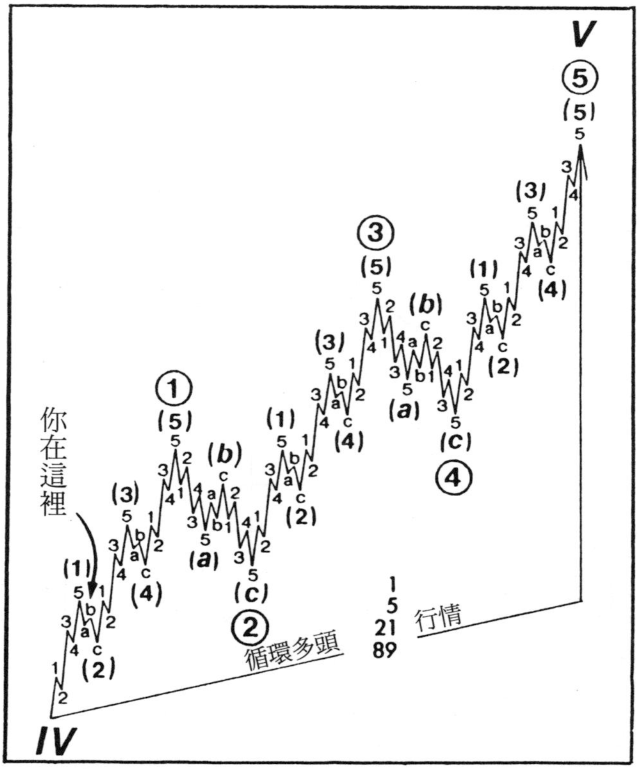

圖 A-7

的意思。當然，他的說法是不是正確的，只有時間能證明。

要做預測，最容易預測的是：這個多頭行情一定會出現；其次容易預測的是價格預估；最不容易預測的是時間。我現在預測1987年將會出現一個頂點，但是也可能到1990年才會出現。重要的是波浪形式，換句話說，如果時間點越接近，就越能預測出正確的波浪形式，我們必須要有耐心。

在一個第五波前進波當中，隨著第五波的上漲而上漲的股票家數會比第一波到第三波來得少，這就表示了股市即將開始變弱。因此，在③波當中，我會期待出現一個非常大的行情走勢，然後一直到⑤波達到頂點之前，會上漲的家數就會越來越少，在這個時候幾乎只有指標股才會上漲。現在這個時刻，隨意地買任何你喜歡的股票都行，但是接下來，你就得精挑細選了。

1983年4月6日
一個上漲波浪
道瓊工業平均指數V波的情況

在1978年，佛洛斯特和我寫了一本書叫做《艾略特波浪理論》，在同年11月出版，在書中的預測章節裡，我們斷言會發生以下的情況：

1）要完成道瓊指數從1932年開始的這個波浪結構，就必須要有V波，一個重大的多頭走勢前進波。

2）一直到V波走完之前，不會發生「1979年的大崩盤」，也不會發生1969-1970以及1973-1974這類的下跌。

3）1978年3月出現的低點740，是基本波②波的結束點，而且不會被跌破。

4）正在進行中的這個多頭行情會是簡單的形式，不像1942到1966年的擴延前進波。

5）道瓊指數會上升到上趨勢軌道線，而且會達到2860的高點，也就是IV波的低點572乘上5。

6）如果我們的預測——1974年是IV波的結束點——是正確的，那麼，第五波的最高點會發生在1982到1984這段期間，實際的最高點最有可能出現在1983年（1987年是接下來最有可能出現高點的時間）。

7）在這個波段當中，「二線」股會扮演領導的角色。

8）V波走完之後，隨之而來的大崩盤可能會是美國史上最嚴重的。

自從我們提出上述這些主張之後，有一件不斷令我們感到驚訝的事：道瓊指數要花多久的時間才會開始上漲。一般的股市指數從1978年開始就不斷持續上揚，但是直到1982年為止，道瓊工業指數——道瓊指數顯然是最能準確反映出通貨膨脹、經濟衰退以及國際金融崩跌的恐慌——都還沒走完它從1966年就開始的修正波段（《艾略特波浪理論家》1982年的9月號中已詳細說明這道波浪的崩跌）。雖然等了這麼久，這個修正波只曾短暫落到長期趨勢線以下，而且這個向下跌破的情況並沒有造成進一步的賣壓發生，直到這個時候，爆炸性的上漲才終於開始展開。

如果我們全部的評估都正確無誤，那麼，我和佛洛斯特在1978年根據波浪理論所做的預測，在未來仍然會發生，除了一件事以外：時間目標。我們在我們的書中曾經說過，艾略特對於「時間」所言甚少，而且其實我們對時間高點的預測並不是波浪理論所要求的，這只是一個有根據的猜測，所根據的結論是：道瓊指數的IV波在1974年結束。當我們越來越確定IV波這道長長的側邊修正直到1982年都還沒走完時，時間因素就必須做更改，以因應評估中的變化。毫無疑問的，V波會發生，有疑問的只是何時會發生，以及發生之後會出現什麼樣的情況。

我想要利用這個篇幅來回答這些重要的問題：

1）道瓊指數從1966年開始的側邊修正已經結束了嗎？

2）如果已經結束了，那麼我們可以期待會出現多大的多頭行情？

3）這個多頭行情的特徵會是什麼？

4）接下來會發生什麼？

1）道瓊指數在1982年走完了一個非常大層級的修正波，有很具說服力的證據可以證明這個結論。

首先，那些嚴肅看待波浪理論的人一直都認為，1932年開始的波浪型態（請參閱A-8）仍然還沒走完，而且需要有一個最後的上升波段來完成一個艾略特的五波型態。因為大循環波不可能會出現崩跌，所以1966年以來所發生的情況比較可能是循環層級的修正波（1932-1937、1937-1942以及1942-1966的波浪也都是循環層級）。

其次，1966年開始的這道側邊修正（也可以說是從1964年或1965年開始），把1932年開始的長期趨勢平行線擠壓到極限之處，這一點可以從艾略特自己所著的《自然法則》裡的圖解中看出（請參閱圖A-9），第四波偶爾會出現這個特點，也就是第四波會跌破上升平行趨勢線當中的下趨勢線，就在第五波即將展開之前。從1982年的價格走勢來看，這個修正波是跌無可跌了。

第三，1960年代中期到1982年之間的波浪型態是另一個很棒的實際例子，可以用來說明艾略特在四十多年前所勾勒的修正波形，這個波浪結構的正式名稱是「雙重三波」修正，是兩個背對背的基本修正波型態。在這個例子中，市場在第一個修正波的位置上形成了一個「平台」（或者用另一種算法來看〔從1965年算起〕，是一個「下降三角型」），而在第二個修正波的位置上形成一個「上升三角型」，兩個修正波之間被一個簡單的三波前進波（標示為X）所隔開。艾略特也看出而且圖解了三角型最後一波偶爾會發生的這個情況，也就是落到下趨勢線以下，就像1982年的情況一樣。雙重修正波的情況很罕見，而且因為1974年的低點已經觸到長期的上升軌道線，所以我和佛洛斯特都沒有預料到會發生雙重修正波。

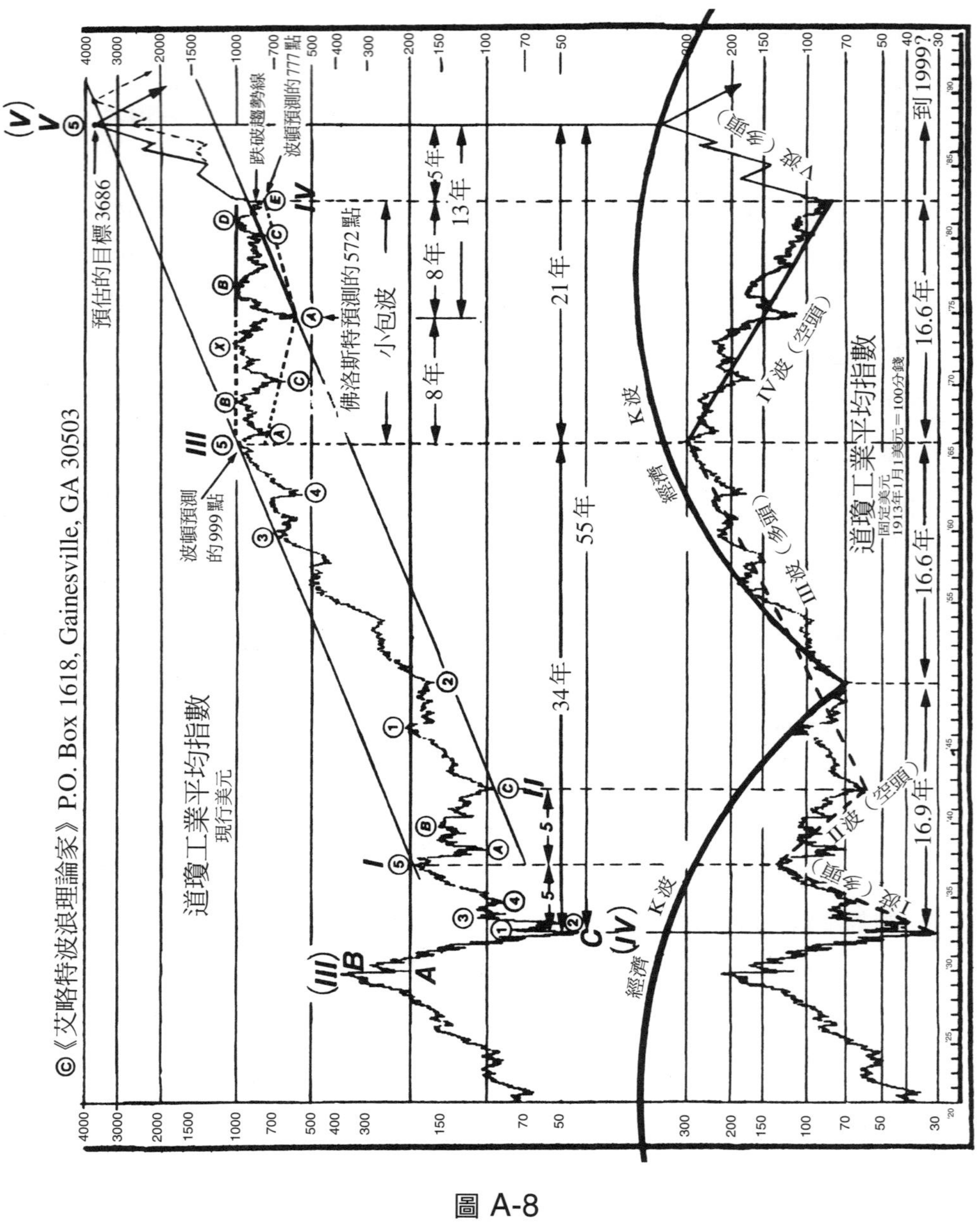
©《艾略特波浪理論家》P.O. Box 1618, Gainesville, GA 30503
道瓊工業平均指數
現行美元
預估的目標3686
波頓預測的999點
佛洛斯特預測的572點
小包波
跌破趨勢線
波頓預測的777點
55年
34年
21年
8年
13年
5年
K波
經濟
III波（多頭）
IV波（空頭）
II波（空頭）
道瓊工業平均指數
固定美元
1913年1月1美元＝100分錢
16.9年
16.6年
到1999?

圖 A-8

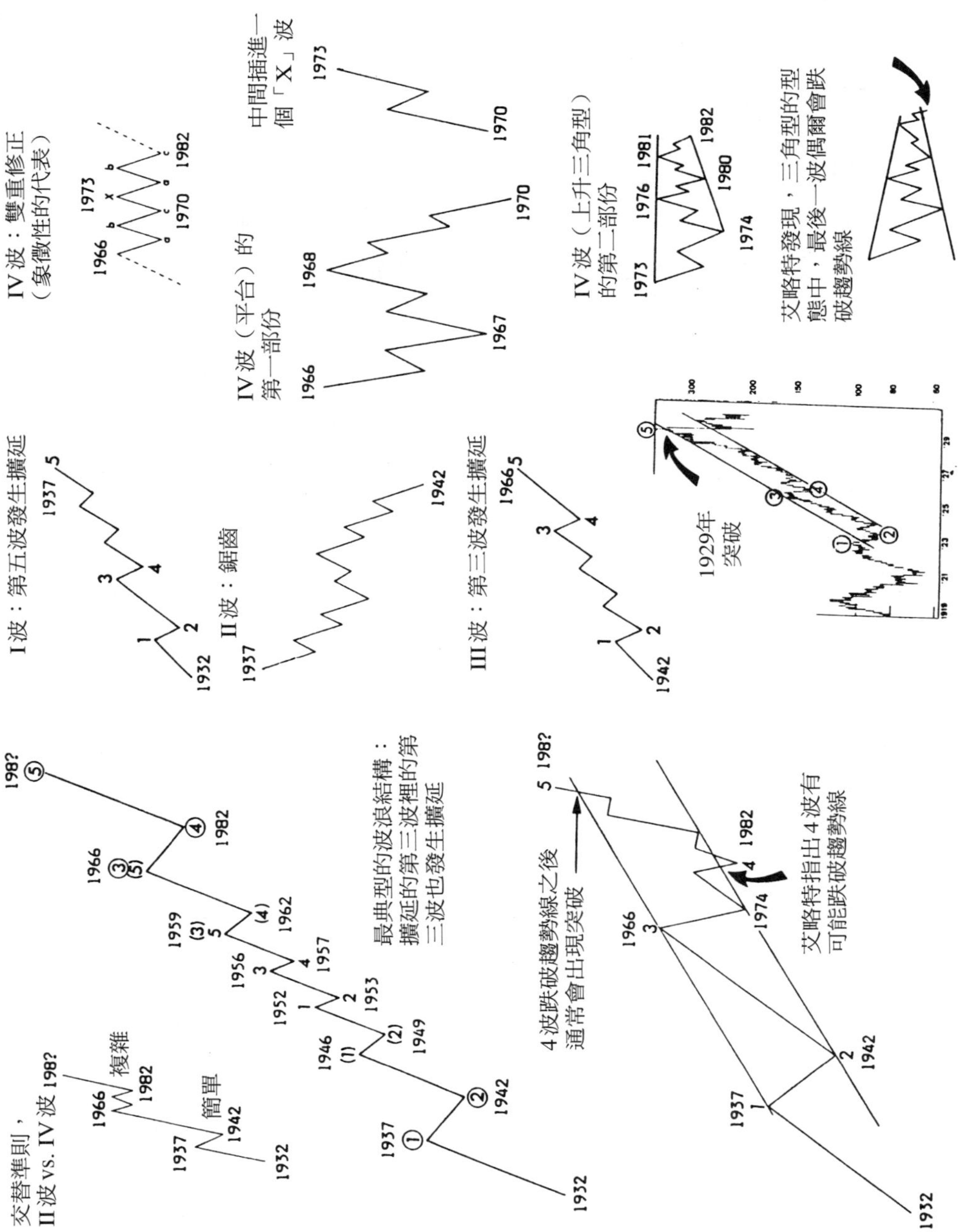
交替準則，
II波 vs. IV波
複雜
簡單
最典型的波浪結構：擴延的第三波裡的第三波也發生擴延
4波跌破趨勢線之後通常會出現突破
艾略特指出4波有可能跌破趨勢線
I波：第五波發生擴延
II波：鋸齒
III波：第三波發生擴延
1929年突破
IV波：雙重修正（象徵性的代表）
IV波（平台）的第一部份
中間插進一個「X」波
IV波（上升三角型）的第二部份
艾略特發現，三角型的型態中，最後一波偶爾會跌破趨勢線

圖 A-9

此外，一個「雙重三波」，在第二個修正波的位置上出現一個三角型，這種情況太罕見了，所以在我自己的經驗當中，這是史無前例的。

第四，如果把這個波浪型態看成是一個單一的波形，也就是一個單一的修正波，這個型態就會有一些有趣的特質。舉例來說，這個波形的第一波（996到740）和最後一波（1024到777）幾乎完全等距。而且，前進波段所花的時間也跟下降波段所花的時間一樣，都是八年。這個波浪型態的對稱情形促使我和佛洛斯特在1979年想出一個名為「小包波」（Packet Wave）的標示方法，用來形容一種單一的型態：一開始是「休止」（rest）的狀態，然後越走越寬，接著震盪幅度越來越小，最後回到起始點的位置。（1982年12月號的《艾略特波浪理論家》裡面有詳述這個概念。）如果以兩個三角型這個波浪算法來看，每一個三角型的中間波段（C波）所涵蓋的價格區間是一樣的，都是從1000的水準到740。在這個波浪型態中，會出現很多費波納奇關係，在1982年7月出版的《艾略特波浪理論家》「特別報導」中曾經詳述了其中的許多關係。不過，最最重要的是，波浪的起始點及結束點跟前一個多頭走勢之間的費波納奇關係，漢米爾頓・波頓在1960年有了以下著名的觀察：

> 艾略特指出了許多其他的巧合，比方說，1921年到1926年的波動點數，是1926年到1928年（正統頂點）最後一波的61.8%。1932年到1937年的五波也是如此。另外，從1930年頂點（道瓊指數297）到1932年谷底（道瓊指數40）的這個波段，是從40到195（1932年到1937年）這個波段的1.618倍。而且，1937年到1938年的下跌波，是1932年到1937年這個前進波的61.8%。如果1949年至今的行情走勢會遵照這個公式在走，那麼，1949年到1956年的漲幅361點應該可以用來預測下一波的高點，也就是把1957年的低點416加上583點

（583點是用361乘上1.618所得到的），達到道瓊指數999點。

所以，在預估費波納奇關係時，波頓預測了一個最高點，這個高點最後證明只比1966年實際出現的高點多3點，但是波頓以下的這句話卻常常被遺忘（因為佛洛斯特正確地預測出IV波的低點落在572，而這個預測在1974年出現572.20低點時獲得證實）：

> 用另外一個方法來算，在道瓊指數中，416加上361點會得出777點。

不用說，找不到777這個點，直到1982年8月才看到777這個點出現。在分時走勢圖上，確切的正統低點是發生在8月12日的776.92點。換句話說，波頓的計算（請參閱圖A-10）預先定義了IV波確切的起始點與結束點，所根據的是它們與前一個價格結構之間的關係。在價格點上，1966-1982是1957-1982的0.618倍，也是1949-1956的0.618倍，而1957-1982與1949-1956是相等的，也

波頓的費波納奇計算，**1960**年

（括號中是不同的分時走勢高〔低〕點）

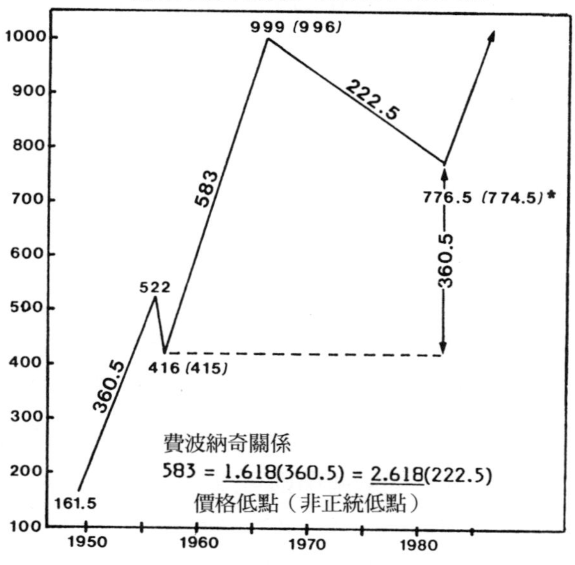

圖 A-10

都是1957-1966的0.618倍，誤差都在1%之內！當週線圖與月線圖一再出現費波納奇乘數的關係，華爾街觀察家的典型反應是：「又一個巧合」。如果這種波浪型態持續地出現，而你還繼續認為費波納奇乘數「不是」股市的特性，那就是攸關信仰的問題了。就我所知，波頓的預測持續地符合華爾街實際發生的情況，他是唯一一位做出如此準確預測的逝者。

從這些觀察來看，我希望能確立：道瓊指數循環層級的IV波——從「固定美元的道瓊指數」來看顯然是個單一的空頭階段——在1982年8月結束。

2）修正波之後的前進波將會是近二十年來最大的一個多頭行情，有許多關於正常波浪走勢的準則可以支持這個論點。

首先，正如我和佛洛斯特不斷強調的，1932年開始的艾略特波浪結構尚未完成，而且需要有一個第五波的前進波來完成這個波浪。在我們寫這本書的同時，沒有任何合理的波浪解釋可以說明1932年開始的這個上升走勢已經結束了。第五波將會與1932-1937、1937-1942、1942-1966、1966-1982的波浪型態一樣屬於同一個層級，也應該會與這幾個波浪型態具有比例關係。

其次，根據艾略特的畫軌道方式，一個正常的第五波會達到上趨勢線，而在這個例子中，第五波會在1980年代的後五年裡，在**3500到4000**這個區間內穿越上趨勢線。艾略特曾經指出，當一個第四波跌破趨勢軌道線的時候，第五波常常就會出現突破的現象，也就是短暫地穿過上趨勢軌道線。

第三，波浪理論有一個很重要的準則是：如果第三波發生擴延（就如同1942到1966年的情況），第一波和第五波往往會在時間以及波動幅度上出現均等的現象。這是很可能會發生的情況，但並不是必然會發生。不過，從這個準則可以推測出：1982年開始的前進波應該會像1932年到1937年的第一波一樣向上攀升。因此，第五波應該會與I波行經的距離大約相等，而I波走的距離幾乎是預估的低點41（確實的數字尚未取得）的五倍，因為頂點達到了194.50。而因為V波的正統起點是在1982年的777點，所以乘上4.744倍（與五倍大約相等），會得出**3686**點的目標。如果知道了1932年確實出現的低點，就可以更有信心地預測出確切的數字。在這個情況之下，「3686」上下100點之內大概應該都是理想的預測（是否成真就是另一個問題了）。

第四，就時間來說，1932年到1937年的這一波多頭行情持續了五年，因此，1982年開始的市場行情高點也很可能會出現在五年後，也就是1987年。巧合的是，如同我們在本書中曾經說過的，1987年距離1974年的修正波低點，有13年，而13剛好是費波納奇數字；1987年離III波在1966年的高點有21年，而21是費波納奇數字；1987年離I波在1932年的起點有55年，而55也是費波納奇數字。要使這張圖表完整走完，1987年是一個很適合的時間，可以讓道瓊指數達到它3686的目標，因為，要達到這個目標，道瓊指數必須先形成一個「突破」來短暫衝破上趨勢軌道線，而「突破」一般來說都是很費力的一個波動（例如1929年的頂點）。我們將I波的波動時間乘上1.618倍（也就是5年乘上1.618，等於8年左右），而且再加上V波會出現與1920年代的第五波均等的情況，所以V波出現下一個高點的時間很可能會是在1990年，而且，如果道瓊指數到1987年都還低於3686這個目標，那麼下一個高點就更可能會發生在1990年了。在預測波浪的時候，有一點要牢記在心：「時間」這項考慮因素的重要性完完全全亞於波浪形式——波浪形式是最重要的——以及價格水準。

第五，當道瓊平均工業指數才僅僅走到循環層級V波之下的基本層級第一波時，一般的股市指數已經在1974年開始展開V波，而且已經進入基本層級的第三波（請參閱圖A-12）。這些股市指數，像是Value Line Average、Indicator Digest Average以及Fosback Total Return Index，正在形成傳統的擴延第三波，或者說是中間波（middle wave），而且剛剛進入最強大的走勢部分。保守估計，五波型態的走勢中，有六成都會出現擴延的第三波，所以以上這個解讀完全符合規範，而如果把這些一般指數解釋為正處於第五波或最後一波，就不符合規範了。由於一般股市指數正在進行擴延的第三波，所以需要有很長一段時間來完成這個擴延的第三波，然後再開始走第四波與第五波。從未來可能的走勢來看，當前的這個多頭行情一定得是很巨大的一波才行。

3）現在，已經確定一定會出現V波了，而且也預估了它的大小與形狀，那麼，評估它可能出現的特性，可能會有所幫助。

首先，V波這個前進波段應該會是非常具有「選擇性的」，而且不同族群股票的輪漲現象應該也會很明顯。在V波當中，上漲的股票數目不會像III波（也就是1940與1950年代），在擴延的III波中，股票會全面上漲，而到了V波時，只有指標股會隨著上漲。不過，因為V波是推動波，所以V波中上漲的股票數目一定會比1966年到1982年的IV波來的多。

*只要想一下，就可以解釋為何V波中上漲的股票家數會比I波與III波少。在任何一個第五波當中，這個延長的「多頭」走勢即將結束，而且相較於這個多頭階段裡的修正波，一個巨大的崩跌就要來到。從長期的波浪來看，基本面到這個時候已經非常惡化，所以越來越少公司會在這種上揚的環境中仍然欣欣向榮。（依我看來，在大循環波層級中，這樣的基本面正存在於今日。）因此，雖然這個多頭走勢提供了絕佳的獲利機會，但是可以看得出來，這個多頭走勢的上漲股票是有選擇性的，這一點可以從一個表現低於標準的「前進—下跌」（advance-decline）線以及股票屢創新高的日子日益減少的情況中，略窺一二。你有沒有注意過，自從1974年的低點以來，股票很少出現同時上漲的情況，而只是部分個股上漲？

---

*接下來這兩段是出自《艾略特波浪理論家》1983年4月11日那一期，於五天後出刊。＊號前後的句子有部分引用自1982年12月號。

第五波的「前進下跌」表現

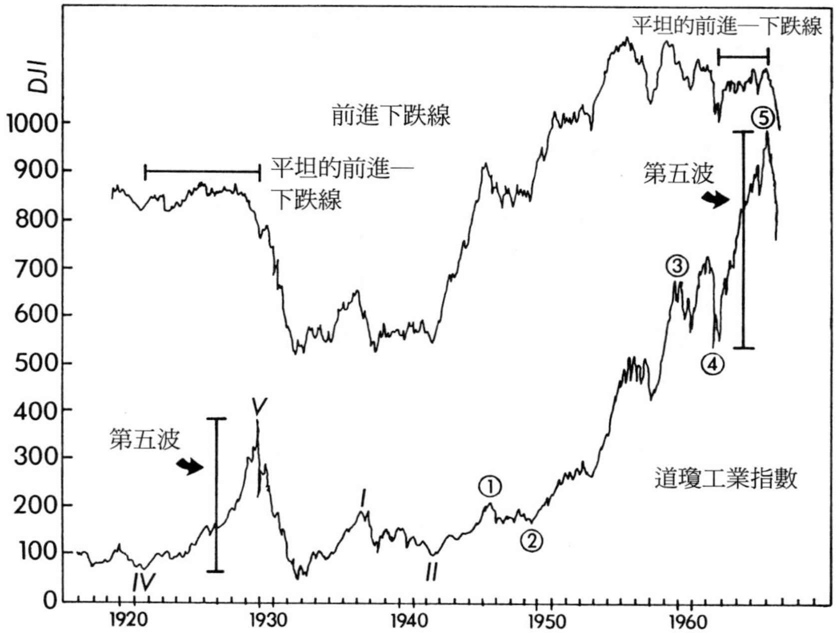

圖 A-11

所有層級的非擴延第五波都會出現這樣的情況，也就是因為這種情況而會出現一般所謂的「賣出訊號」。問題是，大部分的分析師都只在近期或中期的振盪時才會應用這個概念，然而，不論是在大循環層級的振盪，或是比較小層級的振盪，都一定會出現這樣的情況。實際上，1920年代這個平坦的「前進—下跌」線（請參閱圖A-11）是1857年開始的整個前進波段的「賣出訊號」。同樣的，1960年代中期這個平坦的「前進－下跌」線是1942到1966這個多頭行情的「賣出訊號」。從1982年到1987年（依照我的預估），一個相對表現比較不佳的「前進－下跌」線將會是1932年開始的這整個大循環波的「賣出訊號」。現在我們學到的是：不要因為表現低於標準就太早賣出，而錯過了可能是股票史上最有利可圖的上升波段。

其次，V波這個多頭行情應該會是一個簡單的結構，比較類似

根據1978年的解讀而計算的波浪
（一般指數仍然可能發生）

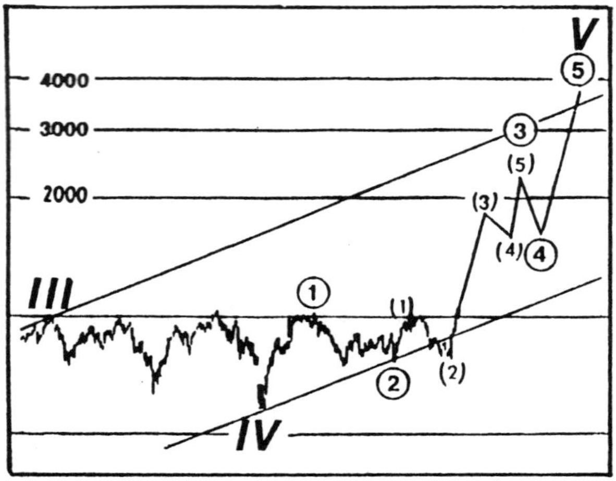

圖 A-12

於1932到1937年這個波段，而不像1942到1966這個波段。換句話說，會出現一個快速且持續的前進（含有短的修正波段），而且會被等距離的修正波段給截斷。大型的機構投資人在這個波段中大概不會採用進出股市時間點的策略，而會把力量集中在選股上，仍然大量投資直到一個完整的基本層級五波走完為止。

第三，道瓊指數的波浪結構與一般股市指數的波浪結構，應該是一致的。如果根據我們1978年的解釋而計算出的波浪（請參閱圖A-12），仍然是正確的，那麼，我預期：當道瓊指數走完第一波的時候，一般指數會走完第三波；當道瓊指數走完第三波時，一般指數會走完第五波。這就代表了，當道瓊指數在進行第五波時，它幾乎會是在獨自創新高，因為跟隨市場上漲的股票家數會很明顯地開始越來越少。因此，在達到最後的高點時，無怪乎會看到道瓊指數達到新高，而一般指數與「前進—下跌」線則否，形成技術分析上一個分歧的現象。

最後，在技術分析這樣的分歧現象之下，我們可能會對V波的心理層面做一個什麼樣的結論呢？1920年代的這個多頭行情是大循環波裡的第三波裡的第五波，而循環層級的V波是大循環波裡的第五波裡的第五波。因此，V波在最後應該被看成是一個高呼萬歲的波段，機構投資人會瘋狂投入股市，而一般大眾會瘋狂投入股市指數期貨、股票選擇權以及期貨選擇權。我認為，這股長期的情緒狂歡會在達到最後頂點之前兩、三年時，發出大盤走勢的賣出訊號，而且這個行情會繼續下去。為了使道瓊指數在1987年或1990年之前達到所預期的最高點，為了讓美國股市經歷史上最大的崩盤——根據波浪理論，這個大崩盤會在V波結束之後發生——投資大眾的集體心理應該會達到瘋狂的程度，1929、1968以及1973年的所有因素都一起發酵作用，到最後達到一個更極端的結果。

4）如果所有走勢都如同預期一般，那麼剩下的最後一個問題是：「V波達到頂點之後會發生什麼事？」

波浪理論可能已經看出3686這個高點是（V）波裡的V波的結束，也是超大循環層級的頂點，那麼，接著就會出現超大循環層級的空頭行情，來「修正」從1700年代晚期開始以來的所有進展，而這個修正波段會下探到前一個次一層級第四波的價格區間（如果理想的話會接近最低點*），也就是（IV）波的價格區間——從381跌到41的道瓊指數。全球性的金融衰退、政府破產以及最後終將危及到貨幣體系，這些都可能可以合理解釋**為何會出現這種下跌幅度的空頭走勢。嚴重的金融危機之後，常常會發生武裝衝突，所以這種下跌幅度的空頭行情所導致的金融資產價格大崩盤，會使得各個世界強權之間發生戰事的可能性大大升高。至於「時間」方面，根據幾項觀察來看，在這個超大循環層級修正波當中，不是

---

*更可能會接近高點，請參考《潮汐波浪的頂峰》（*At the Crest of the Tidal Wave*）。（每日收盤高點是381.17，而當日理論高點是383.00。）

**實際產生的結果。

Ⓐ波就是Ⓒ波會在1999年，或是前後一年（也就是2000年或1998年），達到谷底。如果在1987年達到高點，那麼，接下來的修正波段應該會持續13年（因為1974年開始的上漲波段持續了13年），而在2000年結束；如果在1990年達到高點，那麼，接下來的修正波段應該會持續8年（因為從1982年開始的上漲波段持續了8年），而在1998年結束。而且，轉折點大多會固定以16.6年到16.9年的時間間隔出現一次（請參閱圖A-8，下半部），所以下一個出現轉折點的時間會在1999年。最後，因為康卓提耶夫經濟循環會在2003年（或是前後五年，也就是1998年或2008年）達到谷底，所以在2003年之前幾年，股市會出現一個低點，才會符合以往的歷史型態。

1983年8月18日
1980年代的超級多頭行情
——最後一波瘋狂上漲

股市動能的指標幾乎一定會「宣稱」巨大的多頭行情已經展開，這些指標會在前進波段剛開始的階段就創造出巨量的「超買」（overbought）情況，而使得投資人覺得大多頭走勢已經開始。雖然這種情況在各個層級的走勢都看得到，但是要判斷循環層級與大循環層級這些大波浪「啟動」動能的大小時，標準普爾500指數的年增率（Annual Rate of Change）指標特別有用。將標準普爾500當月平均每日收盤價與前一年同期收盤價之間的差異比例畫成圖表，就可得出這項指標。由於這個指標是這樣算出來的，所以動能出現最高點的時間一般都是在行情開始的一年之後左右。而真正重要的是這個指標達到了什麼樣的「水準」。你可以（從圖A-13）看到，1983年7月底出現的「超買」情況（大約出現在當前這波多頭行情開始一年後）是1943年5月以來的最高水準，而1943年5月的「超買」情況大約是在循環層級III波展開一年之後發生。我們

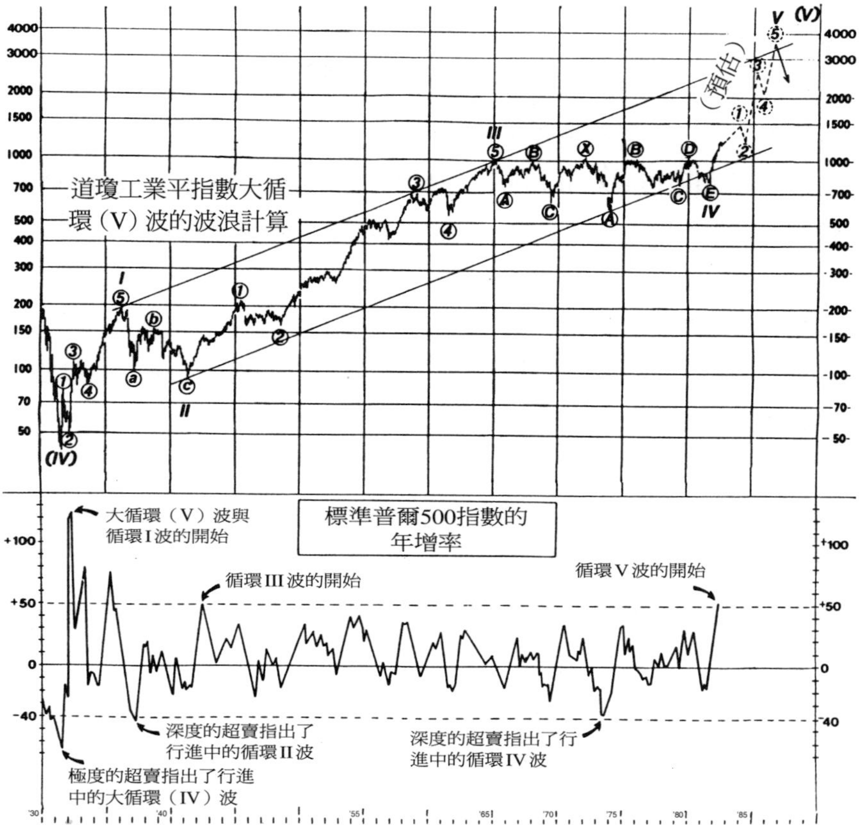

圖 A-13

可以從中看出一個事實：這兩波「超買」都各自達到50%的水準，更加證實它們是代表了同等層級波浪的開啟。換句話說，1982年8月代表了某個重要階段的開啟，這個階段比我們認為的正常情況——一個走了兩年的多頭行情，後面會跟著一個持續兩年的空頭行情——還要重要。反過來說，它並沒有指出一個光輝「新時代」開啟了。如果大循環層級的一個波段開始展開，我們會看到這類「超買」情況在1933年產生，因為這個指標在1932年開始的（V）波開啟一年後達到124%。現在，這樣的水準並沒有機會達到，因此，四十年來最高水準的超買情況告訴了我，我們用艾略特波浪來預測V波的開啟，是非常精準的。

要記得，這只是準備階段。就像我在當前這波前進波剛開啟時所主張的，這些情緒指標應該會達到比1970年代更極端的水準。股票買賣比例（put/call ratios）以及十日平均指數，都是很有參考價值的指標，但是最好要拿來與股市整體情況一起做解讀。

再看一眼長期的道瓊走勢圖，並且問問自己幾個大家都認為是「常識」的問題。

——現在的股市真的比以前「更劇烈波動」嗎？不是的。只要看看1921到1946年的情況，就可以知道這個想法是不對的。

——1000點是一個「高」的價格水準嗎？那麼，1200也是一個「高」的水準嗎？不再如此了！1966年以來的這段長時期的側邊修正，已經使得道瓊指數回到其五十年向上趨勢軌道線（以現行美元來看）的下趨勢線之下（而且以固定美元來看也下跌到非常低的程度）。

——當前的多頭行情是1974年開始的那個多頭行情的一部分嗎？而且是不是「快要走完了」？不是的。從固定美元來看，以及從四十年向上趨勢來看，道瓊指數在1982年是嚴重被低估了，甚至比1974年大崩盤的低點還低。

——我根據艾略特波浪理論而預期會在五到八年內獲利四倍，這樣的預期是很瘋狂的嗎？若與近來的歷史相較之下，似乎是很瘋狂的預期，但若與1921年到1929年相比（當時在八年內就獲利五倍），或是與1932年到1937年相比（當時在五年內獲利四倍），這個預期就不瘋狂了。

——一定可以從現在的走勢來推斷未來的走勢嗎？絕對不可以。股市的唯一定律就是——不斷改變。

——有任何循環會「與上一個循環一樣」嗎？並非常常發生。事實上，艾略特曾就這一點訂定了一條定律，稱為「交替定律」（Rule of Alternation）。廣義來解釋，這個定律告訴投資人在每一個新階段展開時，要去尋求一個不同的波動型態。

——最近的股市走勢「太強勁」、「過度擴延」、「前所未有」，或甚至是一個「新紀元」嗎？不是的。現今股市主要走勢的種種變化，在過去全都發生過。

股市是隨機漫步或是不規則的狂亂波動，不具任何形式、趨勢或型態而來來回回移動？如果真是如此，那股市就是「漫步」出一個長期的清楚走勢，有韻律地一再重複，形成完美的艾略特波浪型態。

至少，〔圖A-13〕幫我們畫出了股市在大範圍的歷史走勢中會出現的走勢，也就使得下星期的貨幣供給報告顯得沒那麼重要。而且，這張圖表也讓我們看出，為何可能會出現一個比上一個持續了十六年的多頭走勢（這波多頭走勢的獲利率為30%－80%）還大的多頭行情，而且會出現一個五十年來最大的多頭行情。到目前為止，股市的發展走勢，強化了我們原先對V波的預測。只要股市實現了我們所有的預測，我們就可以說：所有的走勢仍然在我們的掌控中。

術語彙編

交替（Alternation）（準則之一）——如果第二波是一道劇烈的修正波，第四波通常就會是側邊修正波，反之亦然。

頂端（Apex）——收斂三角型的兩條邊界線的交會點。

修正波（Corrective Wave）——是三波的型態，或者是三波型態的組合，移動的方向與較大一級波浪走勢相反。

傾斜三角型（Diagonal Triangle〔Ending〕）（末端）——一個楔形型態，會出現重疊的情形，只發生在第五波或C波，內部可細分為3-3-3-3-3波。

傾斜三角型（Diagonal Triangle〔Leading〕）（前端）——一個楔形型態，會出現重疊的情形，只發生在第一波或A波，內部可細分為5-3-5-3-5波。

雙重三波（Double Three）——是兩個簡單的側邊修正型態的組合，標示為W和Y，中間被一個標示為X的修正波給隔開。

雙鋸齒（Double Zigzag）——是兩個鋸齒的組合，標示為W與Y，中間被一個標示為X的修正波給隔開。

均等（Equality）（準則之一）——在一個五波序列中，如果第三波是最長的一波，第五波和第一波往往會有等長的價格波動。

擴張平台（Expanded Flat）——平台修正波，其中的B波相較於前一個推動波，達到一個新的價格區間。

失敗（Failure）——請參閱「未完成的第五波」（Truncated Fifth）

平台型（Flat）——側邊修正波，標示為A-B-C，內部可細分為3-3-5波。

推動波（Impulse）——一個五波的型態，內部可細分為5-3-5-3-5，而且不會出現重疊的現象。

驅動波（Motive Wave）——一個五波的型態，移動的方向與較大一層級的走勢相同，也就是推動波或傾斜三角型。

非常態平台（Irregular Flat）——請參閱「擴張平台」（Expanded Flat）。

1-2, 1-2（One-two, one-two）——五波序列中一開始的發展，發生於第三波中間加速上漲波段之前。

重疊（Overlap）——第四波落進第一波價格區間的現象，在推動波當中並不容許重疊的情況出現。

前一個第四波（Previous Fourth Wave）——這個第四波是位於同一層級的前一個推動波之內，修正型態一般都在這個區間結束。

急劇修正（Sharp Correction）——是修正波型態，期間不會出現一個極端價格達到（或超越）前一個推動波結束的價格。與側邊修正交替出現。

側邊修正（Sideways Correction）——是修正波型態，期間會出現一個極端價格達到（或超越）前一個推動波結束的價格。與急劇修正交替出現。

第三波中的第三波（Third of a Third）——推動波當中的一個強大中間部分。

急拉/飆升（Thrust）——一個三角型結束之後所出現的推動波段。

三角型（收斂、上升或下降）（Triangle—contracting, ascending or descending）——修正波型態，可細分為3-3-3-3-3，而且標示為A-B-C-D-E。出現在第四波、B波或Y波的位置。隨著波浪前進，三角型的兩條趨勢線會匯集在一處。

擴張三角型（Expanding Triangle）——具有其他三角型同樣的特徵，只是兩趨勢線會隨著波浪的前進而更形分散。

三重三波（Triple Three）——三個簡單的側邊修正型態的組合，標示為W、Y以及Z，中間被一個標示為X的修正波給隔開。

三鋸齒（Triple Zigzag）——三個鋸齒的組合，標示為W、Y以及Z，中間被一個標示為X的修正波給隔開。

未完成的第五波（Truncated Fifth）——推動波型態裡的第五波，沒能超越第三波的價格高點。

鋸齒（Zigzag）——急劇的修正波，標示為A-B-C，內部可細分為5-3-5波。

發行後記

正如你前面所閱讀的，本書作者所做的強而有力股市分析把讀者帶入一個起飛的大多頭市場，這有一個好處，可以對過去與未來提供一個清楚的透徹了解。

如果某個讀者今天剛好看到這本書，他可能無法妥當地判斷書中的背景資料，而本書所預測的大多頭市場就是以這些資料為出發點。1970年代晚期瀰漫著一股憂慮的氣氛，「末日與晦暗」之說成為投資人關注的焦點；與穩定的貨幣投資有關的研討會處處可見，所吸引的與會者人數以成千上百來計算；通貨膨脹不可控，而利率（一般被看成是股票的死神之吻）持續無情地達到新高點；《1979年大崩盤——金融危機下的危機投資與新獲利》（*The Crash of '79, Crisis Investing and New Profits from the Monetary Crisis*）在書店造成搶購；康卓提耶夫循環的信徒聲稱這是一個大蕭條，投資策略師都在等待這個從1966年開始的空頭市場出現最後的一波大跌；這個時期的美國總統普遍被認為是現代歷史中最不適任的一位總統；羅伯（Roper）公司的民意調查顯示，自從這項調查於1940年代開始以來，此刻的美國民眾是歷年來對未來最悲觀的。1978年初期，道瓊指數跌到740的低點，還比1974年的低點少170點。儘管在本書付印之際，股市在「十月大屠殺」（October massacre）的氣氛之下下探到790點，作者還是堅持自己的看法：「當前股市的多頭走勢應該會伴隨出現一個突破而創新高。」

接下來的幾年中，對這個看法心存懷疑的人仍然堅守自己的陣線。1980年，通貨膨脹失去控制，失業率高居不下，經濟陷入衰退之中，伊朗挾持美國公民為人質，約翰・藍儂（John Lennon）被槍殺身亡，俄羅斯入侵阿富汗。一位位高權重的的政府官員警告將會發生經濟大蕭條，許多人擔心雷根總統可能會毀了全世界。利率的劇烈波動，以及杭特（Hunt）企業帝國幾乎破產，衝擊到整個金融界上下，《如何在即將來臨的壞年頭中欣欣向榮》（*How to Prosper During the Coming Bad Years*）高踞《紐約時報》（*New York Times*）暢銷書排行榜的榜首，而本書作者所樂觀預測的多頭市場（如同布雷希特於1983年所說：「法人與一般大眾將陷入狂熱」），卻大多被置之不理。

儘管瀰漫著晦暗的氣氛，但是股票市場自己知道前景一片大好，而且表現在走勢型態上。循環層級的IV波低點已經落在道瓊指數570的位置，而且一般的次級市場也持續支撐著度過1979、1980及1981年，這兩者清楚地顯示出，潛藏的走勢是多頭格局。在經濟衰退且利率重回高檔時，不好的基本面以典型的方法來「測試」1982年的低點。接著，一等到道瓊指數看似無力再向上攀升時，布雷希特預測道瓊數的高點會再往上加1000點，達到3885的新高。「道瓊指數達到3800點？你瘋了啊！」循環層級的V波在那時開始往上前進。

雖然這些事件證明了波浪理論是一項非常好用的工具，可以用來預測股票市場，但是本書作者還是得在兩個主要方面改變他們的想法：時間方面，因為循環層級的V波已經走得比原本（或後續）預估的要長，最後會導致出現大量的多餘時間，也會導致價格上揚。從這樣的發展中可以了解為何艾略特把第二章所探討的「均等」視為「準則」而不是定律，因為在這個例子中就不適用。作者所預測的這道V波已經不止進行了五年或八年，而是從1982算起到現在已經進行了將近十六年，從1974年算起已經將近24年。按照這樣的走勢，已經超越了日經指數從1974到1989年的獲利而達到股市有史以來最大的榮景，不論是在價格或時間方面。

稍稍安慰的是，佛洛斯特與布雷希特預測1983、1987與1990是最可能出現頂點的三年，這三年標示出循環層級的V波中最重要的三個過渡時期高點。若是把不完善之處也完全考慮在內，其他幾個成功刊出的分析（如同本書附錄中所刊載的布雷希特分析）分別是：艾略特在1942年10月所做的超級多頭長期展望，漢米爾頓・波頓在1960年預測道瓊高點999，柯林斯在1966年高點時所預測的空頭市場，以及佛洛斯特預測IV波低點會落在572點。檢視這段歷史，我們毫無疑問地發現：自從艾略特首度把他的預測寄給查爾斯・柯林斯以來，這六十四年來，艾略特波浪的主要進展都一直是連貫一致的。對照之下，大部分的經濟學家、分析師以及預測者，每六個月、六個禮拜或六天就改變一次他們的想法，在他們的分析中，每個最新發生的新聞事件都會「納入考量」。反過來說，市場型態常常會暗示接下來將會發生什麼新聞事件。波浪結構有時候很難解讀，而且一旦未來的股價走勢會造成各種結果的發生機率有所改變，就得被迫放棄某些假設，儘管如此，整個波浪理論提供了一個一致的觀點，我們可以從這個觀點預先得知可能的走勢。

許多關於股市、經濟或期貨的書籍，都採取多頭或空頭的立場。這些書大多是錯的，因為它們大多是在當前社會心理所造成的狂熱之下所寫出來的，而事實上應該採取相反的立場才對。即使是正確判斷出一般市場走勢的人，我們也必須質疑他是否是「幸運」預測到的。不過，像這樣特定且涵蓋一個完整上下循環的一系列預測，是前所未有的，更別說要證明它的準確與否了。要測試一個科學理論的正確性，最重要的方法之一，就是看它是否能成功做出預測。以這個標準來看，艾略特波浪理論已經達到了要求，沒有任何別的理論可以跟它相比。即時的預測（像是第八章以及附錄所述）是一項巨大的智力挑戰，要在型態成形過程中做判斷更是困難，不過還是會有機會成功的，就像在1974年12月以及1982年8月，只要主要的型態完成，而且書中所出現的範例圖形出現在你眼前，在這樣的時刻，成功預測的機率可以高達90%以上。如今，只剩下空頭市場這一半的預測尚未實現。如果作者的預測都獲得證實，那麼，《艾略特波浪理論》這本書將會是股市歷史中唯一正確預測出大多頭市場與接下來的大空頭市場，這部分的細節在羅伯特・布雷希特最近的書《潮汐波浪的頂峰》（*At the Crest of the Tidal Wave*）中有詳細的說明。

所以在這個時候，我們這趟大旅程已經走完一半了。往上走的這一半已經證明是值得的，因為實現了本書作者的保守預測——作者的預測同時超越了大多數股市觀察者對市場表現的瘋狂臆測。接下來的這個階段將會是向下的，或許不會這麼值得，但是大概還是會遠比預期重要，因為它的起始將代表一個社會學年代的結束。對預測者來說，這是首度出現只要「做好準備」，就代表會有財富或些許的名聲。而這一次，對許多人來說，「做好準備」將代表能夠生存下去，不管是在財務上還是在肉體上。儘管一般都認為（也不斷地重申）「市場無所不能」，但是我們的金錢再一次透過波浪理論提供了一個適切的角度，讓我們經由生命與時間的型態來探究人類的大旅程。

索　引

五劃

六劃

七劃

八劃

九劃

十劃

十一劃

十二劃

十三劃

十四劃

十五劃

十六劃

十七劃

十八劃

十九劃

二十一劃

國家圖書館出版品預行編目資料

艾略特波浪理論：市場行為的關鍵／A.J. Frost,
Robert R. Prechter作；林錦慧譯. -- 初版.
-- 臺北市：眾文圖書, 民91
面：　　公分
含索引
譯自：Elliott wave principle : key to
market behavior, 20th anniversary ed.
ISBN 957-532-264-9（平裝）

1. 證券

563.53　　　　91006884

定價 380 元

艾略特波浪理論（二十週年紀念版）

中華民國九十一年六月　初版一刷
中華民國九十二年七月　二版一刷

作　　者　A.J. Frost & Robert R. Prechter
譯　　者　林錦慧
編　　輯　馮慧瑛
封面設計　郭佳慈
發 行 人　黃建和
發 行 所　眾文圖書股份有限公司
北市重慶南路一段9號
電　　話　(02) 2910-6050
傳　　真　(02) 2914-3043
郵政劃撥　0104880-5

局版台業字第1593號　

本書若有缺頁、破損、裝訂錯誤，請寄回下列地址調換。

台北縣231新店市寶橋路235巷6弄2號4樓